태권도 지도자를 위한
품새 이론 및 실제

태권도 지도자를 위한
품새 이론 및 실제

저자 • 전정우, 정명규, 송선영, 김경섭, 김영진, 유덕수, 정태겸,
 강신녀, 전익기, 임신자, 주진만, 윤정욱, 문광선, 박선학,
 김정택, 홍일화 공저

초판 1쇄 발행 • 2019년 3월 30일

발행인 • 양원석
발행처 • DH미디어
신고번호 • 제2017-000022호
전화 • (02) 2267-9731
팩스 • (02) 2271-1469
디자인 • 오창현, 강희진

ISBN 979-11-960317-9-4 93690
정가 22,000원

※ 이 책의 저작권은 저자가 소유하며, 저작권법에 의하여 보호받는 저작물이므로 무단으로 전재하거나 복제할 수 없습니다.
※ 잘못 만들어진 책은 구입처 및 DH미디어 본사에서 교환해 드립니다.

태권도 지도자를 위한
품새 이론 및 실제

전정우, 정명규, 송선영, 김경섭, 김영진, 유덕수,
정태겸, 강신녀, 전익기, 임신자, 주진만, 윤정욱,
문광선, 박선학, 김정택, 홍일화 공저

서문

　품새에 관한 다양한 관련 서적에도 불구하고, 현재 일선 지도현장에서 태권도 전공생들을 위한 효과적인 품새 지도법을 이해한다는 것은 어려운 것이 사실이다.

　이 책은 품새 전반에 관한 지도법을 다루고 있어 태권도 전공 학생뿐 아니라 일선 지도자들에게도 도움을 줄 것이라 사료된다.

　한 학기 동안 품새에 관한 실제적인 강의가 진행될 수 있도록 16주차의 학습지도안과 이론서로 구성되어 있으며, 기본동작부터 품새를 응용한 호신술에 이르기까지 품새 전반에 관한 지도법을 다루고 있다는 점에서 태권도 품새를 지도하는 태권도 전공자와 일선 지도자들에게 보다 효과적인 지도를 위한 이상적이고 유용한 교재가 될 것이다.

태권도 지도자를 위한 품새 이론 및 실제

목차

태권도 품새 이론 및 실제

제1장 태권도 품새의 이해 • 8

제2장 태권도의 기본(기술) • 11

제3장 태권도 품새 실기 • 20

품새 지도 목차

기본동작

1주차 태권도 품새란 / 품새 차기 • 46

2주차 품새 차기의 숙달 및 응용 • 66

3주차 품새동작의 수행 및 손기술의 응용 • 90

4주차 서기동작 • 110

5주차 힘의 원리 • 130

유급자 품새

6주차 태극 1장, 태극 2장 • 146

7주차 태극 3장, 태극 4장 • 166

8주차 태극 5장, 태극 6장 • 186

9주차 태극 7장, 태극 8장 • 206

10주차 태극품새의 숙달 • 224

유단자 품새

11주차 고려품새, 금강품새 • 238

12주차 태백품새, 평원품새 • 256

13주차 십진품새, 지태품새 • 274

심화학습

14주차 품새 차기의 심화학습 • 294

15주차 경기품새 • 312

평가

16주차 평가 • 326

저자소개 • 334

태권도 품새
이론 및 실제

태권도 지도자를 위한 품새 이론 및 실제

제1장 / 태권도 품새의 이해

제2장 / 태권도의 기본(기술)

제3장 / 태권도 품새 실기

■ 교육목적

태권도 품새의 기본동작을 이해하고 수행하며, 학습된 내용을 바탕으로 정확한 동작과 높은 표현성의 품새를 수행할 수 있도록 한다. 또한 태권도 품새의 기본동작과 응용동작을 활용하여 태권도 품새의 실전적 움직임을 수련하고 창작품새 개발능력을 향상시키는 데 목적이 있다.

제1장 태권도 품새의 이해

1. 품새의 정의

- 품새란 태권도 정신과 기술의 정수가 모여 심신수양과 공방원리를 직간접적으로 나타낸 행동방식이다. 기술적인 측면에서 보면 품새가 곧 태권도이며, 기본동작은 품새 동작의 바탕이 되는 동작이고, 겨루기는 품새의 실전 응용동작이라 할 수 있다.
- 품새의 기술 구성은 생존에 따른 실전적 기술을 바탕으로 만들어졌으며, 동작의 구현을 통해 정신수양과 신체의 건강 그리고 호신을 목적으로 만들어졌다.
- 품새는 공격과 방어의 기본동작을 연결하여 수련함으로써 겨루기 기술향상과 동작응용능력 배양 그리고 기본동작에서는 익힐 수 없는 특수기술을 숙달할 수 있다.
- 품새는 다음과 같은 신체적·정신적·사회적 등의 측면에서 가치가 있다.
  신체적 가치는 신체의 단련과 그에 따른 건강을 유지하는 데 있으며, 정신적 가치는 인내와 몰입 등으로 자신에 대한 이해와 인정하는 과정에서 자기성찰과 반성, 즐거움을 느끼는 데 있다. 사회적 가치는 타인과 같은 동작을 수련함으로써 소속감을 느끼고 타인 또는 단체와 자신의 실력을 가늠함으로써 심사 등에 사용되는 데 있다.

한줄 요약

- **태권도 품새의 정의**
  태권도 정신과 기술의 정수를 바탕으로 수련자의 심신수양과 기술의 공방원리를 나타낸 행동방식이다.

2. 품새의 구성 원리

○ 낱기술의 나열로 구성되는 공인품새는 일정한 원리를 통해 구성되었으며, 일반적으로 대칭의 원리, 점진성의 원리, 선의 원리, 공방의 원리를 갖는다.
○ 대칭의 원리는 품새를 실시할 때 오른쪽을 향하여 기술을 구현할 경우 일반적으로 왼쪽에도 똑같은 기술을 구현하는 원리를 가리킨다. 이는 주로 정면을 바라보고 앞뒤를 포함하기보다는 왼쪽과 오른쪽의 대칭을 가리키며, 오른쪽에서 나타난 기술이 왼쪽에 반복적으로 같은 동작이 나타난다.
○ 점진성의 원리는 품새가 단계별 과정에서 나타나는 특성에 따라 난이도의 차이를 가리킨다. 품새는 단계별로 난이도 있는 기술의 포함이나 연성 과정 또는 기술의 고매성 등 단계가 높아짐에 따라 숙달하고 습득하기 어려운 내용을 포함한다. 즉, 유급자 품새보다는 유단자 품새가 새롭거나 어려운 기술을 포함하고 있다. 점진성의 원리는 개별 품새 내에서도 적용될 수 있는데, 품새의 구성단위별로 점점 어렵거나 고조되는 내용을 담는 것을 가리킨다. 즉, 품새 구현 초반에 비해 후반으로 갈수록 난이도가 높은 기술이 나오는 형태를 갖는 것을 나타낸다.
○ 선의 원리란 품새는 모두 품새선을 가지며, 그에 맞는 철학적 배경을 갖는다는 것을 의미한다. 품새는 제자리에서 행하는 동작이 아니기 때문에 서기를 통한 딛기를 실시하여 이동이 이루어지는데, 이동의 시작과 끝을 연결하면 각 품새별로 선이 나타난다. 이러한 품새선은 각 품새가 품는 철학과 연결되어 나타나며 품새는 품새선을 가짐으로써 기술공방의 연결 그 이상으로 정신수양의 의미도 갖는다.
○ 회귀의 원리는 품새를 시작할 때와 품새가 종료된 뒤 같은 자리에 위치하는 것을 가리킨다. 많은 동작을 수행하였음에도 다시 같은 자리로 돌아와 같은 시작과 끝을 맺음으로써 자신의 중심점을 지니고 과거와 미래를 응축하는 의미를 갖는다.
○ 공방의 원리는 품새 기술 내에 공격과 방어 기술을 함께 포함함을 가리키며, 공인품새에서는 대부분 방어기술이 먼저 나온 뒤에 공격기술이 나온다. 방어기술과 공격기술이 함께 나타나는 제비품목치기나 금강지르기 등이 있으나 대부분 내려막고 지르기가 나타나듯 선(先)방어·후(後)공격이 이루어진다.

3. 품새의 분류

○ 품새는 크게 제작목적, 기관의 인정 여부, 구현 내용 및 방법에 따라 분류할 수 있다.

1) 제작목적에 따른 분류

○ 품새가 제작되는 목적에 따라 구성 기술 내용 및 원리가 달리 구성되며, 일부 목적이 동시에 나타나 중의성을 갖기도 한다. 제작목적에 따른 품새는 크게 신체의 건강을 유지하기 위해 제작된 건강용 품새, 한류나 비각과 같이 품새 경기를 목적으로 제작된 경기용 품새, 시범단과 같은 일부 단체가 대중에게 시범을 보이기 위한 시범용 품새, 공인품새와 같이 수련생의 수련을 돕기 위한 수련용 품새로 구분된다.

2) 기관의 인정 여부에 따른 분류

○ 일반적으로 국기원에서 공인하는 공인품새가 있으며, 기관의 공인을 거치지 않고 특정한 목적에 따라 태권도인이 개발한 창작품새가 있다. 공인품새는 주로 체계적으로 구성되어 수련생의 수련을 돕고, 심사과목에 선정되며, 품새 경기에서도 사용된다. 현재 국기원에서 공인한 품새는 태극 1장부터 8장까지 8개의 유급자 품새가 있으며, 고려에서 일여까지 총 8개의 유단자 품새로 구성된다.

3) 구현 내용 및 방법에 따른 분류

○ 품새를 구성하는 기술의 내용에 따라 분류할 수 있으며, 기술의 구성과 기술을 구현하는 방법에 따라 분류할 수 있다.
○ 기술의 구성에 따라 손기술 위주의 품새, 발기술 위주의 품새, 손기술과 발기술이 균등한 품새, 공격기술을 위주로 하는 품새, 방어기술을 위주로 하는 품새로 구분할 수 있다.
○ 기술을 구현하는 방법에 따라 강하고 느린 품새, 약하고 빠른 품새, 강약과 완급이 균등한 품새, 기술을 실전적으로 구현하는 품새 등으로 분류할 수 있다.

제2장 태권도의 기본(기술)

1. 태권도 기본(기술)의 정의

○ 태권도는 신체의 손과 발을 사용하여 방어와 공격에 필요한 기술을 습득하고, 동작의 아름다움을 체험하며, 심신을 단련함으로써 인격의 완성을 추구하는 대한민국의 전통무예스포츠다.
○ 이러한 태권도는 독립된 여러 가지 기술의 동작이 모여 다양한 기술이 형성되는데 이때 독립된 기술의 동작, 즉 태권도 기술을 분해했을 때 더 이상 나누어지지 않는 동작의 최소 단위를 '태권도의 기본(기술)'이라고 한다.
○ 태권도의 기본(기술)은 기술과 보조기술의 독립된 낱낱의 기술이며, 공격과 방어의 목표에 따라 또는 기술의 복합과 변화에 따라 다양한 응용기술을 발생시킬 수 있다.

2. 태권도 기본(기술)의 분류

○ 태권도 기본(기술)은 기술, 보조 기술로 분류할 수 있다.
○ 기술과 보조 기술을 기준으로 태권도 기본(기술)을 분류하면 다음 표와 같다. 먼저 기술은 꺾기, 넘기기, 막기, 빼기, 지르기, 찌르기, 찍기, 차기, 치기, 피하기로 구성된다. 그리고 이를 보조하는 보조 기술에는 딛기, 뛰기, 밀기, 서기, 잡기가 있다.
○ 태권도 기본(기술)은 그 의도와 목적에 따라 자세, 이동기술, 1차 기술, 2차 기술로 분류할 수 있다.

분류	구성
기술	꺾기, 넘기기, 막기, 빼기, 지르기, 찌르기, 찍기, 차기, 치기, 피하기
보조 기술	딛기, 뛰기, 밀기, 서기, 잡기

1) 자세에 따른 분류

○ 자세를 기준으로 태권도 기본(기술)에 대한 분류내용은 다음과 같다.

구분	분류
준비자세	겨루기준비(=겨룸새), 겹손준비, 기본준비, 두주먹허리준비, 보주먹준비, 통밀기준비
서기	곁다리서기, 나란히서기, 모아서기, 주춤서기, 학다리서기
특수품	돌쩌귀

2) 이동기술에 따른 분류

○ 이동기술을 기준으로 태권도 기본(기술)의 분류내용은 다음과 같다.

구분	분류
딛기	내딛기, 돌아딛기, 모딛기, 물러딛기, 옆딛기, 제자리딛기
뛰기	높이뛰기, 뛰어넘기, 뛰어돌기, 멀리뛰기
서기	꼬아서기, 뒷굽이, 모서기, 범서기, 앞굽이, 앞서기, 옆서기

3) 1차 기술에 따른 분류

○ 1차 기술인 밀기, 지르기, 찌르기, 찍기, 차기, 치기에 따라 태권도 기본(기술)에 따른 분류내용은 다음 표와 같다.

구분	분류
밀기	날개펴기, 밀어내기, 밀쳐내기, 바위밀기, 통밀기, 태산밀기
지르기	금강지르기, 내려지르기, ㄷ자지르기, 돌려지르기, 뒤지르기, 세워지르기, 옆지르기, 젖혀지르기, 쳇다리지르기, 치지르기, 당겨지르기, 표적지르기
찌르기	세워찌르기, 엎어찌르기, 젖혀찌르기
찍기	—
차기	굴러차기, 낚아차기, 내려차기, 돌려차기, 뒤차기, 밀어차기, 바깥차기, 비틀어차기, 안차기, 앞차기, 옆차기, 짓찧기, 후려차기, 거듭차기, 이어차기, 잡고차기, 표적차기, 가위차기, 공중제비차기, 나래차기, 다방향차기, 돌개차기, 뛰어차기, 발붙여차기, 모둠차기
치기	거들어치기, 내려치기, 돌려치기, 뒤치기, 바깥치기, 비틀어치기, 안치기, 앞치기, 옆치기, 올려치기, 제비품치기, 당겨치기, 표적치기

4) 2차 기술에 따른 분류

○ 2차 기술인 꺾기, 넘기기, 막기, 빼기, 잡기, 차기, 피하기에 따라 태권도 기본(기술)을 분류해 보면 다음 표와 같다.

구분	분류
꺾기	눌러꺾기, 비틀어꺾기
넘기기	걸어넘기기, 들어넘기기
막기	가위막기, 거들어막기, 걷어막기, 걸어막기, 금강막기, 내려막기, 눌러막기, 바깥막기, 비틀어막기, 산틀막기, 안막기, 옆막기, 올려막기, 외산틀막기, 차막기, 쳐막기, 헤쳐막기, 황소막기, 받아막기
빼기	눌러빼기, 틀어빼기, 휘둘러빼기
잡기	—
차기	받아차기
피하기	비틀어피하기, 숙여피하기, 젖혀피하기, 틀어피하기

3. 태권도 기본(기술)의 원리

○ 태권도 기본(기술)의 원리는 기본동작의 원리를 바탕으로 기본동작의 요소, 힘의 원리로 이해할 수 있다.

1) 기본동작의 원리

○ 기본동작에 나타나는 3q 원리를 살펴보면 다음과 같다.

○ 첫째, 신체가 동양철학의 개념에서 음양의 교차작용을 한다는 것이다. 이는 신체의 어느 두 부분이 동시에 서로 반대 방향으로 움직이는 것을 의미하는 것으로서 기능적 표현으로 주로 지르기, 막기, 치기, 찌르기 등이 있다.

○ 둘째, 신체의 두 부분이 같은 방향으로 동시에 움직이는 것이다. 이는 음양의 병렬작용을 말하는데, 대표적인 동작으로 손날막기가 있다.

○ 셋째, 어떤 동작이 신체 전체를 두루 통과하거나 신체의 어느 부분에서 근육과 뼈, 관절이 유동적이고 자연스럽게 움직이는 것이다.

2) 기본동작의 요소

○ 기본동작의 요소를 살펴보면 짜기, 허리틀기, 틀어막기, 팔굽치기, 힘의 약강, 속도의 완급 등이 있으며, 각각이 의미하는 바는 다음 표와 같다.

구분	의미
짜기	예비동작
허리틀기	허리의 움직임을 이용하기 위한 예비동작
틀어막기	막는 순간 또는 지르는 순간 손을 틀며 힘 발출
팔굽치기	동작 수행 시 반대쪽 손의 팔굽을 강하게 당기는 것
힘의 약강	힘을 약하게 시작하여 강하게 수행
속도의 완급	부드럽게 시작하여 빠르게 수행

○ 기본동작 수련 및 지도 시 다음과 같이 기본동작의 요소를 고려한다면 더욱 효과적인 기본동작 수련을 이끌어낼 수 있다. 그 외에도 시선, 호흡, 강유, 속도, 중심, 이동, 크기, 힘의 표출 등에 주의를 기울이면 효과적인 결과를 얻을 수 있다.

요소	내용
시선	• 시선의 목표: 자신의 눈높이로 수평을 유지한다. • 시선의 형태: 시선은 마음의 창으로서 눈은 평상심을 나타내는 온화하면서도 눈빛이 살아 기품과 기백이 서린 형태를 유지한다. • 시선의 방향: 진행방향으로 향한다.
호흡	• 호흡의 형태: 아랫배까지 깊게 쉬는 날숨과 들숨으로, 가쁘면서 몰아쉬는 숨이 아니라 편안하면서 자연스럽게 하는 호흡 • 기합: 힘을 발휘하기 위한 소리로, 정신과 힘의 집중을 위해 아랫배에서 우러나는 기백이 있는 우렁찬 소리
강유	• 강유: 힘의 강약(힘을 넣을 때와 뺄 때) • 굳셈: 동작 및 자세의 묵직함 • 유연: 동작 및 자세의 부드러움
속도	• 느림: 부드럽고 천천히 • 빠름: 빠르게 • 경쾌: 가볍고 막힘없게 • 둔중: 무겁고 느리게
중심	• 균형: 자세가 기울거나 치우치지 아니하고 고른 상태 • 안정성: 자세가 바르고 일정한 상태
이동	• 정지간: 멈춰 있을 때에도 신체활성을 일깨우는 마음속의 움직임 • 움직임: 움직임 속에서도 미혹하지 않는 고요한 마음 유지 • 동작의 연결 및 흐름: 동작은 연결성이 있어야 하며, 동작과 동작 간의 흐름이 있어야 한다.
크기	• 모든 동작은 크게 해야 하나 동작의 성질에 따라 크기를 달리한다.
힘의 표출	• 타격력: 끊어 침 • 절도: 동작과 동작의 맺고 끊음 • 묵직함: 중량감이 있으며 힘을 느낄 수 있는 육중함 • 경쾌함: 가볍고 상쾌한 움직임

3) 힘의 원리

○ 무술에서 사용될 수 있는 다양한 힘의 원리에도 불구하고 현재 태권도 품새에서는 몇 가지 종류로 한정되고 있다. 이러한 현실에서 다양한 힘의 원리를 바탕으로 품새를 수련한다는 것은 퇴색되고 있는 태권도의 무술적 특성을 이해하는 데 도움이 될 것이다.

○ 태권도 동작에서 사용되는 힘의 종류는 지르기를 바탕으로 강하게 지르기, 편하게 지르기, 빠르게 지르기, 힘주어 지르기, 격파하듯 지르기 등으로 구분할 수 있으며, 각각이 의미하는 바는 다음 표와 같다.

구분	의미 및 주의사항
강하게 지르기	• 강하게 지르기는 보통 품새에서 수행하는 지르기 동작과 같다. • 지르기와 팔굽치기는 몸에서 스치듯이 수행해야 한다. • 자신의 명치 높이를 지르며, 어깨가 빠지는 것에 주의한다.
편하게 지르기	• 편하게 지르기는 힘을 빼고 지르는 것으로, 힘의 약강의 의미를 학습할 수 있다. • 정확한 지르기 동작으로 힘을 빼고 질러야 한다. 힘을 뺀다고 해서 지르기가 벌어지거나 돌아서 나오지 않도록 주의한다.
빠르게 지르기	• 자신의 최대의 속도로 주먹지르기를 수행한다. • 빠르게 지른다고 정확하게 지르지 않는 것에 주의한다. • 지르기가 팔굽치기 위치에서 수행될 수 있도록 한다.
힘주어 지르기	• 힘주어 지르기는 등장성의 움직임으로 예비동작에서부터 지르는 동작까지 처음부터 자신의 최고의 힘을 주며 지르는 동작이다. • 동작을 수행할 때, 지르기와 팔굽치기가 벌어지거나 돌아서 나오지 않도록 주의한다.
격파하듯 지르기	• 격파하듯 지르기는 일반 지르기에서 주먹 하나 더 지르는 것으로, 실제 격파하듯 조금 더 깊게 지른다.

4. 태권도 수행과 신체 사용 부위

○ 태권도는 공격과 방어를 위해 신체의 다양한 부위를 사용한다.
○ 태권도 기술을 수행하는 데 있어 힘은 주로 허리(몸의 중심부)에서 나온다. 그리고 실제 팔과 다리를 중심으로 상대방을 타격하며, 이때 팔과 다리 중 손과 발의 비중이 가장 크다.
○ 태권도에서 상대에 대한 공격 부위는 얼굴(인중), 몸통(명치), 아래(단전)로 구분된다. 그리고 공격에 대한 사용부위로 주먹, 손, 팔목, 팔꿈치, 발, 정강이, 무릎 등이 있다.

1) 공격 목표 부위에 따른 분류

○ 태권도 기술 수행 시 표적이 되는 얼굴, 몸통, 아래, 즉 공격 목표에 따라 신체 사용 부위를 분류할 수 있으며 다음 그림과 같다.

2) 공격 및 방어 사용 부위에 따른 분류

○ 태권도 기술 수행 시 표적이 되는 얼굴, 몸통, 아래, 즉 공격 목표에 따라 신체 사용 부위를 분류할 수 있으며 다음 그림과 같다.

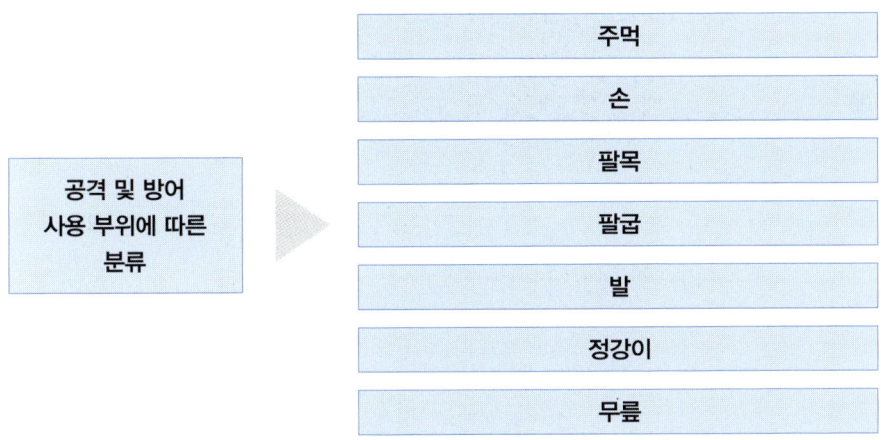

3) 태권도 기술에 따른 신체 사용 부위의 분류

○ 태권도 기술 수행 시 신체 사용 부위는 기술에 따라 다르게 분류되는데, 이를 자세히 살펴보면 다음 표와 같다.

기술	사용 부위
막기	바깥팔목, 안팔목, 등팔목, 굽힌손목, 앞축, 발등, 발날, 발날등, 발바닥, 정강이
지르기	주먹, 편주먹, 밤주먹, 집게밤주먹
찌르기	편손끝, 가위손끝, 한손끝, 모은두손끝, 모은세손끝
찍기	모둠손끝
치기	등주먹, 메주먹, 손날, 손날등, 손등, 곰손, 바탕손, 굽힌손목, 아금손, 집게손, 팔굽, 무릎
차기	앞축, 뒤축, 발끝, 발날, 발날등, 뒤꿈치, 발바닥, 발등

4) 신체 사용 부위별 정의

○ 태권도 기술을 수행할 때 사용하는 신체 사용부위에 대한 구체적인 내용은 다음과 같다.

구분	정의
가위손끝	검지와 중지를 가위모양으로 벌리고 남은 세 손가락은 쥔 상태에서 벌려진 검지와 중지의 손끝 부분
곰손	편주먹보다 엄지손가락을 제외한 네 손가락을 더 오므린 상태에서 손바닥의 아랫부분과 셋째마디 부분
굽힌손목	손목을 안쪽으로 굽힌 상태에서 손등과 등팔목 사이의 관절 부분
뒤꿈치	발의 뒤쪽 모서리 부분
뒤축	발바닥의 뒷부분
등주먹	주먹을 질렀을 때 위쪽을 바라보는 부분을 가리키며, 검지와 중지의 첫마디 부분
등팔목	주먹을 질렀을 때 위를 바라보는 쪽의 팔목 부분
메주먹	주먹을 질렀을 때 몸의 바깥쪽을 바라보는 부분을 가리키며 주먹을 말아 쥔 상태에서의 손날 부분
모둠손끝	모두 모아 뭉친 다섯 손가락의 손끝 부분
모은두손끝	검지와 중지를 펴서 붙이고 나머지 손가락은 말아 접은 상태에서 검지와 중지의 손끝 부분
모은세손끝	검지와 약지를 서로 붙이고 그 위에 중지를 오게 하며, 엄지와 소지(小指)를 모아 쥔 상태에서 세 손가락의 손끝 부분
무릎	윗다리와 아랫다리의 사이에 있는 슬개골 부분
밑팔목	주먹을 질렀을 때 아래를 바라보는 쪽의 팔목 부분
바깥팔목	주먹을 질렀을 때 몸의 바깥쪽 팔목 부분
바탕손	손을 뒤로 젖힌 상태에서의 손바닥 아랫부분
발끝	똑바로 편 발가락의 끝부분
발날	발바닥과 발등의 모서리로, 발바닥 바깥쪽의 뒤꿈치 부위부터 새끼발가락까지의 옆 부분
발날등	발날의 반대쪽에 있는 부분
발등	발의 윗부분
발바닥	발의 밑바닥 부분
밤주먹	주먹을 쥔 상태에서 가운뎃손가락의 관절 부분을 밀어올린 듯이 돌출시킨 주먹
세운편주먹	편주먹을 세워 메주먹 부분을 아래쪽으로 향하도록 만든 상태
손	손가락이 오므려져 있지 않고 펴 있는 상태로 팔을 내렸을 때 손목 아랫부분

구분	정의
손날	손바닥을 편 상태에서 손가락을 모두 붙이고 끝마디를 약간 안으로 구부린 상태로서 소지(小指)에서 손목까지의 아랫부분
손날등	손날의 반대편 부분을 가리키며, 엄지의 첫마디부터 검지 첫마디까지의 옆 부분
손등	손바닥의 반대편 부분
손바닥	손의 밑바닥 부분
아금손	손을 편 상태에서 엄지와 검지를 벌린 다음 손가락의 모든 마디를 약간 구부려 반달꼴을 이룬 부분
안팔목	주먹을 질렀을 때 몸의 안쪽 팔목 부분
앞축	발가락을 젖혀 올린 발바닥의 제일 앞쪽 부분
정강이	아랫다리의 앞쪽 뼈가 있는 부분
주먹	손가락을 모아 쥔 손을 나타내며, 주로 검지와 중지의 첫마디 앞부분을 사용함
집게밤주먹	주먹을 쥔 상태에서 검지의 관절 부분을 밀어올린 듯이 돌출시킨 주먹
집게주먹	주먹을 쥔 상태에서 엄지와 검지를 집게모양으로 만들어 사용하며, 집게모양의 손가락 끝부분과 말아 쥔 세 손가락의 둘째마디 부분
팔	팔꿈치관절을 접거나 펴서 사용하며, 어깨부터 손목 사이 부분
팔굽(팔꿈치)	팔의 위아래 마디가 붙은 관절의 바깥쪽 부분
팔목	팔과 손을 잇는 부분으로 손목마디부터 팔꿈치 쪽으로 네 손가락을 붙여놓은 만큼의 면적 부분
편손끝	손을 편 다음 손가락을 모두 붙인 상태에서 중지를 검지와 약지가 끝나는 선에 오도록 하여 약간 굽힌 상태의 끝부분
편주먹	주먹을 쥔 상태에서 네 손가락의 첫마디를 편 상태의 둘째마디 부분
한손끝	검지를 곧게 펴고 나머지 네 손가락은 쥔 상태로서 검지의 손끝 부분

제3장 태권도 품새 실기

○ 본 교재의 품새 실기는 품새 발차기에 유용한 스트레칭, 품새 발차기 및 응용차기, 기본동작의 요소, 서기동작, 힘의 원리, 품새로 구분할 수 있다.

1. 스트레칭 수행방법 및 지도 시 주안점

○ 품새 발차기에 유용한 스트레칭법은 앞으로 발올리기, 옆으로 발올리기, 뒤로 발올리기가 있으며, 수행방법 및 지도 시 주안점에 대한 구체적인 내용은 다음과 같다.

1) 앞으로 발올리기

앞으로 발올리기

○ 스트레칭 시 두 다리의 무릎이 구부러지지 않도록 동작을 수행한다.
○ 스트레칭 시 발목을 곧게 편다.
○ 빠르게 발을 들어 올린다(올리는 것보다 내리는 것이 빠른 것은 바람직하지 못한 동작이다).

2) 옆으로 발올리기

옆으로 발올리기

○ 올리는 발은 발날을 만든 상태로 수행한다.
○ 스트레칭 시 엉덩이가 빠지지 않도록 시선-어깨-엉덩이-발날을 일(一)자로 만들어 올린다.
○ 축이 되는 발의 뒤꿈치는 올리는 쪽으로 향하도록 한다.
○ 스트레칭 순간 축이 되는 발을 올리는 쪽으로 밀어 몸의 중심이 뒤로 빠지지 않도록 만든다.

3) 뒤로 발올리기

뒤로 발올리기

- 뒤로 발올리기는 옆으로 올리기와 수행과정이 유사하며, 몸의 후면을 중심으로 발바닥이 하늘을 향하도록 올린다.
- 올리는 발이 몸의 바깥으로 빠지지 않도록 한다.
- 스트레칭 순간 축이 되는 발을 올리는 쪽으로 밀어준다.

2. 품새 차기 수행방법 및 지도 시 주안점

- 품새 차기는 앞차기, 돌려차기, 옆차기로 구성되며, 각각의 발차기는 무릎접어올리기, 뻗어올리기, 부위별 차기로 구분할 수 있다.
- 품새 차기와 겨루기 차기의 차이는 다음과 같다.
- 겨루기 차기는 힘과 다음 동작을 위해 차고 난 다음에 무릎을 빠르게 접는 반면, 품새의 경우 표현을 중요시한다는 점에서 품새 차기에서는 발을 차고 멈춘다는 느낌으로 발을 찬 끝점을 표현한다. 또한 겨루기 차기가 발을 차고 난 이후에 주로 중심이동이 이루어지는 반면, 품새 차기는 주로 발을 찼을 때 중심의 변화가 거의 없다.
- 품새 차기의 기본적인 습득방법과 수련방법의 구체적인 내용은 다음과 같다.

	품새 차기 습득방법
첫째	차기동작 시 모든 관절의 관절 순서대로 실시한다. 예) 무릎접기–차기–무릎접기
둘째	차기동작 시 무릎관절은 완전히 펴고 차는 부위에 힘을 준 후 다음 동작을 위해 빠르게 접어야 한다.
셋째	차기동작 시 시선은 항상 사용 부위를 주시해야 한다.
넷째	차기동작 시 사용 부위에 힘을 주어야 한다.

훈련방법	내용
무릎접어올리기	• 무릎접어올리기는 각 발차기의 차기 전 자세이자 차고 난 자세다. • 무릎접기 시 속도조절을 통해 정확한 동작과 실제 수행에서의 동작을 학습한다.
뻗어올리기	• 스트레칭에서 학습한 방법과 동작한 방법으로 수행한다. • 발차기 준비자세에서 뒤에 있는 발로 뻗어올리기를 수행한다. • 수행 후 중심을 잃지 않고 다시 발차기 준비 자세를 만든다.

훈련방법	내용
부위별 발차기	• 발차기의 공격 부위는 무릎, 명치, 얼굴로 구분한다. • 수행과정에서 각 발차기의 무릎은 각 부위에 적합한 높이로 올리며, 차고 난 이후에도 그 높이에서 무릎을 접고 내린다. • 수행 시 사용 부위를 주시한다. • 차는 순간 사용 부위에 힘을 준다. • 차는 과정에서 이중동작(수행 시 차는 발보다 먼저 축이 되는 발이 움직이는 행위)이 나타나지 않도록 주의한다.

기본발차기 수련동작(옆차기)

무릎접어올리기   부위별 차기(무릎)   부위별 차기(몸통)   부위별 차기(얼굴)

1) 앞차기

○ 앞차기는 발등, 앞축, 뒤축 등으로 앞에 있는 목표물(상대방의 턱이나 명치, 복부)을 가격하는 기술이다. 보통 앞차기의 경우, 목표물을 향해 다리를 접었다가 곧게 펴서 차는 기술을 의미하나, 때에 따라 아래에서 위로 올려차거나 거리 간격의 유지를 위해 밀어찰 수도 있다.

○ 무릎접어올리기: 겨룸새에서 차는 발을 무릎을 접은 상태로 자신의 가슴에 닿는다는 느낌으로 빠르게 올린다. 무릎을 올릴 때 상체를 고정하여 올려야 하며, 상체가 앞으로 움직이는 것에 주의한다.

○ 뻗어올리기: 스트레칭의 앞으로 발올리기와 유사한 형태다. 뻗어올릴 때, 두 다리의 무릎이 구부러지지 않도록 동작을 수행한다. 발목을 곧게 펴며, 뻗어올릴 때 이중동작을 하지 않도록 주의한다.

○ 부위별 차기: 각 부위는 무릎, 명치, 얼굴로 구성되어 있으며, 앞축으로 앞차기를 찬다. 앞축을 만들 때 발가락을 당기는 것이 아닌 발목이 당겨지는 것에 주의한다.

2) 돌려차기

○ 돌려차기는 발을 안쪽으로 돌리며 앞축 또는 발등을 이용하여 목표물을 가격하는 기술이다.
○ 무릎접어올리기: 축이 되는 발을 180° 회전하여 뒤꿈치가 전방을 향할 수 있도록 한다. 차는 발(무릎을 접은 상태)의 허벅지는 몸과 일직선이 되도록 한다.
○ 뻗어올리기: 앞축(뻗어올리는 발)을 만들어 수행한다. 올리는 발은 발날을 만든 상태로 수행한다. 엉덩이가 빠지지 않도록 시선-어깨-엉덩이-발날을 일자(一)로 만들어 올린다. 축이 되는 발의 뒤꿈치는 올리는 쪽으로 향하도록 한다. 올리는 순간 축이 되는 발을 올리는 쪽으로 밀어 몸의 중심이 뒤로 빠지지 않도록 만든다. 뻗어올릴 때 이중동작(차는 발보다 축이 되는 발이 먼저 움직이는 동작)을 하지 않도록 주의한다.
○ 부위별 차기: 각 부위는 무릎, 명치, 얼굴로 구성한다. 앞축으로 돌려차기를 찬다. 돌려차기 시 시선-어깨-엉덩이-앞축을 일자(一)로 만든다. 돌려차는 과정에서 많은 회전력으로 인해 중심을 잃을 수 있으므로 중심을 잡는 것에 유의한다.

3) 옆차기

○ 옆차기는 몸을 옆으로 틀며 발날 또는 뒤축으로 목표물을 가격하는 기술이다. 보통 옆차기의 경우, 목표물을 향해 다리를 접었다가 곧게 펴서 차는 기술을 의미하나, 때에 따라 거리 간격의 유지를 위해 밀어찰 수도 있다.
○ 무릎접어올리기: 발날을 만든 상태로 수행한다. 축이 되는 발을 180° 회전하여 뒤꿈치가 전방을 향할 수 있도록 한다. 차는 발(무릎을 접은 상태)의 허벅지는 몸과 직각이 되도록 한다.
○ 뻗어올리기: 발날(뻗어올리는 발)을 만들어 수행한다. 수행과정은 스트레칭의 옆으로 발올리기와 유사한 형태다. 올리는 발은 발날을 만든 상태로 수행한다. 엉덩이가 빠지지 않도록 시선-어깨-엉덩이-발날을 일자(一)로 만들어 올린다. 축이 되는 발의 뒤꿈치는 올리는 쪽으로 향하도록 한다. 올리는 순간 축이 되는 발을 올리는 쪽으로 밀어 몸의 중심이 뒤로 빠지지 않도록 만든다. 뻗어올릴 때 이중동작(차는 발보다 축이 되는 발이 먼저 움직이는 동작)을 하지 않도록 주의한다.
○ 부위별 차기: 각 부위는 무릎, 명치, 얼굴로 구성한다. 발날을 만든 상태로 옆차기를 찬다. 옆차기 시 시선-어깨-엉덩이-앞축을 일자(一)로 만든다. 옆차기 시 돌려차기와 유사한 형태로 발차기가 나오는 것에 주의한다. 옆차기 시 상체가 앞으로 빠지거나 엉덩이가 빠지는 것에 주의한다.

3. 품새 손기술 수행방법 및 지도 시 주안점

○ 태권도가 가진 다양한 손기술 중 기본동작 요소의 훈련에 활용될 수 있는 동작은 내려막기, 안막기, 올려막기, 한손날막기, 손날막기, 몸통지르기로 구분할 수 있다.

1) 내려막기

예비동작   본동작

○ 시작점(막는 손-어깨/팔굽치기 손-팔꿈치 아래), 끝점(막는 손-허벅지 앞 한 뼘/팔굽치기 손-옆구리 쪽 띠 위)
○ 주먹을 쥐었다 폈다 하지 않도록 한다.
○ 어깨에 힘이 들어가지 않도록 한다.
○ 팔굽치기 시 몸에서 떨어져 수행되지 않도록 한다.
○ 시선은 정면을 향하도록 한다.

2) 안막기

예비동작   본동작

- 시작점(막는 손-몸의 측면에서 손목이 귀 높이/팔굽치기 손-명치), 끝점(막는 손-손목이 몸의 중심, 주먹은 어깨 높이/팔굽치기 손-옆구리 쪽 띠 위)
- 막는 팔의 각도를 90°정도 되게 한다.
- 어깨에 힘이 들어가지 않도록 한다.
- 팔굽치기 시 몸에서 떨어져 수행되지 않도록 한다.
- 주먹을 쥐었다 폈다 하지 않도록 한다.
- 시선은 정면을 향하도록 한다.
- 막는 순간 앞치기의 형태가 되는 것에 유의한다.

3) 올려막기

올려막기

예비동작

본동작

- 시작점(막는 손-팔굽치기 손 팔꿈치 아래/팔굽치기 손-어깨), 끝점(막는 손-머리 위 주먹 하나/팔굽치기 손-옆구리 쪽 띠 위)
- 어깨에 힘이 들어가지 않도록 한다.
- 팔굽치기 시 몸에서 떨어져 수행되지 않도록 한다.
- 시선은 정면을 향하도록 한다.
- 막을 때 손이 몸에 붙어서 위로 올려막듯이 수행한다.

4) 한손날막기

| 예비동작 | 본동작 |

○ 시작점(막는 손-팔굽치기 손 팔꿈치 아래/팔굽치기 손-어깨), 끝점(막는 손-손끝이 어깨 위/팔굽치기 손-옆구리 쪽 띠 위)
○ 어깨에 힘이 들어가지 않도록 한다.
○ 팔굽치기 시 몸에서 떨어져 수행되지 않도록 한다.
○ 시선은 막는 방향(측면)을 바라본다.
○ 막을 때 막는 손은 어깨까지 올려 옆으로 바로 막을 수 있도록 한다.

5) 손날막기

예비동작   본동작

○ 시작점(막는 손-손날이 띠 위/뒷손-손날 끝이 어깨 높이), 끝점(막는 손-손날의 끝이 어깨 높이/뒷손-손목이 명치)
○ 어깨에 힘이 들어가지 않도록 한다.

○ 시선은 막는 방향(측면)을 바라본다.
○ 막을 때 막는 손은 어깨까지 올려 옆으로 바로 막을 수 있도록 한다.
○ 뒷손은 명치까지 일직선으로 빠르게 이동하며 막는다.

6) 몸통지르기

○ 지르기란 팔을 이용하여 공격을 가할 때 힘은 몸통의 회전력(원심력)을 이용하는데, 이때 팔꿈치를 뻗으며 주먹이 일직선으로 움직여 목표를 가격하는 동작을 의미한다(국기원, 2005).

몸통지르기

예비동작   본동작

○ 시작점(지르는 손-옆구리 쪽 띠 위/팔굽치기 손-명치), 끝점(지르는 손-명치/팔굽치기 손-옆구리 쪽 띠 위)
○ 어깨에 힘이 들어가지 않도록 한다.
○ 팔굽치기 시 몸에서 떨어져 수행되지 않도록 한다.
○ 시선은 정면을 바라본다.
○ 팔굽치기 손과 지르는 손은 동시에 끝나야 한다.

4. 서기동작 수행방법 및 지도 시 주안점

○ 국기원(2005)은 태권도 서기동작에 대해 다음과 같이 넓혀서기, 모아서기, 특수품서기로 구분하고 있다.

구분	의미 및 주의사항
넓혀서기	나란히서기, 오른서기, 왼서기, 편히서기, 안쫑서기, 주춤서기, 낮추어서기, 모서기, 모주춤서기, 안쫑주춤서기, 앞서기, 앞주춤서기, 앞굽이, 뒷굽이, ㄴ자서기, 범서기

모아서기	모아서기, 뒤축모아서기, 앞축모아서기, 곁다리서기, 앞꼬아서기, 뒤꼬아서기, 학다리서기, 오금서기
특수품서기	기본준비서기, 두주먹허리준비서기, 겹손준비서기, 보주먹준비서기, 통밀기준비서기

○ 품새에서 서기동작 수행 시 이중동작에 주의해야 한다. 이중동작이란 동작수행 및 이동하는 발보다 축이 되는 발이 먼저 움직이는 것을 의미한다.

1) 앞서기

○ 걸어가다가 멈추었을 때와 같이 한걸음 간격으로 선다.
○ 두 무릎은 펴며, 몸의 중심을 두 다리에 균등하게 둔다.
○ 몸을 반듯하게 세우고 정면을 향해 자연스럽게 선다.
○ 뒤에 있는 발은 약간 벌리되 30°이상 벌어지지 않도록 한다.

2) 앞굽이

○ 발의 앞뒤 간격은 한걸음 반 정도로 한다.
○ 두 발의 좌우 간격은 주먹 하나의 너비로 한다.
○ 앞발의 발끝이 앞을 향하게 선다.
○ 몸을 반듯하게 하고 서서 아래를 내려다보았을 때, 무릎과 발끝이 일치되도록 무릎을 굽혀 중심을 낮춘다.
○ 뒷발의 내각은 30° 정도가 되게 선다.
○ 뒷다리의 무릎을 곧게 편다.
○ 몸의 중심은 앞발에 약 50~60% 둔다.

3) 주춤서기

주춤서기

○ 발과 발의 너비는 두 발 길이 정도로 선다.
○ 두 발의 발날등이 서로 평행을 이루도록 한다.
○ 몸통을 반듯하게 하고 두 무릎을 굽혀 앉는다.
○ 주춤서기 시 아래를 내려다봤을 때, 무릎과 발끝이 일치되도록 하고 정강이를 반듯하게 세운다.
○ 주춤서기 시 엉덩이가 빠지지 않도록 한다.

4) 뒷굽이(오른)

뒷굽이

- 모아서기에서 오른발 뒤꿈치를 기준으로 바깥쪽으로 90°벌려 선다.
- 오른발을 벌려 선 상태에서 왼발을 두 족장에서 두 족장 반의 길이로 앞으로 내디디며, 양 무릎을 굽혀 중심을 낮춘다.
- 몸을 낮출 때 오른다리 무릎은 오른발 끝 방향으로 지면과 60~70° 정도 되도록 굽히고, 왼다리 무릎은 정면(왼발 끝 방향)으로 지면에서 100~110° 정도 되도록 구부린다.
- 몸의 중심은 뒷발에 약 60~70% 가 있게 한다.

5) 범서기(왼)

범서기

- 모아서기에서 오른발을 30° 정도의 각으로 넓혀 서며, 왼발을 오른발 끝에서 한 발 길이로 내딛는다.
- 체중을 뒷발에 싣고 뒷발을 내려다봤을 때 무릎과 발끝을 일직선으로 한다.

○ 앞에 있는 왼발의 발목을 펴고 발끝 또는 앞축만 가볍게 딛고 무릎을 약간 안으로 튼다.
○ 범서기의 중심을 뒷발에 90% 둔다.
○ 두 무릎 사이의 공간을 만들지 않는다.

6) 학다리서기(오른)

학다리서기

○ 오른다리 무릎을 굽혀 중심을 낮추고, 왼발의 발날등을 올려 오른다리 무릎 안쪽에 붙여놓는다.
○ 들어 올린 허벅지와 몸은 직각을 이루도록 한다.
○ 들어 올린 발의 발목은 자연스럽게 둔다.

한줄 요약

- **학다리서기 중심 잡기**

학다리서기 시 지면에 있는 발의 발가락으로 바닥을 꼬집는다는 생각으로 힘을 주며, 맞닿아 있는 무릎과 발을 서로 밀며 중심을 아래로 낮춘다.

5. 힘의 원리 수행방법 및 지도 시 주안점

○ 힘의 원리는 지르기를 바탕으로 설명하면 강하게 지르기, 편하게 지르기, 빠르게 지르기, 힘주어 지르기, 격파하듯 지르기 등으로 구분할 수 있다.
○ 힘의 원리를 지도할 때, 각각의 힘의 원리에 맞는 동작을 하도록 지도해야 한다. 각 동작의 지도 시 주의사항은 다음과 같다.

구분	의미 및 주의사항
강하게 지르기	• 보통 품새에서 수행하는 지르기 동작과 같다. • 지르기와 팔굽치기는 몸에서 스치듯이 수행해야 한다. • 자신의 명치 높이를 지르며, 어깨가 빠지는 것에 주의한다.
편하게 지르기	• 힘을 빼고 지르는 것으로, 힘의 약강 의미를 학습할 수 있다. • 정확한 지르기 동작으로 힘을 빼고 질러야 한다. 힘을 뺀다고 해서 지르기가 벌어지거나 돌아서 나오지 않도록 주의한다.
빠르게 지르기	• 자신의 최대 속도로 주먹지르기를 수행한다. • 빠르게 지른다고 정확하게 지르지 않는 것에 주의한다. • 지르기가 팔굽치기 위치에서 수행할 수 있도록 한다.
힘주어 지르기	• 등장성의 움직임으로 예비동작에서부터 지르는 동작까지 처음부터 자신의 최고의 힘을 주며 지르는 동작이다. • 동작을 수행할 때, 지르기와 팔굽치기가 벌어지거나 돌아서 나오지 않도록 주의한다.
격파하듯 지르기	• 일반 지르기에서 주먹 하나 더 지르는 것으로, 실제 격파하듯 조금 더 깊게 지른다.

6. 품새 훈련방법 및 지도 시 주안점

○ 품새 훈련방법은 기본적 훈련방법과 응용적 훈련방법으로 구분할 수 있다.
○ 기본적 훈련방법은 보통의 품새 수련과정을 의미하며, 동작별·방향별 등으로 구분할 수 있다. 그리고 응용적 훈련방법은 기본동작훈련을 활용한 훈련과 품새 동작을 활용한 호신술로 구분할 수 있다.

품새 훈련방법	기본적 훈련	동작별 · 방향별 훈련
	응용적 훈련	기본동작훈련활용, 품새동작을 응용한 호신술

1) 기본적 훈련방법

○ 품새 훈련방법의 하나인 기본적 훈련은 일반적인 측면의 훈련방법으로 이해할 수 있다.
○ 기본적 품새 훈련법으로서 동작별 훈련은 개별동작이 가진 정확한 움직임을 이해하고 학습하는 데 유용하며, 방향별 훈련은 동작별 훈련의 응용과정으로 정확한 동작의 수행과 더불어 동작 간의 연결성을 이해하고 학습하는 데 효과적이다.

2) 응용적 훈련방법

○ 응용적 훈련방법은 기본동작훈련의 활용과 품새동작을 응용한 호신술로 구분할 수 있다.
○ 품새동작을 응용한 호신술의 중요성은 다음과 같다.
○ 태권도 품새는 가상의 상대를 대상으로 공격과 방어의 기술을 스스로 습득하기 위해 정형화시킨 동작들의 집합체다. 그러나 현재 태권도 품새가 경기화 되는 과정에서 실전적 움직임의 중요성은 퇴색되고 있다. 이러한 점에서 품새동작들의 재해석을 통한 응용은 태권도가 가진 실전적 움직임을 이해하는 데 중요한 역할을 수행할 것이다.

(1) 태극 1장을 응용한 호신술
○ 태극 1장의 동작을 응용한 호신술 동작은 다음과 같다.

구분	수행방법
내려막고 지르기	상대의 차기를 내려막고 지른다.
올려막고 차고 지르기	상대의 지르기를 올려막기 후, 앞차고 내디뎌 지른다.

내려막고 지르기

올려막고 앞차고 지르기

(2) 태극 2장을 응용한 호신술

○ 태극 2장의 동작을 응용한 호신술 동작은 다음과 같다.

구분	수행방법
내려막고 얼굴지르기	상대의 차기를 내려막고 얼굴을 지른다.
내려막고 차고 얼굴지르기	상대의 차기를 내려막고 난 뒤 뒷발로 상대를 차고 내디디며 얼굴을 지른다.

내려막고 지르기

내려막고 차고 얼굴지르기

(3) 태극 3장을 응용한 호신술

○ 태극 3장의 동작을 응용한 호신술 동작은 다음과 같다.

구분	수행방법
내려막고 앞차고 두 번 지르기	상대방의 차기를 막고 난 뒤, 상대 무릎을 앞차고 내디뎌 두 번 지른다.
한손날막고 몸통지르기	상대의 지르기를 한손날로 걷어 막는다. 이어서 막은 손으로 상대의 손목을 잡아당기며 앞발 내디뎌 지른다.

내려막고 앞차고 두 번 지르기

한손날막고 몸통지르기

(4) 태극 4장을 응용한 호신술

○ 태극 4장의 동작을 응용한 호신술 동작은 다음과 같다.

구분	수행방법
제비품목치고 앞차고 지르기	상대방의 지르기를 제비품목치기로 막음과 동시에 상대의 목을 공격한다. 이후 상대의 뒷목을 잡아당기며 무릎으로 얼굴을 차고 내디뎌 지른다.

제비품목치고 앞차고 지르기

(5) 태극 5장을 응용한 호신술

○ 태극 5장의 동작을 응용한 호신술 동작은 다음과 같다.

구분	수행방법
메주먹 내려치기	상대가 손목을 잡았을 때 잡힌 손을 밑으로 돌려 빼며, 메주먹으로 내려친다.
한손날막고 팔굽돌려치기	상대의 공격을 한손날막기로 막은 다음, 상대의 손목을 잡아당기며 팔굽으로 돌려친다.

메주먹 내려치기

한손날막고 팔굽돌려치기

(6) 태극 6장을 응용한 호신술

○ 태극 6장의 동작을 응용한 호신술 동작은 다음과 같다.

구분	수행방법
비틀어막고 돌려차기	상대의 지르기를 비틀어 막은 다음, 상대의 손목을 잡아당기며 돌려 찬다.
바깥막고 지르고 앞차고 지르기	상대의 지르기를 바깥막기로 막음과 동시에 주먹을 지른다. 이후에 상대의 낭심(다리)을 앞차고 내디뎌 얼굴을 지른다.

비틀어막고 돌려차기

바깥막고 지르고 앞차고 지르기

(7) 태극 7장을 응용한 호신술

○ 태극 7장의 동작을 응용한 호신술 동작은 다음과 같다.

구분	수행방법
가위막기	상대의 차기를 안으로 내디디며 내려막는 동시에 등주먹으로 인중을 친다.
헤쳐막고 잡고 무릎치기	상대가 양손으로 잡으려 할 때 헤쳐막기로 막고, 이어서 상대의 뒷목을 잡아당기며 무릎으로 상대의 턱을 친다.

가위막기

헤쳐막고 잡고 무릎치기

(8) 태극 8장을 응용한 호신술

○ 태극 8장의 동작을 응용한 호신술 동작은 다음과 같다.

구분	수행방법
당겨 턱지르기	상대의 지르기를 바깥막기로 막은 다음 상대의 뒷목을 잡아당기며 턱을 지른다.

당겨 턱지르기

(9) 고려품새를 응용한 호신술

○ 고려품새의 동작을 응용한 호신술 동작은 다음과 같다.

구분	수행방법
손날막고 거듭옆차고 손날목치며 지르기	상대의 지르기를 상대 측면으로 내딛으며 손날로 막는다. 이어서 상대의 다리와 얼굴을 옆찬 후 손날목치며 지른다.
아금손 치며 넘기기	상대의 차기를 잡은 다음, 이어 아금손으로 상대의 목을 밀며, 다리 걸어 넘긴다.

손날막고 거듭옆차고 손날목치며 지르기

아금손 밀며 넘기기

(10) 금강품새를 응용한 호신술

○ 금강품새의 동작을 응용한 호신술 동작은 다음과 같다.

구분	수행방법
헤쳐막고 바탕손치기	잡으러 오는 상대의 두 손을 헤쳐막은 다음, 한손으로 상대의 손목을 잡아당기며 바탕손으로 턱을 친다.

헤쳐막고 바탕손치기

(11) 태백품새를 응용한 호신술

○ 태백품새의 동작을 응용한 호신술 동작은 다음과 같다.

구분	수행방법
헤쳐막고 앞차고 두 번 지르기	상대가 근접해 다리를 잡으려 할 때, 헤쳐막기로 막은 다음, 상대를 잡으며 무릎으로 낭심을 차고, 이어서 두 번 지른다.
뒤돌아 등주먹옆치기	상대가 손목을 잡았을 때, 뒤로 빼기로 뿌리친 다음, 뒤돌아 등주먹옆치기로 공격한다.

헤쳐막고 앞차고 두 번 지르기

뒤돌아 등주먹옆치기

(12) 평원품새를 응용한 호신술

○ 평원품새의 동작을 응용한 호신술 동작은 다음과 같다.

구분	수행방법
멍에치기	상대의 지르기를 바깥막기로 막은 다음, 막은 손을 잡아당기며 상대의 옆구리를 팔굽으로 친다.
앞차고 뒤돌아 옆차기	상대의 차기를 발로 걷어 막은 다음 이어서 뒤돌아 옆찬다.

멍에치기

앞차고 뒤돌아 옆차기

(13) 십진품새를 응용한 호신술

○ 십진품새의 동작을 응용한 호신술 동작은 다음과 같다.

구분	수행방법
황소막기	상대에게 양 어깨를 잡혔을 때, 황소막기로 막아 올린다.
앞차고 쳇다리 지르기	상대에게 손목을 잡혔을 때, 작은 돌쩌귀의 움직임을 이용해 상대를 당기며 손목을 잡아 앞찬다. 이후에 두 주먹으로 동시에 지른다.

황소막기

앞차고 쳇다리 지르기

(14) 지태품새를 응용한 호신술

○ 지태품새의 동작을 응용한 호신술 동작은 다음과 같다.

구분	수행방법
거들어 안막기	상대의 지르기를 거들어 안막기를 활용해 팔꿈치를 꺾는다.
황소막기	상대가 양손으로 허리를 잡으면, 황소막기로 상대의 팔꿈치를 올려꺾는다.

거들어 안막기

황소막기

- 품새 지도 목차 -

분류	주차	강의주제	학습 내용
기본동작	1주	태권도 품새란	태권도 품새의 이해
		품새 차기	태권도 품새 차기의 이해
			태권도 품새 차기에 유용한 스트레칭
			태권도 품새 차기의 훈련
	2주	품새 차기의 숙달	태권도 품새 차기 훈련법 1
			태권도 품새 차기 훈련법 2
		품새 차기의 응용	태권도 품새 차기의 응용
	3주	태권도 동작의 수행	태권도 수행방법과 신체사용 부위의 이해
		손기술	태권도 기본동작의 요소
		손기술의 응용	미트를 활용한 주먹지르기 훈련
			촛불을 활용한 주먹지르기 훈련
	4주	서기동작	태권도 서기동작
			태권도 서기동작의 수련
			태권도 서기동작 훈련의 실제
	5주	힘의 원리	힘의 쓰임의 이해
			힘의 쓰임의 수련
			힘의 쓰임의 실제
유급자 품새	6주	태극 1장 태극 2장	태극 1~2장의 주요 동작
			태극 1장의 수련
			태극 2장의 수련
			기본동작훈련을 활용한 태극 1~2장의 학습
			태극 1~2장을 응용한 호신술
	7주	태극 3장 태극 4장	태극 3~4장의 주요 동작
			태극 3장의 수련
			태극 4장의 수련
			기본동작훈련을 활용한 태극 3~4장의 학습
			태극 3~4장을 응용한 호신술
	8주	태극 5장 태극 6장	태극 5~6장의 주요 동작
			태극 5장의 수련
			태극 6장의 수련
			기본동작훈련을 활용한 태극 5~6장의 학습
			태극 5~6장을 응용한 호신술

분류	주차	강의주제	학습 내용
유급자 품새	9주	태극 7장 태극 8장	태극 7~8장의 주요 동작
			태극 7장의 수련
			태극 8장의 수련
			기본동작훈련을 활용한 태극 7~8장의 학습
			태극 7~8장을 응용한 호신술
	10주	태극품새의 숙달	태극품새의 숙달 1
			태극품새의 숙달 2
			태극품새의 숙달 3
유단자 품새	11주	고려품새 금강품새	고려품새, 금강품새 주요 동작
			고려품새의 수련
			금강품새의 수련
			기본동작훈련을 활용한 고려품새, 금강품새의 학습
			고려품새, 금강품새를 응용한 호신술
	12주	태백품새 평원품새	태백품새, 평원품새 주요 동작
			태백품새의 수련
			평원품새의 수련
			기본동작훈련을 활용한 태백품새, 평원품새의 학습
			태백품새, 평원품새를 응용한 호신술
	13주	십진품새 지태품새	십진품새, 지태품새 주요 동작
			십진품새의 수련
			지태품새의 수련
			기본동작훈련을 활용한 십진품새, 지태품새의 학습
			십진품새, 지태품새를 응용한 호신술
심화학습	14주	품새 차기의 심화학습	품새 앞차기
			품새 돌려차기
			품새 옆차기
	15주	경기품새	품새 경기의 실제
평가	16주		평가

태권도 지도자를 위한 품새 이론 및 실제

기본동작

1 주차

강의 주제	태권도 품새란 / 품새 차기	대상	태권도 전공생	차시 구성	1
				소요시간	120분
교육과정 개요(목적)	태권도 품새의 기본동작을 이해하고 수행하며, 학습된 내용을 바탕으로 정확한 동작과 높은 표현성의 품새를 수행할 수 있도록 한다. 또한 태권도 품새의 기본동작과 응용동작을 활용하여 태권도 품새의 실전적 움직임을 수련하고 창작품새 개발능력을 향상시키는 데 목적이 있다.				
1주차 교육목표	• 태권도 품새의 제반 지식(정의, 구성 원리, 종류)에 대해 이해할 수 있다. • 품새 차기에 유용한 스트레칭과 품새 차기를 습득하고 지도방법을 익힐 수 있다.				

단원명	시간(m)	주요 학습내용
준비운동	10	준비운동을 통해 체온을 상승시켜 관절의 가동범위를 넓히고 근육을 이완시키는 방법을 학습한다.
태권도 품새의 이해	10	태권도 품새와 관련된 제반 지식(품새의 정의, 품새의 구성 원리, 품새의 분류)을 학습한다.
태권도 품새 차기의 이해	10	태권도 품새 차기의 사용 부위와 기본차기 습득방법을 학습한다.
품새 차기에 유용한 스트레칭	35	태권도 품새 차기를 수행하는 데 유용한 스트레칭법(앞으로 발올리기, 옆으로 발올리기, 뒤로 발올리기)을 학습한다.
품새 차기 훈련	45	태권도 품새 차기(앞차기, 돌려차기, 옆차기)의 수련과 지도법을 학습한다.
정리운동	10	정리운동을 통해 운동 후 회복의 중요성을 학습한다.

단원명	학습내용 및 교수활동	학습활동	도구	소요시간 (min)
1. 준비운동	■ **준비운동을 통해 체온상승과 관절의 가동범위를 넓히고 근육을 이완시키는 방법을 학습한다.** 1) 교수자는 학습자들을 정면을 보고 4열종대로 제자리에서 수행할 수 있도록 지도한다. 2) 교수자는 준비운동에 대한 필요성과 주의사항을 간략하게 설명하고 시범을 보인 후 동작을 수행할 수 있도록 지도한다. 3) 교수자는 준비운동 시 학습자와 반대 방향으로 시범을 보이며 지도한다. 4) 준비운동은 기본적으로 교수자 8초/학습자 8초의 구령으로 실시하되, 눌러주기 및 숙여주기 동작에서는 25~30초로 3~5회 실시한다. **준비운동 순서** - 손목/발목 돌리기 - 무릎 돌리기 - 허리 돌리기 - 목 돌리기 - 어깨 돌려주기 - 좌우 다리 스트레칭 - 골반 눌러주기(좌/우/중앙) - 앉아서 두 다리 펴고 앞으로 숙여주기 - 두 발바닥 붙여 앞으로 숙여주기 - 다리 옆으로 벌려서 숙여주기(좌/우/중앙) - 다리 옆으로 벌린 상태에서 틀어주기(좌/우)	▷ 학습자는 4열종대로 정렬한 후 교수자의 지시에 따라 동작을 수행한다. ▷ 구령은 교수자의 선창 시 학습자는 후창 구령을 넣는다.		10

단원명	학습내용 및 교수활동	학습활동	도구	소요시간(min)
2. 태권도 품새의 이해	■ **태권도 품새와 관련된 제반 지식을 학습한다.** 1) 교수자는 학습자들을 정면을 보고 4열종대로 앉힌다. 2) 품새의 정의, 구성 원리, 종류에 대해 설명한다. **품새의 정의** 품새란 태권도 정신과 기술의 정수가 모여 심신수양과 공방원리를 직간접적으로 나타낸 행동방식이다. 기술적인 측면에서 보면 품새가 곧 태권도이며, 기본동작은 품새동작의 바탕이 되는 동작이고, 겨루기는 품새의 실전 응용동작이라 할 수 있다. **품새의 구성 원리** ○ 낱기술의 나열로 구성되는 공인품새는 일정한 원리를 통해 구성되었으며, 일반적으로 대칭의 원리, 점진성의 원리, 선의 원리, 공방의 원리를 갖는다. ○ **세부 구성 원리** – **대칭의 원리**: 품새를 실시할 때 오른쪽을 향하여 기술을 구현할 경우 일반적으로 왼쪽에도 똑같은 기술을 구현하는 원리를 가리킨다. – **점진성의 원리**: 품새가 단계별 과정에서 나타나는 특성에 따라 난이도의 차이를 가리킨다. – **선의 원리**: 품새는 모두 품새선을 갖고 있으며 그에 맞는 철학적 배경을 갖는다는 것을 의미한다. – **회귀의 원리**: 품새를 시작할 때와 품새가 종료된 뒤 같은 자리에 위치하는 것을 가리킨다. – **공방의 원리**: 품새 기술 내에 공격과 방어 기술이 함께 포함되는 것을 가리키며, 공인품새에서는 대부분 방어기술이 먼저 나온 뒤 공격기술이 나온다.	▷ 교수자의 강의내용을 경청하고 숙지하도록 한다. ▷ 잘 이해되지 않는 부분은 질문하도록 한다.		10

단원명	학습내용 및 교수활동	학습활동	도구	소요시간 (min)
	품새의 분류 ○ 제작목적에 따른 분류: 건강품새, 경기품새, 수련품새 ○ 기관의 인정 여부에 따른 분류: 공인품새, 창작품새 ○ 구현 내용 및 방법에 따른 분류: 손기술 위주의 품새, 발기술 위주의 품새, 손기술과 발기술이 균등한 품새, 기술을 실전적으로 구현하는 품새, 강약과 완급이 균등한 품새 등 3) 교수자는 학습자들이 품새와 관련된 제반 지식에 대해 숙지하고 있는지 질문한다. **교수자 질문 예시** Q. 품새의 구성 원리와 관련하여 대칭의 원리, 점진성의 원리, 선의 원리, 공방의 원리란 무엇인가? Q. 공인품새의 종류에는 무엇이 있는가? Q. 현재 공인품새에서 손기술 위주의 품새와 발기술 위주의 품새에는 무엇이 있는가?	▷ 교수자의 질문에 손을 들고 대답할 수 있도록 한다.		
3. 태권도 품새 차기의 이해	■ **태권도 차기의 사용 부위와 품새 차기 습득방법을 학습한다.** 1) 교수자는 학습자들을 정면을 보고 4열종대로 앉힌다. 2) 태권도 차기에서 사용되는 부위에 대하여 설명하고, 숙지하고 있는지 질문한다. **차기 사용 부위** 앞축, 발날, 발등, 발바닥, 발날등, 뒤꿈치, 뒤축, 발끝 등	▷ 교수자의 강의내용을 경청하고, 잘 이해되지 않는 부분은 질문을 하도록 한다.		10

단원명	학습내용 및 교수활동	학습활동	도구	소요시간 (min)
	교수자 질문 예시 Q. 앞축, 발날, 발날등의 부위는 어디인가? Q. 앞축, 발날, 발날등, 뒤축 등은 어떤 차기에서 사용되는가? 3) 품새 차기의 특징과 습득방법에 대해 설명한다. **품새 차기의 특징** ○ 겨루기는 힘과 다음 동작을 위해 차고 난 다음에 무릎을 빠르게 접는 반면, 품새의 경우 표현을 중요시한다는 점에서 품새 차기에서는 발을 차고 멈춘다는 느낌으로 발을 찬 끝점을 표현한다. ○ 겨루기 차기가 발을 차고 난 이후에 주로 중심이동이 이루어지는 반면, 품새 차기는 주로 발을 찼을 때 중심의 변화가 거의 없다. **품새 차기 습득방법** 첫째, 차기동작 시 모든 관절의 관절 순서대로 실시한다. 예) 무릎접기 – 차기–무릎접기 둘째, 차기동작 시 무릎관절은 완전히 펴고 차는 부위에 힘을 준 후 다음 동작을 위해 빠르게 접어야 한다. 셋째, 차기동작 시 시선은 항상 사용 부위를 주시해야 한다. 넷째, 차기동작 시 사용 부위에 힘을 주어야 한다. 4) 교수자는 학습자들이 학습한 내용에 대해 숙지하고 있는지 질문한다. **교수자 질문 예시** Q. 품새 차기의 특징은 무엇인가? Q. 겨루기 차기와 품새 차기의 차이는 무엇이고, 이러한 차이의 원인은 무엇인가?	▷ 교수자의 질문에 손을 들고 대답할 수 있도록 한다. ▷ 교수자의 강의내용을 경청하고 숙지하도록 한다. ▷ 잘 이해되지 않는 부분은 질문을 하도록 한다. ▷ 교수자의 질문에 손을 들고 대답할 수 있도록 한다.		

단원명	학습내용 및 교수활동	학습활동	도구	소요시간 (min)
4. 품새 차기에 유용한 스트레칭	■ 태권도 품새 차기를 수행하는 데 유용한 스트레칭법을 학습한다. 1) 교수자는 학습자들을 정면을 보고 지그재그로 2인 1조로 구성하여 세우고, 제자리에서 동작을 수행할 수 있도록 지도한다. **학습대형** (교수자) 2) 교수자는 학습할 스트레칭 종류 및 훈련법에 대하여 설명한 후 동작에 대한 시범을 보인다. **스트레칭 종류** 앞으로 발올리기, 옆으로 발올리기, 뒤로 발올리기 **스트레칭 훈련법** ○ 수행자는 보조자의 띠(팔목)를 잡고 동작을 실시한다. ○ 수행자는 보조자를 잡았을 때, 균형을 잡는 정도로 힘을 주며 보조자에게 의지하지 않는다. ○ 보조자를 잡은 손과 같은 다리로 동작을 수행한다. ○ 수행과정에서 시선은 사용 부위를 주시한다. ○ 스트레칭 시 엉덩이가 빠지지 않도록 한다. ○ 축이 되는 다리는 곧게 편다.	▷ 교수자의 강의내용을 경청하고 숙지하도록 한다. ▷ 학습자는 의문사항에 대해 손을 들고 질문할 수 있도록 한다.		35

단원명	학습내용 및 교수활동	학습활동	도구	소요시간 (min)
	3) 교수자는 '앞으로 발올리기'에 대해 설명한 후 수행자들이 구령에 맞추어 동작을 수행할 수 있도록 지도한다(각 10회, 5회 실시 등). **앞으로 발올리기** ○ 스트레칭 시 두 다리의 무릎이 구부러지지 않도록 동작을 수행한다. ○ 스트레칭 시 발목을 곧게 편다. ○ 빠르게 발을 들어 올린다(올리는 것보다 내리는 것이 빠른 것은 바람직하지 못한 동작이다). **앞으로 발올리기** 4) 교수자는 이동하며, 수행자의 수행을 평가하고 교정한다. 5) 수행자의 수행 완료 후, 수행자와 보조자의 역할을 바꾸어 스트레칭을 실시할 수 있도록 지시한다.	▷ 보조자는 교수자의 교수내용을 기초로 수행자의 동작을 평가하고 지적한다. ▷ 학습자는 의문사항에 대해 손을 들고 질문할 수 있도록 한다.		

단원명	학습내용 및 교수활동	학습활동	도구	소요시간 (min)
	6) 교수자는 '옆으로 발올리기'에 대해 설명한 후 수행자들이 구령에 맞추어 동작을 수행할 수 있도록 지도한다(각 10회, 5회 실시 등). **옆으로 발올리기** ○ 올리는 발은 발날을 만든 상태로 수행한다. ○ 스트레칭 시 엉덩이가 빠지지 않도록 시선-어깨-엉덩이-발날을 일자로 만들어 올린다. ○ 축이 되는 발의 뒤꿈치는 올리는 쪽으로 향하도록 한다. ○ 스트레칭 순간 축이 되는 발을 올리는 쪽으로 밀어 몸의 중심이 뒤로 빠지지 않도록 만든다. **옆으로 발올리기** 7) 교수자는 이동하며, 수행자의 수행을 평가하고 교정한다. 8) 수행자의 수행 완료 후, 수행자와 보조자의 역할을 바꾸어 스트레칭을 실시할 수 있도록 지시한다.	▷ 보조자는 교수자의 교수내용을 기초로 수행자의 동작을 평가하고 지적한다. ▷ 학습자는 의문사항에 대해 손을 들고 질문할 수 있도록 한다.		

단원명	학습내용 및 교수활동	학습활동	도구	소요시간(min)
	9) 교수자는 '뒤로 발올리기'에 대해 설명한 후 수행자들이 구령에 맞추어 동작을 수행할 수 있도록 지도한다(각 10회, 5회 실시 등). **뒤로 발올리기** ○ 뒤로 발올리기는 옆으로 올리기와 수행과정이 유사하며, 몸의 후면을 중심으로 발바닥이 하늘을 향하도록 올린다. ○ 올리는 발이 몸의 바깥으로 빠지지 않도록 한다. ○ 스트레칭 순간 축이 되는 발을 올리는 쪽으로 밀어준다. **뒤로 발올리기** 10) 교수자는 이동하며, 수행자의 수행을 평가하고 교정한다. 11) 수행자의 수행 완료 후, 수행자와 보조자의 역할을 바꾸어 스트레칭을 실시할 수 있도록 지시한다.	▷ 보조자는 교수자의 교수내용을 기초로 수행자의 동작을 평가하고 지적한다. ▷ 학습자는 의문사항에 대해 손을 들고 질문할 수 있도록 한다.		

단원명	학습내용 및 교수활동	학습활동	도구	소요시간 (min)
5. 품새 차기 훈련	■ 태권도 품새 차기의 수련과 지도법을 학습한다. 1) 교수자는 학습자들이 이동시키면서 차기를 수행할 수 있도록 5열종대로 세운다. **학습대형** 2) 교수자는 품새에서 주로 사용되는 기본차기와 수련단계, 수련방법에 대하여 설명한 후, 동작에 대한 시범을 보일 수 있도록 한다. **기본발차기** 앞차기, 돌려차기, 옆차기 **학습방법** ○ 각 발차기는 무릎접어 올리기, 뻗어올리기, 부위별 차기 순으로 순차적으로 실시한다. ○ 각 단계를 왕복으로 1회씩 실시한다. 예) 각 줄별로 동작을 수행하며, 동작 완료 후 다음 줄이 동작을 수행한다. 그리고 마지막 줄이 마치고 난 뒤 같은 동작을 다시 한 번 수행하며 제자리로 돌아간다.	▷ 교수자의 강의내용을 경청하고 숙지하도록 한다. ▷ 학습자는 의문사항에 대해 손을 들고 질문할 수 있도록 한다.		45

단원명	학습내용 및 교수활동	학습활동	도구	소요시간 (min)

무릎접어 올리기

○ 무릎접어 올리기는 각 발차기의 차기 전 자세이자 차고 난 자세다.
○ 무릎접기 시 속도조절을 통해 정확한 동작과 실제 수행에서의 동작을 학습한다.
  예) 천천히 접기-정확성, 빠르게 접기-실제 차기 전 동작

뻗어올리기

○ 스트레칭에서 학습한 방법과 동작한 방법으로 수행한다.
○ 발차기 준비자세(앞서기 겨룸새)에서 뒤에 있는 발로 뻗어올리기를 수행한다.
○ 수행 후 중심을 잃지 않고 다시 발차기 준비자세를 만든다(발을 교차하며 동작을 수행한다).

부위별 차기

○ 차기의 공격 부위는 무릎, 명치, 얼굴로 구분한다.
○ 수행과정에서 각 발차기의 무릎은 각 부위에 적합한 높이로 올리며, 차고 난 이후에도 그 높이에서 무릎을 접고 내린다.
○ 수행 시 사용 부위(앞축 또는 발날)를 주시한다.
○ 차는 순간 사용 부위(앞축 또는 발날)에 힘을 준다.
○ 차는 과정에서 이중동작(발차기 시 차는 발보다 먼저 축이 되는 발이 움직이는 행위)이 나타나지 않도록 주의한다.

단원명	학습내용 및 교수활동	학습활동	도구	소요시간 (min)
	기본차기 수련동작(옆차기) 무릎접어 올리기 / 부위별 차기(무릎) / 부위별 차기(몸통) / 부위별 차기(얼굴) 3) 교수자는 기본차기의 수련단계와 수련방법을 기초로 '앞차기'의 '무릎접어 올리기'를 수행하도록 지시한다. **무릎접어 올리기 수행방법** ○ 겨룸새에서 차는 발을 무릎을 접은 상태로 자신의 가슴에 닿는다는 느낌으로 빠르게 올린다. ○ 무릎을 올릴 때 상체를 고정하여 올려야 하며, 상체가 앞으로 움직이는 것에 주의한다. 4) 교수자는 학습자들이 각 줄별로 앞으로 나가며 6회씩 '무릎접어 올리기'를 수행할 수 있도록 지시한다. 5) 교수자는 각 줄의 수행이 끝난 후 부족한 부분에 대해 설명한다. 6) 학습자들이 지도사항을 기초로 같은 동작을 6회씩 재수행하도록 지시한다. 7) 교수자는 각 줄의 수행이 끝난 후 부족한 부분에 대해 설명한다.	▷ 학습자는 의문사항에 대해 손을 들고 질문할 수 있도록 한다. ▷ 학습자들은 자신의 수행이 끝난 후 교수자의 교수내용을 기초로 다음 줄의 수행을 평가하고 지적한다. ▷ 교수자의 지도사항을 정확히 인지하고 2회차 때 교정하며 수행한다.		

단원명	학습내용 및 교수활동	학습활동	도구	소요시간 (min)
	8) 교수자는 기본차기의 수련단계와 수련방법을 기초로 '앞차기'의 '뻗어올리기'를 수행하도록 지시한다. **뻗어올리기 수행방법** ○ 스트레칭의 앞으로 발올리기와 유사한 형태다. ○ 뻗어 올릴 때, 두 다리의 무릎이 구부러지지 않도록 동작을 수행한다. ○ 발목을 곧게 편다. ○ 뻗어 올릴 때 이중동작(차는 발보다 축이 되는 발이 먼저 움직이는 동작)을 하지 않도록 주의한다. 9) 교수자는 학습자들이 각 줄별로 앞으로 나가며 6회씩 '뻗어올리기'를 수행할 수 있도록 지시한다. 10) 교수자는 각 줄의 수행이 끝난 후 부족한 부분에 대해 설명한다. 11) 학습자들이 지도사항을 기초로 같은 동작을 6회씩 재수행하도록 지시한다. 12) 교수자는 각 줄의 수행이 끝난 후 부족한 부분에 대해 설명한다. 13) 교수자는 기본차기의 수련단계와 수련방법을 기초로 '앞차기'의 '부위별 차기'를 수행하도록 지시한다. **부위별 차기 수행방법** ○ 각 부위는 무릎, 명치, 얼굴로 구성한다. ○ 앞차기 시 앞축으로 찬다. ○ 앞축을 만들 때 발가락을 당기는 것이 아닌 발목이 당겨지는 것에 주의한다. 14) 교수자는 학습자들이 각 줄별로 앞으로 나가며 6회씩 '부위별 차기'를 수행할 수 있도록 지시한다. 15) 교수자는 각 줄의 수행이 끝난 후 부족한 부분에 대해 설명한다.			

단원명	학습내용 및 교수활동	학습활동	도구	소요시간 (min)
	16) 학습자들이 지도사항을 기초로 같은 동작을 6회씩 재수행하도록 지시한다. 17) 교수자는 각 줄의 수행이 끝난 후 부족한 부분에 대해 설명한다. 18) 교수자는 기본차기의 수련단계와 수련방법을 기초로 '돌려차기'의 '무릎접어 올리기'를 수행하도록 지시한다. **무릎접어 올리기 수행방법** ○ 축이 되는 발을 180° 회전하여 뒤꿈치가 전방을 향할 수 있도록 한다. ○ 차는 발(무릎을 접은 상태)의 허벅지는 몸과 일직선이 되도록 한다. 19) 교수자는 학습자들이 각 줄별로 앞으로 나가며 6회씩 '무릎접어 올리기'를 수행할 수 있도록 지시한다. 20) 교수자는 각 줄의 수행이 끝난 후 부족한 부분에 대해 설명한다. 21) 학습자들이 지도사항을 기초로 같은 동작을 6회씩 재수행하도록 지시한다. 22) 교수자는 각 줄의 수행이 끝난 후 부족한 부분에 대해 설명한다. 23) 교수자는 기본차기의 수련단계와 수련방법을 기초로 '돌려차기'의 '뻗어올리기'를 수행하도록 지시한다.	▷ 학습자는 의문사항에 대해 손을 들고 질문할 수 있도록 한다. ▷ 학습자들은 자신의 수행이 끝난 후 교수자의 교수내용을 기초로 다음 줄의 수행을 평가하고 지적한다. ▷ 교수자의 지도사항을 정확히 인지하고 2회차 때 교정하며 수행한다.		

단원명	학습내용 및 교수활동	학습활동	도구	소요시간 (min)
	뻗어올리기 수행방법 ○ 앞축(뻗어 올리는 발)을 만들어 수행한다. ○ 올리는 발은 발날을 만든 상태로 수행한다. ○ 엉덩이가 빠지지 않도록 시선–어깨–엉덩이–발날을 일자(一)로 만들어 올린다. ○ 축이 되는 발의 뒤꿈치는 올리는 쪽으로 향하도록 한다. ○ 올리는 순간 축이 되는 발을 올리는 쪽으로 밀어 몸의 중심이 뒤로 빠지지 않도록 만든다. ○ 뻗어 올릴 때 이중동작(차는 발보다 축이 되는 발이 먼저 움직이는 동작)을 하지 않도록 주의한다. 24) 교수자는 학습자들이 각 줄별로 앞으로 나가며 6회씩 '뻗어올리기'를 수행할 수 있도록 지시한다. 25) 교수자는 각 줄의 수행이 끝난 후 부족한 부분에 대해 설명한다. 26) 학습자들이 지도사항을 기초로 같은 동작을 6회씩 재수행하도록 지시한다. 27) 교수자는 각 줄의 수행이 끝난 후 부족한 부분에 대해 설명한다. 28) 교수자는 기본차기의 수련단계와 수련방법을 기초로 '돌려차기'의 '부위별 차기'를 수행하도록 지시한다. **부위별 차기 수행방법** ○ 각 부위는 무릎, 명치, 얼굴로 구성한다. ○ 앞축으로 돌려차기를 한다. ○ 돌려차기 시 시선–어깨–엉덩이–앞축을 일자(一)로 만든다. ○ 돌려차는 과정에서 많은 회전력으로 인해 중심을 잃을 수 있으므로 중심을 잡는 것에 유의한다.			

단원명	학습내용 및 교수활동	학습활동	도구	소요시간 (min)
	29) 교수자는 학습자들이 각 줄별로 앞으로 나가며 6회씩 '부위별 차기'를 수행할 수 있도록 지시한다. 30) 교수자는 각 줄의 수행이 끝난 후 부족한 부분에 대해 설명한다. 31) 학습자들이 지도사항을 기초로 같은 동작을 6회씩 재수행하도록 지시한다. 32) 교수자는 각 줄의 수행이 끝난 후 부족한 부분에 대해 설명한다. 33) 교수자는 기본차기의 수련단계와 수련방법을 기초로 '옆차기'의 '무릎접어 올리기'를 수행하도록 지시한다. **무릎접어 올리기 수행방법** ○ 발날을 만든 상태로 수행한다. ○ 축이 되는 발을 180° 회전하여 뒤꿈치가 전방을 향할 수 있도록 한다. ○ 차는 발(무릎을 접은 상태)의 허벅지는 몸과 직각이 되도록 한다. 34) 교수자는 학습자들이 각 줄별로 앞으로 나가며 6회씩 '무릎접어 올리기'를 수행할 수 있도록 지시한다. 35) 교수자는 각 줄의 수행이 끝난 후 부족한 부분에 대해 설명한다. 36) 학습자들이 지도사항을 기초로 같은 동작을 6회씩 재수행하도록 지시한다. 37) 교수자는 각 줄의 수행이 끝난 후 부족한 부분에 대해 설명한다. 38) 교수자는 기본차기의 수련단계와 수련방법을 기초로 '옆차기'의 '뻗어올리기'를 수행하도록 지시한다.	▷ 학습자는 의문사항에 대해 손을 들고 질문할 수 있도록 한다. ▷ 학습자들은 자신의 수행이 끝난 후 교수자의 교수내용을 기초로 다음 줄의 수행을 평가하고 지적한다. ▷ 교수자의 지도사항을 정확히 인지하고 2회차 때 교정하며 수행한다.		

단원명	학습내용 및 교수활동	학습활동	도구	소요시간 (min)
	뻗어올리기 수행방법 ○ 발날(뻗어 올리는 발)을 만들어 수행한다. ○ 수행과정은 스트레칭의 옆으로 발 올리기와 유사한 형태다. ○ 올리는 발은 발날을 만든 상태로 수행한다. ○ 엉덩이가 빠지지 않도록 시선-어깨-엉덩이-발날을 일자(一)로 만들어 올린다. ○ 축이 되는 발의 뒤꿈치는 올리는 쪽으로 향하도록 한다. ○ 올리는 순간 축이 되는 발을 올리는 쪽으로 밀어 몸의 중심이 뒤로 빠지지 않도록 만든다. ○ 뻗어 올릴 때 이중동작(차는 발보다 축이 되는 발이 먼저 움직이는 동작)을 하지 않도록 주의한다. 39) 교수자는 학습자들이 각 줄별로 앞으로 나가며 6회씩 '뻗어올리기'를 수행할 수 있도록 지시한다. 40) 교수자는 각 줄의 수행이 끝난 후 부족한 부분에 대해 설명한다. 41) 학습자들이 지도사항을 기초로 같은 동작을 6회씩 재수행하도록 지시한다. 42) 교수자는 각 줄의 수행이 끝난 후 부족한 부분에 대해 설명한다. 43) 교수자는 기본차기의 수련단계와 수련방법을 기초로 '옆차기'의 '부위별 차기'를 수행하도록 지시한다. **부위별 차기 수행방법** ○ 각 부위는 무릎, 명치, 얼굴로 구성한다. ○ 발날을 만든 상태로 옆차기를 찬다. ○ 옆차기 시 시선-어깨-엉덩이-발날을 일자(一)로 만든다. ○ 옆차기 시 돌려차기와 유사한 형태로 발차기가 나오는 것에 주의한다. ○ 옆차기 시 상체가 앞으로 빠지거나 엉덩이가 빠지는 것에 주의한다.			

단원명	학습내용 및 교수활동	학습활동	도구	소요시간 (min)
	44) 교수자는 학습자들이 각 줄별로 앞으로 나가며 6회씩 '부위별 차기'를 수행할 수 있도록 지시한다. 45) 교수자는 각 줄의 수행이 끝난 후 부족한 부분에 대해 설명한다. 46) 학습자들이 지도사항을 기초로 같은 동작을 6회씩 재수행하도록 지시한다. 47) 교수자는 각 줄의 수행이 끝난 후 부족한 부분에 대해 설명한다.			
6. 정리운동	■ **정리운동을 통해 운동 후 회복의 중요성을 학습한다.** 1) 교수자는 학습자들을 정면을 보고 4열종대로 제자리에서 수행할 수 있도록 지도한다. 2) 교수자는 정리운동에 대한 필요성과 주의사항을 간략하게 설명하고 시범을 보인 후 동작을 수행할 수 있도록 지도한다. 3) 교수자는 정리운동 시 학습자와 반대 방향으로 시범을 보이며 지도한다. 4) 정리운동은 기본적으로 교수자 8초/학습자 8초의 구령으로 실시하되, 눌러주기 및 숙여주기 동작에서는 25~30초로 3~5회 실시한다. **정리운동 순서** - 손목/발목 돌리기 - 무릎 돌리기 - 허리 돌리기 - 목 돌리기 - 어깨 돌려주기 - 좌우 다리 스트레칭 - 골반 눌러주기(좌/우/중앙) - 앉아서 두 다리 펴고 앞으로 숙여주기 - 두 발바닥 붙여 앞으로 숙여주기 - 다리 옆으로 벌려서 숙여주기(좌/우/중앙) - 다리 옆으로 벌린 상태에서 틀어주기(좌/우)	▷ 학습자는 4열종대로 정렬한 후 교수자의 지시에 따라 동작을 수행한다. ▷ 구령은 교수자의 선창 시 학습자는 후창 구령을 넣는다.		10

태권도 지도자를 위한 품새 이론 및 실제

기본동작

2 주차

강의 주제	품새 차기의 숙달 및 응용	대상	태권도 전공생	차시 구성	2
				소요시간	120분
교육과정 개요(목적)	태권도 품새의 기본동작을 이해하고 수행하며, 학습된 내용을 바탕으로 정확한 동작과 높은 표현성의 품새를 수행할 수 있도록 한다. 또한 태권도 품새의 기본동작과 응용동작을 활용하여 태권도 품새의 실전적 움직임을 수련하고 창작품새 개발능력을 향상시키는 데 목적이 있다.				
2주차 교육목표	• 품새 차기의 다양한 훈련법을 이해하고 익힐 수 있다. • 품새 차기의 응용법을 이해하고 익힐 수 있다.				

단원명	시간(m)	주요 학습내용
준비운동	10	준비운동을 통해 체온상승과 관절의 가동범위를 넓히고 근육을 이완시키는 방법을 학습한다.
품새 차기 훈련법 1	25	태권도 품새 차기의 훈련법(벽 잡고 수련하는 방법)을 이해하고 학습한다.
품새 차기 훈련법 2	25	미트를 활용한 품새 차기 훈련법을 이해하고 학습한다.
품새 차기의 응용	50	학습된 품새 차기를 실제로 수행하고, 품새 차기의 응용법을 학습한다.
정리운동	10	정리운동을 통해 운동 후 회복의 중요성을 학습한다.

단원명	학습내용 및 교수활동	학습활동	도구	소요시간 (min)
1. 준비운동	■ 준비운동을 통해 체온상승과 관절의 가동범위를 넓히고 근육을 이완시키는 방법을 학습한다. 1) 교수자는 학습자들을 정면을 보고 4열종대로 제자리에서 수행할 수 있도록 지도한다. 2) 교수자는 준비운동에 대한 필요성과 주의사항을 간략하게 설명하고 시범을 보인 후 동작을 수행할 수 있도록 지도한다. 3) 교수자는 준비운동 시 학습자와 반대 방향으로 시범을 보이며 지도한다. 4) 준비운동은 기본적으로 교수자 8초/학습자 8초의 구령으로 실시하되, 눌러주기 및 숙여주기 동작에서는 25~30초로 3~5회 실시한다. **준비운동 순서** - 손목/발목 돌리기 - 무릎 돌리기 - 허리 돌리기 - 목 돌리기 - 어깨 돌려주기 - 좌우 다리 스트레칭 - 골반 눌러주기(좌/우/중앙) - 앉아서 두 다리 펴고 앞으로 숙여주기 - 두 발바닥 붙여 앞으로 숙여주기 - 다리 옆으로 벌려서 숙여주기(좌/우/중앙) - 다리 옆으로 벌린 상태에서 틀어주기(좌/우)	▷ 학습자는 4열종대로 정렬한 후 교수자의 지시에 따라 동작을 수행한다. ▷ 구령은 교수자의 선창 시 학습자는 후창 구령을 넣는다.		10

단원명	학습내용 및 교수활동	학습활동	도구	소요시간 (min)
2. 품새 차기 훈련법 1	■ 태권도 품새 차기의 훈련법을 이해하고 학습한다. 1) 벽으로 이동하여 학습자들을 2인 1조(수행자, 보조자)로 구성한다. **학습대형** 2) 교수자는 '벽잡고 차기'의 구성 및 주의사항에 대하여 설명한 후 동작에 대한 시범을 보일 수 있도록 한다. **훈련 구성** 앞차기, 돌려차기, 옆차기 **주의사항** ㅇ 차기 과정에서 수행자의 몸의 중심이 차는 방향으로 향하도록 한다. 예) 벽으로 기대는 경우, 상체가 앞으로 쏠리는 경우 등 ㅇ 돌려차기, 옆차기 시 엉덩이가 빠지지 않도록 한다. ㅇ 수행자가 벽에 둔 손의 힘을 빼고 중심을 유지하는 정도로 사용할 수 있도록 설명한다. ㅇ 차기의 기본적인 높이는 중단(명치) 높이로 하며, 학습자의 역량에 따라 조절한다.	▷ 교수자의 강의내용을 경청하고 숙지하도록 한다. ▷ 잘 이해되지 않는 부분은 질문하도록 한다.		25

단원명	학습내용 및 교수활동	학습활동	도구	소요시간 (min)
	3) 교수자는 수행자들이 '벽잡고 앞차기'를 구령에 맞추어 순차적으로 수행할 수 있도록 지시한다. **벽잡고 앞차기** 1. 앞차고 버티기: 두 발 교대하며 앞차고 5초 버티기, 10초 버티기, 30초 버티기 실시 2. 앞무릎(앞차기의 무릎접은 상태) 상태에서 차고 접기: 두 발을 교대하며, 무릎을 접은 상태에서 차고 다시 접는 방법으로 앞차기를 5회, 10회, 20회 실시 3. 훈련의 응용: 중단 5회 차고 버티기 10초, 상단 차고 5초 버티기 10회 등으로 버티기와 차기 응용 4) 교수자는 이동하며, 학습자의 수행을 평가하고 교정한다. 5) 교수자는 수행자의 수행 완료 후, 수행자와 보조자의 역할을 바꾸어 훈련을 실시할 수 있도록 지시한다. 6) 교수자는 수행자들이 '벽잡고 돌려차기'를 구령에 맞추어 순차적으로 수행할 수 있도록 지시한다. **벽잡고 돌려차기** 1. 돌려차고 버티기: 두 발을 교대하며 앞차고 5초 버티기, 10초 버티기, 30초 버티기 실시 2. 돌려무릎(돌려차기의 무릎접은 상태) 상태에서 차고 접기: 두 발을 교대하며, 무릎을 접은 상태에서 차고 다시 접는 방법으로 돌려차기를 5회, 10회, 20회 실시 3. 훈련의 응용: 중단 5회 차고 버티기 10초, 상단 차고 5초 버티기 10회 등으로 버티기와 차기 응용	▷ 잘 이해되지 않는 부분은 질문을 하도록 한다. ▷ 보조자는 교수자의 교수내용을 기초로 수행자의 동작을 평가하고 지적한다. ▷ 잘 이해되지 않는 부분은 질문을 하도록 한다. ▷ 보조자는 교수자의 교수내용을 기초로 수행자의 동작을 평가하고 지적한다.		

단원명	학습내용 및 교수활동	학습활동	도구	소요시간 (min)
	7) 교수자는 이동하며, 학습자의 수행을 평가하고 교정한다. 8) 교수자는 수행자의 수행 완료 후, 수행자와 보조자의 역할을 바꾸어 훈련을 실시할 수 있도록 지시한다. 9) 교수자는 수행자들이 '벽잡고 옆차기'를 구령에 맞추어 순차적으로 수행할 수 있도록 지시한다(각 10회, 5회 실시 등). **벽잡고 옆차기** 1. 옆차고 버티기: 두 발을 교대하며 앞차고 5초 버티기, 10초 버티기, 30초 버티기 실시 2. 옆무릎(옆차기의 무릎접은 상태) 상태에서 차고 접기: 두 발을 교대하며, 무릎을 접은 상태에서 차고 다시 접는 방법으로 옆차기를 5회, 10회, 20회 실시 3. 훈련의 응용: 중단 5회 차고 버티기 10초, 상단 차고 5초 버티기 10회 등으로 버티기와 차기 응용 10) 교수자는 이동하며, 학습자의 수행을 평가하고 교정한다. 11) 교수자는 수행자의 수행 완료 후, 수행자와 보조자의 역할을 바꾸어 훈련을 실시할 수 있도록 지시한다.	▷ 잘 이해되지 않는 부분은 질문을 하도록 한다. ▷ 보조자는 교수자의 교수내용을 기초로 수행자의 동작을 평가하고 지적한다.		
3. 품새 차기 훈련법 2	■ **미트를 활용한 품새 차기 훈련법을 이해하고 학습한다.** 1) 교수자는 학습자들을 정면을 보고 2인 1조(수행자, 보조자)로 지그재그로 세우고, 제자리에서 동작을 수행할 수 있도록 지도한다. **학습대형** (교수자)		미트 30개	25

단원명	학습내용 및 교수활동	학습활동	도구	소요시간 (min)
	2) 교수자는 '미트를 활용한 품새 차기 훈련법'의 구성 및 훈련 종류에 대하여 설명한 후 동작에 대한 시범을 보일 수 있도록 한다. **훈련 구성** 앞차기, 돌려차기, 옆차기 **훈련 종류** 무릎접기 훈련, 뻗어올리기 훈련, 차기 훈련(품새 차기 형태) 3) 교수자는 수행자들이 '앞차기'의 '미트를 활용한 무릎접기 훈련'을 구령에 맞추어 수행할 수 있도록 한다(각 10회, 5회 실시 등). **무릎접기 훈련** ○ 앞차기의 무릎접어 올리기와 같은 형태로 접은 무릎을 미트를 찬다는 느낌으로 빠르게 올린다. **무릎접기**	▷ 교수자의 강의내용을 경청하고 숙지하도록 한다. ▷ 잘 이해되지 않는 부분은 질문을 하도록 한다. ▷ 보조자는 교수자의 교수내용을 기초로 수행자의 동작을 평가하고 지적한다. ▷ 보조자는 수행자의 기량 및 수준의 맞게 미트 높이를 조절한다. ▷ 잘 이해되지 않는 부분은 질문을 하도록 한다.		

단원명	학습내용 및 교수활동	학습활동	도구	소요시간 (min)
	4) 교수자는 이동하며, 학습자의 수행을 평가하고 교정한다. 5) 교수자는 수행자의 수행 완료 후, 수행자와 보조자의 역할을 바꾸어 훈련을 실시할 수 있도록 지시한다. 6) 교수자는 수행자들이 '앞차기'의 '미트를 활용한 뻗어올리기 훈련'을 구령에 맞추어 수행할 수 있도록 한다(각 10회, 5회 실시 등). **뻗어올리기 훈련** ○ 앞으로 발올리기와 같은 형태로 발을 뻗어올려 미트를 타격한다. **뻗어올리기** 7) 교수자는 이동하며, 학습자의 수행을 평가하고 교정한다.			

단원명	학습내용 및 교수활동	학습활동	도구	소요시간 (min)
	8) 교수자는 수행자의 수행 완료 후, 수행자와 보조자의 역할을 바꾸어 훈련을 실시할 수 있도록 지시한다. 9) 교수자는 수행자들이 '앞차기'의 '미트를 활용한 차기 훈련'을 구령에 맞추어 수행할 수 있도록 한다(각 10회, 5회 실시 등). **차기 훈련** ○ 앞서기 겨룸새에서 품새 차기 형태로 앞차기를 한다. ○ 앞차기 시 미트를 차고 지나간다는 느낌으로 끝점을 살려준다. ○ 앞차기 응용과정으로 앞축으로 미트를 차는 훈련을 실시한다. 예) 세워져 있는 미트를 격파한다는 느낌으로 앞축으로 찬다. **차기** 10) 교수자는 이동하며, 학습자의 수행을 평가하고 교정한다. 11) 교수자는 수행자의 수행 완료 후, 수행자와 보조자의 역할을 바꾸어 훈련을 실시할 수 있도록 지시한다.	▷ 보조자는 교수자의 교수내용을 기초로 수행자의 동작을 평가하고 지적한다. ▷ 학습자는 의문사항에 대해 손을 들고 질문할 수 있도록 한다.		

단원명	학습내용 및 교수활동	학습활동	도구	소요시간 (min)
	12) 교수자는 수행자들이 '돌려차기'의 '미트를 활용한 무릎접기 훈련'을 구령에 맞추어 수행할 수 있도록 한다(각 10회, 5회 실시 등). **무릎접기 훈련** ○ 돌려차기의 무릎접어 올리기와 같은 형태로 접은 무릎을 미트를 찬다는 느낌으로 빠르게 들어올린다. **무릎접기** 13) 교수자는 이동하며, 학습자의 수행을 평가하고 교정한다. 14) 교수자는 수행자의 수행 완료 후, 수행자와 보조자의 역할을 바꾸어 훈련을 실시할 수 있도록 지시한다. 15) 교수자는 수행자들이 '돌려차기'의 '미트를 활용한 뻗어올리기 훈련'을 구령에 맞추어 수행할 수 있도록 한다(각 10회, 5회 실시 등).	▷ 보조자는 교수자의 교수내용을 기초로 수행자의 동작을 평가하고 지적한다. ▷ 보조자는 수행자의 기량 및 수준의 맞게 미트 높이를 조절한다. ▷ 잘 이해되지 않는 부분은 질문을 하도록 한다.		

단원명	학습내용 및 교수활동	학습활동	도구	소요시간 (min)
	뻗어올리기 훈련 ○ 올리는 발은 앞축을 만들어 수행한다. ○ 돌려차기의 옆으로 발올리기와 같은 형태로 앞축을 만든 상태에서 발을 뻗어올려 미트를 타격한다. **뻗어올리기** 16) 교수자는 이동하며, 학습자의 수행을 평가하고 교정한다. 17) 교수자는 수행자의 수행 완료 후, 수행자와 보조자의 역할을 바꾸어 훈련을 실시할 수 있도록 지시한다. 18) 교수자는 수행자들이 '돌려차기'의 '미트를 활용한 차기 훈련'을 구령에 맞추어 수행할 수 있도록 한다(각 10회, 5회 실시 등). **차기 훈련** ○ 앞서기 겨룸새에서 품새 차기 형태로 돌려차기를 한다. ○ 돌려차기 시 몸을 일직선으로 만드는 것에 유의해야 하며, 끝점을 살려 차고 빠르게 접는다.			

단원명	학습내용 및 교수활동	학습활동	도구	소요시간(min)
	차기 / **유의사항** 19) 교수자는 이동하며, 학습자의 수행을 평가하고 교정한다. 20) 교수자는 수행자의 수행 완료 후, 수행자와 보조자의 역할을 바꾸어 훈련을 실시할 수 있도록 지시한다. 21) 교수자는 수행자들이 '옆차기'의 '미트를 활용한 무릎접기 훈련'을 구령에 맞추어 수행할 수 있도록 한다(각 10회, 5회 실시 등). **무릎접기 훈련** ○ 옆차기의 무릎접어 올리기와 같은 형태로 접은 무릎을 미트를 찬다는 느낌으로 빠르게 들어올린다.	▷ 보조자는 교수자의 교수내용을 기초로 수행자의 동작을 평가하고 지적한다. ▷ 보조자는 수행자의 기량 및 수준의 맞게 미트 높이를 조절한다. ▷ 잘 이해되지 않는 부분은 질문을 하도록 한다.		

단원명	학습내용 및 교수활동	학습활동	도구	소요시간(min)
	무릎접기 22) 교수자는 이동하며, 학습자의 수행을 평가하고 교정한다. 23) 교수자는 수행자의 수행 완료 후, 수행자와 보조자의 역할을 바꾸어 훈련을 실시할 수 있도록 지시한다. 24) 교수자는 수행자들이 '옆차기'의 '미트를 활용한 뻗어올리기 훈련'을 구령에 맞추어 수행할 수 있도록 한다(각 10회, 5회 실시 등). **뻗어올리기 훈련** ○ 올리는 발은 발날을 만들어 수행한다. ○ 옆차기의 옆으로 발올리기와 같은 형태로 발날을 만든 상태에서 발을 뻗어올려 미트를 타격한다.			

단원명	학습내용 및 교수활동	학습활동	도구	소요시간(min)
	뻗어올리기 25) 교수자는 이동하며, 학습자의 수행을 평가하고 교정한다. 26) 교수자는 수행자의 수행 완료 후, 수행자와 보조자의 역할을 바꾸어 훈련을 실시할 수 있도록 지시한다. 27) 교수자는 수행자들이 '옆차기'의 '미트를 활용한 차기 훈련'을 구령에 맞추어 수행할 수 있도록 한다(각 10회, 5회 실시 등). **차기 훈련** ○ 앞서기 겨룸새에서 품새 차기 형태로 옆차기를 한다. ○ 옆차기 시 몸을 일직선으로 만드는 것에 유의해야 하며, 끝점을 살려 차고 빠르게 접는다. ○ 미트 두 개를 이용해 옆차기의 정확성 훈련을 실시한다. 예) 보조자가 어깨와 허리 높이로 미트를 잡고, 수행자는 미트 사이에 옆차기를 한다. 이때 미트에 앞차기가 닿지 않도록 한다.			

단원명	학습내용 및 교수활동	학습활동	도구	소요시간(min)
	차기 28) 교수자는 이동하며, 학습자의 수행을 평가하고 교정한다. 29) 교수자는 수행자의 수행 완료 후, 수행자와 보조자의 역할을 바꾸어 훈련을 실시할 수 있도록 지시한다.			
4. 품새 차기의 응용	▣ **학습된 품새 차기를 실제로 수행하고, 품새 차기의 응용법을 학습한다.** 1) 교수자는 학습자들을 이동시키면서 차기를 수행할 수 있도록 5열종대로 세운다. 학습대형			50

단원명	학습내용 및 교수활동	학습활동	도구	소요시간 (min)
	2) 교수자는 질문을 통해 학습자들이 1주차의 '품새 차기 훈련법'을 기억하고 있는지 확인하고, 본 훈련 또한 그와 유사하며 높이, 횟수 등의 변화를 통한 학습이 이루어짐을 설명한다. **기본차기** 앞차기, 돌려차기, 옆차기 **차기 수련단계** 무릎접어 올리기, 뻗어올리기, 부위별 차기, 응용차기 **교수자 질문 예시** Q. 앞차기, 돌려차기, 옆차기의 사용 부위는? Q. 옆차기와 돌려차기의 공통적인 특징은? Q. 옆차기 시 주의해야 할 사항은? Q. 돌려차기 시 주의해야 할 사항은? 3) 교수자는 기본차기의 수련단계와 수련방법을 기초로 '앞차기'의 '무릎접어 올리기'를 수행하도록 지시한다. **교수자 질문 예시** ○ 겨룸새에서 차는 발의 무릎을 접은 상태로 자신의 가슴에 닿는다는 느낌으로 빠르게 올린다. ○ 무릎을 올릴 때 상체를 고정하여 올려야 하며, 상체가 앞으로 움직이는 것에 주의한다. 4) 교수자는 학습자들이 각 줄별로 앞으로 나가며 6회씩 '무릎접어 올리기'를 수행할 수 있도록 지시한다.	▷ 학습자는 의문사항에 대해 손을 들고 질문할 수 있도록 한다. ▷ 교수자의 질문에 손을 들고 대답할 수 있도록 한다. ▷ 학습자는 의문사항에 대해 손을 들고 질문할 수 있도록 한다. ▷ 학습자들이 자신의 수행이 끝난 후 교수자의 교수내용을 기초로 다음 줄의 수행을 평가하고 지적한다.		

단원명	학습내용 및 교수활동	학습활동	도구	소요시간 (min)
	5) 교수자는 각 줄의 수행이 끝난 후 부족한 부분에 대해 설명한다. 6) 학습자들이 지도사항을 기초로 같은 동작을 6회씩 재수행하도록 지시한다. 7) 교수자는 각 줄의 수행이 끝난 후 부족한 부분에 대해 설명한다. 8) 교수자는 기본차기의 수련단계와 수련방법을 기초로 '앞차기'의 '뻗어올리기'를 수행하도록 지시한다. **뻗어올리기 수행방법** ○ 스트레칭의 앞으로 발올리기와 유사한 형태다. ○ 뻗어올릴 때, 두 다리의 무릎이 구부러지지 않도록 동작을 수행한다. ○ 발목을 곧게 편다. ○ 뻗어올릴 때 이중동작(차는 발보다 축이 되는 발이 먼저 움직이는 동작)을 하지 않도록 주의한다. 9) 교수자는 학습자들이 각 줄별로 앞으로 나가며 6회씩 '뻗어올리기'를 수행할 수 있도록 지시한다. 10) 교수자는 각 줄의 수행이 끝난 후 부족한 부분에 대해 설명한다. 11) 학습자들이 지도사항을 기초로 같은 동작을 6회씩 재수행하도록 지시한다. 12) 교수자는 각 줄의 수행이 끝난 후 부족한 부분에 대해 설명한다. 13) 교수자는 기본차기의 수련단계와 수련방법을 기초로 '앞차기'의 '부위별 차기'를 수행하도록 지시한다.	▷ 교수자의 지도 사항을 정확히 인지하고 2회차 때 교정하며 수행한다.		

단원명	학습내용 및 교수활동	학습활동	도구	소요시간 (min)
	부위별 차기 수행방법 ○ 각 부위는 무릎, 명치, 얼굴로 구성되어 있으며, 앞축으로 앞차기를 한다. ○ 앞축을 만들 때 발가락을 당기는 것이 아닌 발목이 당겨지는 것에 주의한다. 14) 교수자는 학습자들이 각 줄별로 앞으로 나가며 6회씩 '부위별 차기'를 수행할 수 있도록 지시한다. 15) 교수자는 각 줄의 수행이 끝난 후 부족한 부분에 대해 설명한다. 16) 학습자들이 지도사항을 기초로 같은 동작을 6회씩 재수행하도록 지시한다. 17) 교수자는 각 줄의 수행이 끝난 후 부족한 부분에 대해 설명한다. 18) 교수자는 기본차기의 수련단계와 수련방법을 기초로 '앞차기'의 '응용차기'를 수행하도록 지시한다. **응용차기 수행방법** ○ 앞차기를 2회, 3회로 구분하여 수행한다. 　예) 하상, 상하, 상중하, 하중상 등 ○ 차기를 한 번 하고 난 다음에 다른 기술을 섞어서 찬다. 　예) 앞차고 제쳐차기, 앞차고 내려차기 등 19) 교수자는 학습자들이 각 줄별로 앞으로 나가며 6회씩 '부위별 차기'를 수행할 수 있도록 지시한다. 20) 교수자는 각 줄의 수행이 끝난 후 부족한 부분에 대해 설명한다. 21) 학습자들이 지도사항을 기초로 같은 동작을 6회씩 재수행하도록 지시한다. 22) 교수자는 각 줄의 수행이 끝난 후 부족한 부분에 대해 설명한다.			

단원명	학습내용 및 교수활동	학습활동	도구	소요시간 (min)
	23) 교수자는 기본차기의 수련단계와 수련방법을 기초로 '돌려차기'의 '무릎접어 올리기'를 수행하도록 지시한다. **무릎접어 올리기 수행방법** ○ 축이 되는 발을 180° 회전하여 뒤꿈치가 전방을 향할 수 있도록 한다. ○ 차는 발(무릎을 접은 상태)의 허벅지는 몸과 일직선이 되도록 한다. 24) 교수자는 학습자들이 각 줄별로 앞으로 나가며 6회씩 '무릎접어 올리기'를 수행할 수 있도록 지시한다. 25) 교수자는 각 줄의 수행이 끝난 후 부족한 부분에 대해 설명한다. 26) 학습자들이 지도사항을 기초로 같은 동작을 6회씩 재수행하도록 지시한다. 27) 교수자는 각 줄의 수행이 끝난 후 부족한 부분에 대해 설명한다. 28) 교수자는 기본차기의 수련단계와 수련방법을 기초로 '돌려차기'의 '뻗어올리기'를 수행하도록 지시한다. **뻗어올리기 수행방법** ○ 앞축(뻗어올리는 발)을 만들어 수행한다. ○ 올리는 발은 발날을 만든 상태로 수행한다. ○ 엉덩이가 빠지지 않도록 시선-어깨-엉덩이-앞축을 일자(一)로 만들어 올린다. ○ 축이 되는 발의 뒤꿈치는 올리는 쪽으로 향하도록 한다. ○ 올리는 순간 축이 되는 발을 올리는 쪽으로 밀어 몸의 중심이 뒤로 빠지지 않도록 한다. ○ 뻗어올릴 때 이중동작(차는 발보다 축이 되는 발이 먼저 움직이는 동작)을 하지 않도록 주의한다.	▷ 학습자는 의문사항에 대해 손을 들고 질문할 수 있도록 한다. ▷ 학습자들은 자신의 수행이 끝난 후 교수자의 교수내용을 기초로 다음 줄의 수행을 평가하고 지적한다. ▷ 교수자의 지도사항을 정확히 인지하고 2회차 때 교정하며 수행한다.		

단원명	학습내용 및 교수활동	학습활동	도구	소요시간 (min)
	29) 교수자는 학습자들이 각 줄별로 앞으로 나가며 6회씩 '뻗어올리기'를 수행할 수 있도록 지시한다.			
	30) 교수자는 각 줄의 수행이 끝난 후 부족한 부분에 대해 설명한다.			
	31) 학습자들이 지도사항을 기초로 같은 동작을 6회씩 재수행하도록 지시한다.			
	32) 교수자는 각 줄의 수행이 끝난 후 부족한 부분에 대해 설명한다.			
	33) 교수자는 기본차기의 수련단계와 수련방법을 기초로 '돌려차기'의 '부위별 차기'를 수행하도록 지시한다.			
	부위별 차기 수행방법 ○ 앞축으로 돌려차기를 한다. ○ 돌려차기 시 시선-어깨-엉덩이-앞축을 일자(ー)로 만든다. ○ 돌려차는 과정에서 많은 회전력으로 인해 중심을 잃을 수 있으므로 중심을 잡는 것에 유의한다.			
	34) 교수자는 학습자들이 각 줄별로 앞으로 나가며 6회씩 '부위별 차기'를 수행할 수 있도록 지시한다.			
	35) 교수자는 각 줄의 수행이 끝난 후 부족한 부분에 대해 설명한다.			
	36) 학습자들이 지도사항을 기초로 같은 동작을 6회씩 재수행하도록 지시한다.			
	37) 교수자는 각 줄의 수행이 끝난 후 부족한 부분에 대해 설명한다.			
	38) 교수자는 기본차기의 수련단계와 수련방법을 기초로 '돌려차기'의 '응용차기'를 수행하도록 지시한다.			

단원명	학습내용 및 교수활동	학습활동	도구	소요시간 (min)
	응용차기 수행방법 ○ 돌려차기를 2회, 3회로 구분하여 수행한다. 　예) 하상, 상하, 상중하, 하중상 등 ○ 차기를 한 번 하고 난 다음에 다른 기술을 섞어서 찬다. 　예) 돌려차고 옆후리기, 돌려차고 내려차기 39) 교수자는 학습자들이 각 줄별로 앞으로 나가며 6회씩 '부위별 차기'를 수행할 수 있도록 지시한다. 40) 교수자는 각 줄의 수행이 끝난 후 부족한 부분에 대해 설명한다. 41) 학습자들이 지도사항을 기초로 같은 동작을 6회씩 재수행하도록 지시한다. 42) 교수자는 각 줄의 수행이 끝난 후 부족한 부분에 대해 설명한다. 43) 교수자는 기본차기의 수련단계와 수련방법을 기초로 '옆차기'의 '무릎접어 올리기'를 수행하도록 지시한다. **무릎접어 올리기 수행방법** ○ 축이 되는 발을 180° 회전하여 뒤꿈치가 전방을 향할 수 있도록 한다. ○ 차는 발(무릎을 접은 상태)의 허벅지는 몸과 직각이 되도록 한다. 44) 교수자는 학습자들이 각 줄별로 앞으로 나가며 6회씩 '무릎접어 올리기'를 수행할 수 있도록 지시한다. 45) 교수자는 각 줄의 수행이 끝난 후 부족한 부분에 대해 설명한다. 46) 학습자들이 지도사항을 기초로 같은 동작을 6회씩 재수행하도록 지시한다. 47) 교수자는 각 줄의 수행이 끝난 후 부족한 부분에 대해 설명한다.	▷ 학습자는 의문사항에 대해 손을 들고 질문할 수 있도록 한다. ▷ 학습자들은 자신의 수행이 끝난 후 교수자의 교수내용을 기초로 다음 줄의 수행을 평가하고 지적한다. ▷ 교수자의 지도사항을 정확히 인지하고 2회차 때 교정하며 수행한다.		

단원명	학습내용 및 교수활동	학습활동	도구	소요시간 (min)
	48) 교수자는 기본차기의 수련단계와 수련방법을 기초로 '옆차기'의 '뻗어올리기'를 수행하도록 지시한다. **뻗어올리기 수행방법** ○ 발날(뻗어올리는 발)을 만들어 수행한다. ○ 수행과정은 스트레칭의 옆으로 발올리기와 유사한 형태다. ○ 올리는 발은 발날을 만든 상태로 수행한다. ○ 엉덩이가 빠지지 않도록 시선–어깨–엉덩이–발날을 일자(ㅡ)로 만들어 올린다. ○ 축이 되는 발의 뒤꿈치는 올리는 쪽으로 향하도록 한다. ○ 올리는 순간 축이 되는 발을 올리는 쪽으로 밀어 몸의 중심이 뒤로 빠지지 않도록 만든다. ○ 뻗어올릴 때 이중동작(차는 발보다 축이 되는 발이 먼저 움직이는 동작)을 하지 않도록 주의한다. 49) 교수자는 학습자들이 각 줄별로 앞으로 나가며 6회씩 '뻗어올리기'를 수행할 수 있도록 지시한다. 50) 교수자는 각 줄의 수행이 끝난 후 부족한 부분에 대해 설명한다. 51) 학습자들이 지도사항을 기초로 같은 동작을 6회씩 재수행하도록 지시한다. 52) 교수자는 각 줄의 수행이 끝난 후 부족한 부분에 대해 설명한다. 53) 교수자는 기본차기의 수련단계와 수련방법을 기초로 '옆차기'의 '부위별 차기'를 수행하도록 지시한다.			

단원명	학습내용 및 교수활동	학습활동	도구	소요시간 (min)
	부위별 차기 수행방법 ○ 발날을 만든 상태로 옆차기를 찬다. ○ 옆차기 시 시선–어깨–엉덩이–발날을 일자(一)로 만든다. ○ 옆차기 시 돌려차기와 유사한 형태로 차기가 나오는 것에 주의한다. ○ 옆차기 시 상체가 앞으로 빠지거나 엉덩이가 빠지는 것에 주의한다. 54) 교수자는 학습자들이 각 줄별로 앞으로 나가며 6회씩 '부위별 차기'를 수행할 수 있도록 지시한다. 55) 교수자는 각 줄의 수행이 끝난 후 부족한 부분에 대해 설명한다. 56) 학습자들이 지도사항을 기초로 같은 동작을 6회씩 재수행하도록 지시한다. 57) 교수자는 각 줄의 수행이 끝난 후 부족한 부분에 대해 설명한다. 58) 교수자는 기본차기의 수련단계와 수련방법을 기초로 '옆차기'의 '응용차기'를 수행하도록 지시한다. **응용차기 수행방법** ○ 옆차기를 2회, 3회로 구분하여 수행한다. 　예) 하상, 상하, 상중하, 하중상 등 ○ 차기를 한 번 하고 난 다음에 다른 기술을 섞어서 찬다. 　예) 옆차고 옆후리기, 표적차고 옆차기 등 59) 교수자는 학습자들이 각 줄별로 앞으로 나가며 6회씩 '부위별 차기'를 수행할 수 있도록 지시한다. 60) 교수자는 각 줄의 수행이 끝난 후 부족한 부분에 대해 설명한다. 61) 학습자들이 지도사항을 기초로 같은 동작을 6회씩 재수행하도록 지시한다. 62) 교수자는 각 줄의 수행이 끝난 후 부족한 부분에 대해 설명한다.			

단원명	학습내용 및 교수활동	학습활동	도구	소요시간 (min)
6. 정리운동	■ **정리운동을 통해 운동 후 회복의 중요성을 학습한다.** 1) 교수자는 학습자들을 정면을 보고 4열종대로 제자리에서 수행할 수 있도록 지도한다. 2) 교수자는 정리운동 시 학습자와 반대 방향으로 시범을 보이며 지도한다. 3) 정리운동은 기본적으로 교수자 8초/학습자 8초의 구령으로 실시하되, 눌러주기 및 숙여주기 동작에서는 25~30초로 3~5회 실시한다. **정리운동 순서** - 손목/발목 돌리기 - 무릎 돌리기 - 허리 돌리기 - 목 돌리기 - 어깨 돌려주기 - 좌우 다리 스트레칭 - 골반 눌러주기(좌/우/중앙) - 앉아서 두 다리 펴고 앞으로 숙여주기 - 두 발바닥 붙여 앞으로 숙여주기 - 다리 옆으로 벌려서 숙여주기(좌/우/중앙) - 다리 옆으로 벌린 상태에서 틀어주기(좌/우)	▷ 학습자는 4열종대로 정렬한 후 교수자의 지시에 따라 동작을 수행한다. ▷ 구령은 교수자의 선창 시 학습자는 후창 구령을 넣는다.		10

태권도 지도자를 위한 품새 이론 및 실제

기본동작

3 주차

강의 주제	품새동작의 수행 및 손기술의 응용	대상	태권도 전공생	차시 구성	3
				소요시간	120분
교육과정 개요(목적)	태권도 품새의 기본동작을 이해하고 수행하며, 학습된 내용을 바탕으로 정확한 동작과 높은 표현성의 품새를 수행할 수 있도록 한다. 또한 태권도 품새의 기본동작과 응용동작을 활용하여 태권도 품새의 실전적 움직임을 수련하고 창작품새 개발능력을 향상시키는 데 목적이 있다.				
3주차 교육목표	• 태권도 수행과 신체 사용 부위에 대해 이해할 수 있다. • 태권도 기본동작 요소를 이해하고 익힐 수 있다. • 주먹지르기의 다양한 훈련법을 이해하고 익힐 수 있다.				

단원명	시간(m)	주요 학습내용
준비운동	10	준비운동을 통해 체온상승과 관절의 가동범위를 넓히고 근육을 이완시키는 방법을 학습한다.
태권도 수행과 신체 사용 부위의 이해	10	태권도 수행방법 및 신체 부위에 따른 분류를 학습한다.
태권도 기본동작의 요소	40	태권도 기본동작의 요소(짜기, 허리틀기, 틀어막기, 팔굽치기, 힘의 약강, 속도의 완급)를 이해하고 학습한다.
미트를 활용한 주먹지르기 훈련	25	미트를 활용하여 손기술의 기본이 되는 지르기 동작의 완급 요령과 힘의 역작용에 대해 학습한다.
촛불을 활용한 주먹지르기 훈련	25	촛불을 활용한 주먹지르기 훈련을 통해 지르기 동작의 완급조절 및 정확성을 학습한다.
정리운동	10	정리운동을 통해 운동 후 회복의 중요성을 학습한다.

단원명	학습내용 및 교수활동	학습활동	도구	소요시간 (min)
1. 준비운동	■ **준비운동을 통해 체온상승과 관절의 가동범위를 넓히고 근육을 이완시키는 방법을 학습한다.** 1) 교수자는 학습자들을 정면을 보고 4열종대로 제자리에서 수행할 수 있도록 지도한다. 2) 교수자는 준비운동에 대한 필요성과 주의사항을 간략하게 설명하고 시범을 보인 후 동작을 수행할 수 있도록 지도한다. 3) 교수자는 준비운동 시 학습자와 반대 방향으로 시범을 보이며 지도한다. 4) 준비운동은 기본적으로 교수자 8초/학습자 8초의 구령으로 실시하되, 눌러주기 및 숙여주기 동작에서는 25~30초로 3~5회 실시한다. **준비운동 순서** - 손목/발목 돌리기 - 무릎 돌리기 - 허리 돌리기 - 목 돌리기 - 어깨 돌려주기 - 좌우 다리 스트레칭 - 골반 눌러주기(좌/우/중앙) - 앉아서 두 다리 펴고 앞으로 숙여주기 - 두 발바닥 붙여 앞으로 숙여주기 - 다리 옆으로 벌려서 숙여주기(좌/우/중앙) - 다리 옆으로 벌린 상태에서 틀어주기(좌/우)	▷ 학습자는 4열종대로 정렬한 후 교수자의 지시에 따라 동작을 수행한다. ▷ 구령은 교수자의 선창 시 학습자는 후창 구령을 넣는다.		10

단원명	학습내용 및 교수활동	학습활동	도구	소요시간(min)

2. 태권도 수행과 신체 사용 부위의 이해	■ **태권도 수행방법 및 신체 부위에 따른 분류를 학습한다.**
	1) 교수자는 학습자들을 정면을 보고 4열종대로 앉힌다.
	2) 교수자는 학습자와의 문답을 통해 태권도 수행방법 및 신체 부위에 따른 분류 기준에 대해 이해하도록 한다.
	
	태권도 수행
	○ 태권도는 공격과 방어를 위해 신체의 다양한 부위를 사용한다.
	○ 태권도를 행함에 있어 힘은 주로 몸통(몸의 중심부)에서 나오지만 실제로 상대방의 목표를 타격하는 것은 주로 팔과 다리이며, 그중에서도 손과 발의 역할이 큰 비중을 차지한다.
	
	분류기준
	○ 공격목표 부위에 따른 분류
	  – 얼굴, 몸통, 아래
	○ 공격 및 방어 사용 부위에 따른 분류
	  – 주먹, 손, 팔목, 팔굽, 발, 정강이, 무릎
	○ 태권도 기술에 따른 신체 사용 부위의 분류
	  – 막기: 바깥팔목, 안팔목, 등팔목, 굽힌손목, 앞축, 발등, 발날, 발날등, 발바닥
	  – 지르기: 주먹, 편주먹, 밤주먹, 집게밤주먹
	  – 찌르기: 편손끝, 가위손끝, 한손끝, 모은두손끝, 모은세손끝
	  – 찍기: 모둠손끝
	  – 치기: 등주먹, 메주먹, 손날, 손날등, 손등, 곰손, 바탕손, 굽힌손목, 아금손, 집게손, 팔굽, 무릎
	  – 차기: 앞축, 뒤축, 발끝, 발날, 발날등, 뒤꿈치, 발바닥, 발등
		▷ 교수자의 강의내용을 경청하고 숙지하도록 한다.
		
		▷ 학습자는 의문사항에 대해 손을 들고 질문할 수 있도록 한다.
				10

단원명	학습내용 및 교수활동	학습활동	도구	소요시간(min)
	3) 교수자는 학습자들이 손기술에 대한 제반 지식에 대해 숙지하고 있는지 질문한다. **교수자 질문 예시** Q. 태권도 기술의 종류에는 무엇이 있는가? Q. 굽힌손목의 정의란 무엇인가? Q. 곰손이란 무엇인가?	▷ 교수자의 질문에 손을 들고 대답할 수 있도록 한다.		
3. 태권도 기본동작의 요소	■ **태권도 기본동작의 요소(짜기, 허리틀기, 틀어막기, 팔굽치기, 힘의 약강, 속도의 완급)를 이해하고 학습한다.** 1) 교수자는 학습자들을 품새 수련(2칸의 한 명씩 지그재그) 대형으로 세운다. **품새 수련 대형** [정면] 교수자 2) 교수자는 '기본동작의 요소'와 이를 훈련하기 위해 사용되는 손동작에 대하여 설명하고 시범을 보인다. **기본동작의 요소에서 사용되는 손동작** 내려막기, 안막기, 올려막기, 한손날막기, 손날막기, 지르기	▷ 교수자의 강의내용을 경청하고 숙지하도록 한다.		40

단원명	학습내용 및 교수활동	학습활동	도구	소요시간 (min)
	기본동작의 요소 ○ 짜기: 예비동작 ○ 허리틀기: 허리의 움직임을 이용하기 위한 예비동작 ○ 틀어막기: 막는 순간 또는 지르는 순간 손을 틀며 힘 발출 ○ 팔굽치기: 동작 수행 시 반대쪽 손의 팔굽을 강하게 당기는 것 ○ 힘의 약강: 힘을 약하게 시작하여 강하게 수행 ○ 속도의 완급: 부드럽게 시작하여 빠르게 수행 3) 교수자는 학습자들이 기본동작의 요소를 기초로 구령에 맞춰 '내려막기'를 수행할 수 있도록 한다(각 10회, 5회 실시 등/학습자는 나란히 서기에서 동작을 수행). **수행방법** 	구령 1	– 동작: 예비동작(막는 손–어깨/ 팔굽치기 손–팔꿈치 아래) – 기본동작의 요소: 짜기, 허리틀기, 힘의 약, 속도의 완
구령 2	– 동작: 본동작(막는 손–허벅지 앞 한 뼘/ 팔굽치기 손–옆구리 쪽 띠 위) – 기본동작의 요소: 틀어막기, 팔굽치기, 힘의 강, 속도의 급
구령 3	– 동작: 예비동작에서 본동작까지 한 번에 동작 수행 – 기본동작의 요소: 짜기, 허리틀기, 틀어막기, 팔굽치기, 힘의 약강, 속도의 완급		▷ 학습자는 의문사항에 대해 손을 들고 질문할 수 있도록 한다. ▷ 양손을 교대로 동작을 수행한다. ▷ 학습자는 교수자의 구령에 맞춰 각 동작을 정확히 수행하기 위해 노력한다. ▷ 교수자의 평가를 기초로 자신의 동작을 교정한다.		

단원명	학습내용 및 교수활동	학습활동	도구	소요시간 (min)
	내려막기			
	구령 1 　　　　구령 2 　　　　구령 3			
	내려막기 시 주의사항			
	○ 시작점(막는 손-어깨/팔굽치기 손-팔굽치 아래), 끝점(막는 손-허벅지 앞 한 뼘/팔굽치기 손-옆구리 쪽 띠 위) ○ 주먹을 쥐었다 폈다 하지 않도록 한다. ○ 어깨에 힘이 들어가지 않도록 한다. ○ 팔굽치기 시 몸에서 떨어져 수행되지 않도록 한다. ○ 시선은 정면을 향하도록 한다.			
	4) 교수자는 이동하며, 주의사항을 기초로 학습자의 수행을 평가하고 교정한다. 5) 교수자는 학습자들이 기본동작의 요소를 기초로 구령에 맞춰 안막기를 수행할 수 있도록 한다(각 10회, 5회 실시 등/ 학습자는 나란히 서기에서 동작을 수행).	▷ 양손을 교대로 동작을 수행한다. ▷ 학습자는 교수자의 구령에 맞춰 각 동작을 정확히 수행하기 위해 노력한다.		

단원명	학습내용 및 교수활동	학습활동	도구	소요시간 (min)
	수행방법 구령 1 – 동작: 예비동작(막는 손–몸의 측면에서 손목이 귀 높이/팔굽치기 손–명치) – 기본동작의 요소: 짜기, 허리틀기, 힘의 약, 속도의 완 구령 2 – 동작: 본동작(막는 손–손목이 몸의 중심, 주먹은 어깨 높이/팔굽치기 손–옆구리 쪽 띠 위) – 기본동작의 요소: 틀어막기, 팔굽치기, 힘의 강, 속도의 급 구령 3 – 동작: 예비동작에서 본동작까지 한 번에 동작 수행 – 기본동작의 요소: 짜기, 허리틀기, 틀어막기, 팔굽치기, 힘의 약강, 속도의 완급 **안막기 구분동작** 구령 1 　　구령 2 　　구령 3	▷ 교수자의 평가를 기초로 자신의 동작을 교정한다.		

단원명	학습내용 및 교수활동	학습활동	도구	소요시간(min)
	안막기 시 주의사항 ○ 시작점(막는 손-몸의 측면에서 손목이 귀 높이/팔굽치기 손-명치), 끝점(막는 손-손목이 몸의 중심, 주먹은 어깨 높이/팔굽치기 손-옆구리 쪽 띠 위) ○ 막는 팔의 각도를 90° 정도 되게 한다. ○ 어깨에 힘이 들어가지 않도록 한다. ○ 팔굽치기 시 몸에서 떨어져 수행되지 않도록 한다. ○ 주먹을 쥐었다 폈다 하지 않도록 한다. ○ 시선은 정면을 향하도록 한다. ○ 막는 순간 앞치기의 형태가 되는 것에 유의한다. 6) 교수자는 이동하며, 주의사항을 기초로 학습자의 수행을 평가하고 교정한다. 7) 교수자는 학습자들이 기본동작의 요소를 기초로 구령에 맞춰 '올려막기'를 수행할 수 있도록 한다(각 10회, 5회 실시 등/학습자는 나란히 서기에서 동작을 수행).	▷ 양손을 교대로 동작을 수행한다. ▷ 학습자는 교수자의 구령에 맞춰 각 동작을 정확히 수행하기 위해 노력한다. ▷ 교수자의 평가를 기초로 자신의 동작을 교정한다.		

단원명	학습내용 및 교수활동	학습활동	도구	소요시간 (min)
	수행방법			

구령 1
- 동작: 예비동작(막는 손-팔굽치기 손 팔꿈치 아래/팔굽치기 손-어깨)
- 기본동작의 요소: 짜기, 허리틀기, 힘의 약, 속도의 완

구령 2
- 동작: 본동작(막는 손-머리 위 주먹 하나/ 팔굽치기 손-옆구리 쪽 띠 위)
- 기본동작의 요소: 틀어막기, 팔굽치기, 힘의 강, 속도의 급

구령 3
- 동작: 예비동작에서 본동작까지 한 번에 동작 수행
- 기본동작의 요소: 짜기, 허리틀기, 틀어막기, 팔굽치기, 힘의 약강, 속도의 완급

올려막기 구분동작

구령 1	구령 2	구령 3

올려막기 시 주의사항

○ 시작점(막는 손-팔굽치기 손 팔꿈치 아래/팔굽치기 손-어깨), 끝점(막는 손-머리 위 주먹 하나/팔굽치기 손-옆구리 쪽 띠 위)
○ 어깨에 힘이 들어가지 않도록 한다.
○ 팔굽치기 시 몸에서 떨어져 수행되지 않도록 한다.
○ 시선은 정면을 향하도록 한다.
○ 막을 때 손이 몸에 붙여서 위로 올려막듯이 수행한다.

단원명	학습내용 및 교수활동	학습활동	도구	소요시간 (min)
	8) 교수자는 이동하며, 주의사항을 기초로 학습자의 수행을 평가하고 교정한다. 9) 교수자는 학습자들이 기본동작의 요소를 기초로 구령에 맞춰 '한손날막기'를 수행할 수 있도록 한다(각 10회, 5회 실시 등/학습자는 나란히 서기에서 동작을 수행). **수행방법** 구령 1 – 동작: 예비동작(막는 손–팔굽치기 손 팔꿈치 아래/팔굽치기 손–어깨) – 기본동작의 요소: 짜기, 허리틀기, 힘의 약, 속도의 완 구령 2 – 동작: 본동작(막는 손–손끝이 어깨 위/팔굽치기 손–옆구리 쪽 띠 위) – 기본동작의 요소: 틀어막기, 팔굽치기, 힘의 강, 속도의 급 구령 3 – 동작: 예비동작에서 본동작까지 한 번에 동작 수행 – 기본동작의 요소: 짜기, 허리틀기, 틀어막기, 팔굽치기, 힘의 약강, 속도의 완급 **한손날막기 구분동작** 구령 1 　　구령 2 　　구령 3	▷ 양손을 교대로 동작을 수행한다. ▷ 학습자는 교수자의 구령에 맞춰 각 동작을 정확히 수행하기 위해 노력한다. ▷ 교수자의 평가를 기초로 자신의 동작을 교정한다.		

단원명	학습내용 및 교수활동	학습활동	도구	소요시간 (min)
	한손날막기 시 주의사항 ○ 시작점(막는 손-팔굽치기 손-팔꿈치 아래/팔굽치기 손-어깨), 끝점(막는 손-손끝이 어깨 위/팔굽치기 손-옆구리 쪽 띠 위) ○ 어깨에 힘이 들어가지 않도록 한다. ○ 팔굽치기 시 몸에서 떨어져 수행되지 않도록 한다. ○ 시선은 막는 방향(측면)을 바라본다. ○ 막을 때 막는 손은 어깨까지 올려 옆으로 바로 막을 수 있도록 한다. 10) 교수자는 이동하며, 주의사항을 기초로 학습자의 수행을 평가하고 교정한다. 11) 교수자는 학습자들이 기본동작의 요소를 기초로 구령에 맞춰'손날막기'를 수행할 수 있도록 한다(각 10회, 5회 실시 등/학습자는 나란히 서기에서 동작을 수행). **수행방법** 구령 1 - 동작: 예비동작(막는 손-손날이 띠 위/뒷손-손날 끝이 어깨 높이) 　　　　- 기본동작의 요소: 짜기, 허리틀기, 힘의 약, 속도의 완 구령 2 - 동작: 본동작(막는 손-손날의 끝이 어깨 높이/뒷손-손목이 명치) 　　　　- 기본동작의 요소: 틀어막기, 팔굽치기, 힘의 강, 속도의 급 구령 3 - 동작: 예비동작에서 본동작까지 한 번에 동작 수행 　　　　- 기본동작의 요소: 짜기, 허리틀기, 틀어막기, 팔굽치기, 힘의 약강, 속도의 완급	▷ 양손을 교대로 동작을 수행한다. ▷ 학습자는 교수자의 구령에 맞춰 각 동작을 정확히 수행하기 위해 노력한다. ▷ 교수자의 평가를 기초로 자신의 동작을 교정한다.		

단원명	학습내용 및 교수활동	학습활동	도구	소요시간 (min)
	손날막기 구분동작 구령 1 　 구령 2 　 구령 3 **손날막기 시 주의사항** ○ 시작점(막는 손-손날이 띠 위/뒷손-손날 끝이 어깨 높이), 끝점(막는 손-손날 끝이 어깨 높이/뒷손-손목이 명치) ○ 어깨에 힘이 들어가지 않도록 한다. ○ 시선은 막는 방향(측면)을 바라본다. ○ 막을 때 막는 손은 어깨까지 올려 옆으로 바로 막을 수 있도록 한다. ○ 뒷손은 명치까지 일직선으로 빠르게 이동하며 막는다. 12) 교수자는 이동하며, 주의사항을 기초로 학습자의 수행을 평가하고 교정한다. 13) 교수자는 수행자들이 기본동작의 요소를 기초로 구령에 맞춰 '몸통지르기'를 수행할 수 있도록 한다(각 10회, 5회 실시 등/학습자는 나란히 서기에서 동작을 수행).	▷ 양손을 교대로 동작을 수행한다. ▷ 학습자는 교수자의 구령에 맞춰 각 동작을 정확히 수행하기 위해 노력한다.		

단원명	학습내용 및 교수활동	학습활동	도구	소요시간 (min)
	수행방법 구령 1 — 동작: 예비동작(지르는 손-옆구리 쪽 띠 위/팔굽치기 손-명치) — 기본동작의 요소: 짜기, 허리틀기, 힘의 약, 속도의 완 구령 2 — 동작: 본동작(지르는 손-명치/팔굽치기 손-옆구리 쪽 띠 위) — 기본동작의 요소: 틀어막기, 팔굽치기, 힘의 강, 속도의 급 구령 3 — 동작: 예비동작에서 본동작까지 한 번에 동작 수행 — 기본동작의 요소: 짜기, 허리틀기, 틀어막기, 팔굽치기, 힘의 약강, 속도의 완급 **몸통지르기 구분동작** 구령 1 　　　 구령 2 　　　 구령 3 **몸통지르기 시 주의사항** ○ 시작점(지르는 손-옆구리 쪽 띠 위/팔굽치기 손-명치), 끝점(지르는 손-명치/팔굽치기 손-옆구리 쪽 띠 위) ○ 어깨에 힘이 들어가지 않도록 한다. ○ 팔굽치기 시 몸에서 떨어져 수행되지 않도록 한다. ○ 시선은 정면을 바라본다. ○ 팔굽치기 손과 지르는 손은 동시에 끝나야 한다. 14) 교수자는 이동하며, 주의사항을 기초로 학습자의 수행을 평가하고 교정한다.	▷ 교수자의 평가를 기초로 자신의 동작을 교정한다.		

단원명	학습내용 및 교수활동	학습활동	도구	소요시간 (min)
4. 미트를 활용한 주먹지르기 훈련	■ **미트를 활용하여 손기술의 기본이 되는 지르기의 완급 요령과 힘의 역작용에 대해 학습한다.** 1) 교수자는 학습자들을 정면을 보고 4열종대로 앉힌다. 2) 교수자는 학습자들에게 지르기의 정의와 주먹지르기 시 유의사항에 대하여 설명한다. **지르기** 지르기란 팔을 이용하여 공격을 가할 때 힘은 몸통의 회전력(원심력)을 이용하는데, 이때 팔꿈치를 뻗으며 주먹이 일직선으로 움직여 목표를 가격하는 동작을 의미한다(국기원, 2005). **지르기 시 유의사항** ○ 어깨 힘을 과도하게 사용하지 않는다. ○ 틀어지르기가 되지 않았을 때 부상위험이 있음을 명심한다. ○ 지르는 손과 팔굽치기 손은 동시에 끝나야 한다. ○ 지르기와 팔굽치기 시 팔굽이 벌어지거나 지르기가 돌려서 나오는 것에 주의해야 한다. 3) 교수자는 학습자를 수행자와 보조자의 2인 1조로 구성한 후, '등척성 지르기'를 설명하고 시범을 보인다.	▷ 교수자의 강의내용을 경청하고 숙지하도록 한다. ▷ 학습자는 의문사항에 대해 손을 들고 질문할 수 있도록 한다. ▷ 교수자의 강의내용을 경청하고 숙지하도록 한다. ▷ 학습자는 의문사항에 대해 손을 들고 질문할 수 있도록 한다.	미트 30개	25

단원명	학습내용 및 교수활동	학습활동	도구	소요시간(min)
	학습대형 — 교수자	▷ 학습자는 교수자의 구령에 맞춰 정확한 동작을 수행하기 위해 노력한다.		
	등척성 지르기	▷ 등척성 지르기 시 보조자는 학습자의 지르기나 팔굽치기의 역방향으로 힘을 준다.		
	○ 등척성 지르기란 지르기 동작을 정지된 상태로 버티는 것으로, 지르기 수행 시 천천히 힘을 주어 8초, 5초 등으로 실시한다.	▷ 교수자의 평가를 기초로 자신의 동작을 교정한다.		
	4) 수행자와 보조자가 서로 마주 본 상태에서 교수자의 구령에 맞춰 등척성 지르기(5~8초)를 실시할 수 있도록 한다(각 10회, 5회 실시 등/학습자는 주춤서기에서 동작 수행).	▷ 보조자는 교수자의 교수내용을 기초로 수행자의 동작을 평가하고 지적한다.		
	5) 교수자는 이동하며, 학습자의 수행을 평가하고 교정한다.			
	6) 교수자는 수행자의 수행 완료 후, 수행자와 보조자의 역할을 바꾸어 훈련을 실시할 수 있도록 지시한다.			
	7) 교수자는 학습자들에게 '타깃지르기'의 정의 및 훈련방법을 설명하고 시범을 보인다.	▷ 학습자는 의문사항에 대해 손을 들고 질문할 수 있도록 한다.		
	타깃지르기			
	○ 타깃을 목표로 지르기를 수행한다.	▷ 학습자는 교수자의 구령에 맞춰 정확한 동작을 수행하기 위해 노력한다.		

단원명	학습내용 및 교수활동	학습활동	도구	소요시간(min)
	타깃지르기 8) 수행자와 보조자가 서로 마주 본 상태에서 교수자의 구령에 맞춰 타깃지르기를 실시할 수 있도록 한다(각 10회, 5회 실시 등/학습자는 주춤서기에서 동작 수행). 9) 교수자는 이동하며, 학습자의 수행을 평가하고 교정한다. 10) 교수자는 수행자의 수행 완료 후, 수행자와 보조자의 역할을 바꾸어 훈련을 실시할 수 있도록 지시한다. 11) 교수자는 학습자들에게 '돌려지르기'의 정의 및 훈련방법을 설명하고 시범을 보인다. **돌려지르기** ○ 돌려지르기란 큰돌쩌귀의 응용동작으로서 돌려지르기를 통해 신체의 중심선을 바탕으로 상대의 턱, 명치 등을 가격하는 동작이다.	▷ 교수자의 평가를 기초로 자신의 동작을 교정한다. ▷ 보조자는 교수자의 교수내용을 기초로 수행자의 동작을 평가하고 지적한다. ▷ 교수자의 강의내용을 경청하고 숙지하도록 한다. ▷ 학습자는 의문사항에 대해 손을 들고 질문할 수 있도록 한다. ▷ 학습자는 교수자의 구령에 맞춰 정확한 동작을 수행하기 위해 노력한다.		

단원명	학습내용 및 교수활동	학습활동	도구	소요시간 (min)
	돌려지르기 12) 수행자와 보조자가 서로 마주 본 상태에서 교수자의 구령에 맞춰 돌려지르기 (몸통 또는 얼굴)를 실시할 수 있도록 한다(각 10회, 5회 실시 등/학습자는 주춤서기에서 동작 수행). 13) 교수자는 이동하며, 학습자의 수행을 평가하고 교정한다. 14) 교수자는 수행자의 수행 완료 후, 수행자와 보조자의 역할을 바꾸어 훈련을 실시할 수 있도록 지시한다.	▷ 교수자의 평가를 기초로 자신의 동작을 교정한다. ▷ 보조자는 교수자의 교수내용을 기초로 수행자의 동작을 평가하고 지적한다.		
5. 촛불을 활용한 주먹지르기 훈련	■ **촛불을 활용한 주먹지르기 훈련을 통해 지르기 동작의 완급 조절 및 정확성을 학습한다.** 1) 5열종대(5x6)로 정면을 보고 수행하도록 한다. **학습대형**		초 5개 격파대 5개 라이터 5개 소화기 1개	25

단원명	학습내용 및 교수활동	학습활동	도구	소요시간 (min)
	2) 교수자는 첫 번째 줄 학습자(5명)들에게 격파대 및 초를 나누어준다. 3) 교수자는 속도와 정확성과 정신집중, 안전사항에 대하여 설명하고 단좌, 또는 한 무릎 앉아 자세에서 시범을 보여준다. **정확성 및 정신집중** ○ 속도가 빠르면 정확성이 떨어지고 정확성이 높아지면 속도가 떨어진다. **안전교육** ○ 개별행동으로 인한 부상 위험이 있으므로 학습자는 반드시 교수자의 지시에 따르도록 지시한다. ○ 촛불을 이용할 경우 화재의 위험이 있으므로 학습자가 장난을 하지 못하게 엄숙한 분위기로 실시한다. **촛불 훈련** 4) 교수자는 학습자들이 촛불 훈련을 자신에게 맞는 자세(주춤서기/앞굽이/무릎앉아/한 무릎앉아 등)에서 수행하도록 지시한다. 6) 지도자의 구령에 맞춰 각 줄별로 수행할 수 있도록 한다(총 3회로, 초를 끄면 제자리에 앉는다).	▷ 교수자의 강의내용을 경청하고 숙지하도록 한다. ▷ 학습자는 의문사항에 대해 손을 들고 질문할 수 있도록 한다. ▷ 학습자는 안전사고에 대비하여 촛불훈련을 수행한다. ▷ 학습자는 수행 완료 후 제자리에 앉아 대기한다. ▷ 촛불을 끌 경우, 다음 학습자를 위해 촛불을 켜고 뒤로 이동한다. ▷ 대기하는 학습자들은 수행자들이 훈련에 집중할 수 있도록 정숙한다.		

단원명	학습내용 및 교수활동	학습활동	도구	소요시간 (min)
	7) 교수자는 학습자의 수행에 대한 피드백을 제공한다. 8) 교수자는 수행자의 수행 완료 후, 다음 줄이 수행할 수 있도록 맨 뒷줄로 이동하도록 지시한다.			
6. 정리운동	■ **정리운동을 통해 운동 후 회복의 중요성을 학습한다.** 1) 교수자는 학습자들을 정면을 보고 4열종대로 제자리에서 수행할 수 있도록 지도한다. 2) 교수자는 정리운동 시 학습자와 반대 방향으로 시범을 보이며 지도한다. 3) 정리운동은 기본적으로 교수자 8초/학습자 8초의 구령으로 실시하되, 눌러주기 및 숙여주기 동작에서는 25~30초로 3~5회 실시한다. **정리운동 순서** - 손목/발목 돌리기 - 무릎 돌리기 - 허리 돌리기 - 목 돌리기 - 어깨 돌려주기 - 좌우 다리 스트레칭 - 골반 눌러주기(좌/우/중앙) - 앉아서 두 다리 펴고 앞으로 숙여주기 - 두 발바닥 붙여 앞으로 숙여주기 - 다리 옆으로 벌려서 숙여주기(좌/우/중앙) - 다리 옆으로 벌린 상태에서 틀어주기(좌/우)	▷ 학습자는 4열종대로 정렬한 후 교수자의 지시에 따라 동작을 수행한다. ▷ 구령은 교수자의 선창 시 학습자는 후창 구령을 넣는다.		10

태권도 지도자를 위한 품새 이론 및 실제

기본동작

4 주차

강의 주제	서기동작	대상	태권도 전공생	차시 구성	4
				소요시간	120분
교육과정 개요(목적)	태권도 품새의 기본동작을 이해하고 수행하며, 학습된 내용을 바탕으로 정확한 동작과 높은 표현성의 품새를 수행할 수 있도록 한다. 또한 태권도 품새의 기본동작과 응용동작을 활용하여 태권도 품새의 실전적 움직임을 수련하고 창작품새 개발능력을 향상시키는 데 목적이 있다.				
4주차 교육목표	• 태권도 서기동작의 종류와 수행방법을 이해하고 익힐 수 있다. • 태권도 서기동작의 다양한 훈련법을 익힐 수 있다.				

단원명	시간(m)	주요 학습내용
준비운동	10	준비운동을 통해 체온상승과 관절의 가동범위를 넓히고 근육을 이완시키는 방법을 학습한다.
보강운동 (앉아서 앞차기)	15	품새 앞차기를 앉아서 수행하는 방법으로 복습한다.
태권도 서기동작의 이해	10	태권도 서기동작의 종류에 대해 학습한다.
태권도 서기동작의 수련	50	태권도 서기동작(앞서기, 앞굽이, 주춤서기, 뒷굽이, 범서기, 학다리서기)을 이해하고 수련한다.
태권도 서기동작 훈련의 실제	30	그룹 훈련을 기초로 한 태권도 서기동작의 다양한 훈련법을 학습한다.
정리운동	5	정리운동을 통해 운동 후 회복의 중요성을 학습한다.

단원명	학습내용 및 교수활동	학습활동	도구	소요시간 (min)
1. 준비운동	■ 준비운동을 통해 체온상승과 관절의 가동범위를 넓히고 근육을 이완시키는 방법을 학습한다. 1) 교수자는 학습자들을 원 형태로 원의 중앙을 보고 제자리에서 수행할 수 있도록 지도한다. 2) 교수자는 준비운동 시 학습자와 반대 방향으로 시범을 보이며 지도한다. 3) 준비운동은 기본적으로 교수자 8초/학습자 8초의 구령으로 실시하되, 눌러주기 및 숙여주기 동작에서는 25~30초로 3~5회 실시한다. **준비운동 순서** - 손목/발목 돌리기 - 무릎 돌리기 - 허리 돌리기 - 목 돌리기 - 어깨 돌려주기 - 좌우 다리 스트레칭 - 골반 눌러주기(좌/우/중앙) - 앉아서 두 다리 펴고 앞으로 숙여주기 - 두 발바닥 붙여 앞으로 숙여주기 - 다리 옆으로 벌려서 숙여주기(좌/우/중앙) - 다리 옆으로 벌린 상태에서 틀어주기(좌/우)	▷ 학습자는 정렬한 후 교수자의 지시에 따라 동작을 수행한다. ▷ 구령은 교수자의 선창 시 학습자는 후창 구령을 넣는다.		10

단원명	학습내용 및 교수활동	학습활동	도구	소요시간 (min)
2. 보강운동	■ **품새 앞차기를 앉아서 수행하는 방법으로 복습한다.** 1) 교수자는 학습자들을 원 형태로 원의 중앙을 볼 수 있도록 앉힌다. **보강운동 대형** (교수자를 중심으로 학습자들이 원형으로 둘러앉은 그림) 2) 교수자는 '앉아서 앞차기 훈련'에 대하여 설명하고 시범을 보인다. **수행방법** ○ 몸의 뒤에 양손을 두고 쪼그려 앉은 상태에서 앞차기를 한다. ○ 발차기 시 차는 발과 엉덩이는 지면에서 들어서 찬다. ○ 앞차기 시 무릎의 위치는 고정되어야 하며, 무릎을 축으로 발이 움직이도록 한다. ○ 발차기 시 앞축에 힘을 준다. ○ 발차기는 보통의 앞차기 수행방법과 동일하다. ○ 수행방법은 구령 하나에 차고 접는 방법과 하나에 차고 둘에 접는 방법을 사용할 수 있다.	▷ 교수자의 강의내용을 경청하고 숙지하도록 한다. ▷ 잘 이해되지 않는 부분은 질문을 하도록 한다.		15

단원명	학습내용 및 교수활동	학습활동	도구	소요시간 (min)
	앉아서 앞차기 3) 교수자의 구령에 맞춰(구령 하나에 차고 둘에 접는 방식) '앉아서 앞차기'를 수행할 수 있도록 지도한다(각 10회, 5회 실시 등/오른발 수행 완료 후 왼발 수행). 4) 교수자는 이동하며, 학습자의 수행을 평가하고 교정한다. 5) 교수자의 구령에 맞춰(구령 하나에 차고 접는 방식) '앉아서 앞차기'를 수행할 수 있도록 지도한다(각 10회, 5회 실시 등/오른발 수행 완료 후 왼발 수행). 6) 교수자는 이동하며, 학습자의 수행을 평가하고 교정한다.	▷ 학습자는 교수자의 구령에 맞춰 각 동작을 정확히 수행하기 위해 노력한다. ▷ 교수자의 평가를 기초로 자신의 동작을 교정한다.		

단원명	학습내용 및 교수활동	학습활동	도구	소요시간 (min)

3. 태권도 서기동작의 이해	■ **태권도 서기동작의 종류에 대해 학습한다.**
	1) 교수자는 학습자들을 정면을 보고 5열종대로 앉힌다.
	2) 교수자는 태권도의 서기동작(국기원, 2005)에 대해 설명하고 시범을 보일 수 있도록 한다.
	
	태권도 서기동작
	○ 넓혀서기
	  나란히서기, 오른서기, 왼서기, 편히서기, 안쫑서기, 주춤서기, 낮추어서기, 모서기, 모주춤서기, 안쫑주춤서기, 앞서기, 앞주춤서기, 앞굽이, 뒷굽이, ㅗ자서기, 범서기
	○ 모아서기
	  모아서기, 뒤축모아서기, 앞축모아서기, 곁다리서기, 앞꼬아서기, 뒤꼬아서기, 학다리서기, 오금서기
	○ 특수품서기
	  기본준비서기, 두주먹허리준비서기, 겹손준비서기, 보주먹준비서기, 통밀기준비서기
	국기원(2005). 태권도교본. 서울: 오성출판사.
	
	3) 교수자는 학습자들이 손기술에 대한 제반 지식에 대해 숙지하고 있는지 질문한다.
	
	교수자 질문 예시
	Q. ㅗ자서기란 무엇인가?
	Q. 앞꼬아서기와 뒤꼬아서기의 차이는 무엇인가?
	Q. 안쫑서기란?
		▷ 교수자의 강의내용을 경청하고 숙지하도록 한다.
		
		▷ 학습자는 의문사항에 대해 손을 들고 질문할 수 있도록 한다.
		
		▷ 교수자의 질문에 손을 들고 대답할 수 있도록 한다.
				10

단원명	학습내용 및 교수활동	학습활동	도구	소요시간 (min)
4. 태권도 서기동작의 수련	■ 태권도 서기동작을 이해하고 수련한다. 1) 교수자는 학습자들을 이동하면서 동작을 수행할 수 있도록 한쪽 벽면에 5열종대로 세운다. **학습대형** 2) 교수자는 태권도 품새에서 주로 사용되는 서기동작 및 주의사항에 대해 설명하고 시범을 보일 수 있도록 한다. **품새에서 주로 사용되는 서기** 앞서기, 앞굽이, 주춤서기, 뒷굽이, 범서기, 학다리서기 **이동 시 주의사항** ○ 이중동작이란 동작수행 및 이동하는 발보다 축이 되는 발이 먼저 움직이는 것을 의미한다. ○ 품새 경기에서 이중동작은 정확성 부분에서 감점사항의 하나다. 　예) 금강품새 중 주춤서서 큰돌쩌귀 후 돌아서 주춤서서 큰돌쩌귀 시 이중동작이 자주 발생한다.	▷ 교수자의 강의내용을 경청하고 숙지하도록 한다. ▷ 학습자는 의문사항에 대해 손을 들고 질문할 수 있도록 한다.		50

단원명	학습내용 및 교수활동	학습활동	도구	소요시간(min)
	3) 교수자는 '앞서기'의 수행방법을 학습자들에게 시범을 통하여 설명한다. **앞서기** ○ 걸어가다가 멈추었을 때와 같은 길이(한걸음 간격)로 선다. ○ 두 무릎은 펴며, 체중을 두 다리에 균일하게 실어야 한다. ○ 몸통은 반듯하게 세우고 가슴은 자연스럽게 정면을 향한다. ○ 신체의 구조상 뒤에 있는 발을 일직선상에 놓기가 힘들기 때문에 약간 벌리되 30° 이상 벌어지지 않도록 한다. **앞서기** 4) 교수자는 학습자들이 각 줄별로 앞으로 나가며 6회씩 서기동작을 수행할 수 있도록 지시한다. 5) 교수자는 각 줄의 수행이 끝난 후 '학습자 체크리스트'를 바탕으로 부족한 부분에 대해 설명한다. **학습자 체크리스트** ○ 올바른 중심으로 동작을 수행하였는가?　　○　× ○ 두 발 사이의 거리는 한걸음이 되는가?　　　○　×	▷ 교수자의 강의내용을 경청하고 숙지하도록 한다. ▷ 학습자는 의문사항에 대해 손을 들고 질문할 수 있도록 한다. ▷ 학습자들은 자신의 수행이 끝난 후 교수자의 교수내용을 기초로 다음 줄의 수행을 평가하고 지적한다. ▷ 교수자의 지도사항을 정확히 인지하고 2회차 때 교정하며 수행한다. ▷ 교수자의 평가를 기초로 자신의 동작을 교정한다.		

단원명	학습내용 및 교수활동	학습활동	도구	소요시간 (min)
	6) 학습자들이 지도사항을 기초로 같은 동작을 6회씩 재수행하도록 지시한다. 7) 교수자는 이동하며, 학습자들의 수행을 평가하고 교정한다(학습자가 동작을 수행하고 있는 상황마다 피드백을 제공할 수 있다). 8) 교수자는 '앞굽이'의 수행방법을 학습자들에게 시범을 통하여 설명한다. **앞굽이** ○ 두 발의 앞뒤 간격은 한걸음 반 정도로 한다. ○ 두 발의 좌우 간격은 주먹 하나의 너비로 한다. ○ 앞발의 발끝이 앞을 향하게 선다. ○ 몸을 반듯하게 하고 서서 땅을 내려다봤을 때, 앞에 있는 무릎과 발끝이 일치되도록 무릎을 굽혀 몸을 낮춘다. ○ 뒷발의 내각은 30° 정도가 되게 선다. ○ 뒷다리의 무릎을 펴며 체중의 3분의 2를 앞에 둔다. **앞굽이** 9) 교수자는 학습자들이 각 줄별로 앞으로 나가며 6회씩 서기동작을 수행할 수 있도록 지시한다. 10) 각 줄의 수행이 끝난 후 '학습자 체크리스트'를 바탕으로 수행자의 동작을 평가하고 교정한다.	▷ 교수자의 강의내용을 경청하고 숙지하도록 한다. ▷ 학습자는 의문사항에 대해 손을 들고 질문할 수 있도록 한다. ▷ 학습자들은 자신의 수행이 끝난 후 교수자의 교수내용을 기초로 다음 줄의 수행을 평가하고 지적한다. ▷ 교수자의 지도사항을 정확히 인지하고 2회차 때 교정하며 수행한다. ▷ 교수자의 평가를 기초로 자신의 동작을 교정한다.		

단원명	학습내용 및 교수활동	학습활동	도구	소요시간 (min)
	학습자 체크리스트 ○ 올바른 중심으로 동작을 수행하였는가? ○ × ○ 두 발 사이의 거리가 적당한가? ○ × ○ 뒷발의 다리가 펴져 있는가? ○ × ○ 앞발의 무릎이 적당이 굽혀져 있는가? ○ × ○ 이동 시 파도타기를 하는가? ○ × ○ 이동 시 갈 지(之)로 이동하는가? ○ × 11) 학습자들이 지도사항을 기초로 같은 동작을 6회씩 재수행하도록 지시한다. 12) 교수자는 이동하며, 학습자들의 수행을 평가하고 교정한다(학습자가 동작을 수행하고 있는 상황마다 피드백을 제공할 수 있다). 13) 교수자는 '주춤서기'의 수행방법을 학습자들에게 시범을 통하여 설명한다. **주춤서기** ○ 발과 발의 너비는 두 발 길이 정도로 선다. ○ 발날등이 서로 나란히 되게 한다. ○ 몸통을 반듯하게 하고 두 무릎을 굽히는데, 서서 땅을 내려다봤을 때 무릎과 발끝이 일치되도록 하고 정강이를 반듯하게 세운다. ○ 주춤서기 시 엉덩이가 빠지지 않도록 한다.	▷ 교수자의 강의내용을 경청하고 숙지하도록 한다. ▷ 학습자는 의문사항에 대해 손을 들고 질문할 수 있도록 한다. ▷ 학습자들은 자신의 수행이 끝난 후 교수자의 교수내용을 기초로 다음 줄의 수행을 평가하고 지적한다.		

단원명	학습내용 및 교수활동	학습활동	도구	소요시간 (min)
	주춤서기 14) 교수자는 학습자들이 각 줄별로 앞으로 나가며 6회씩 서기동작을 수행할 수 있도록 지시한다(각 단계별 2회). 15) 각 줄의 수행이 끝난 후 '학습자 체크리스트'를 바탕으로 수행자의 동작을 평가하고 교정한다(학습자가 동작을 수행하는 상황마다 피드백을 제공할 수 있다). **학습자 체크리스트** ○ 올바른 중심으로 동작을 수행하였는가? ○ × ○ 두 발 사이의 거리가 적당한가? ○ × ○ 발이 퍼지지 않았는가? ○ × ○ 이동 시 파도타기를 하는가? ○ × ○ 주춤서기 시 엉덩이가 빠지지 않았는가? ○ × 16) 학습자들이 지도사항을 기초로 같은 동작을 6회씩 재수행하도록 지시한다. 17) 교수자는 이동하며, 학습자들의 수행을 평가하고 교정한다(학습자가 동작을 수행하고 있는 상황마다 피드백을 제공할 수 있다).	▷ 교수자의 지도사항을 정확히 인지하고 2회차 때 교정하며 수행한다. ▷ 교수자의 평가를 기초로 자신의 동작을 교정한다.		

단원명	학습내용 및 교수활동	학습활동	도구	소요시간(min)
	18) 교수자는 '뒷굽이'의 수행방법을 학습자들에게 시범을 통하여 설명한다. **뒷굽이(오른)** ○ 모아서기에서 오른발 뒤축을 축으로 앞축을 90° 되게 벌려 선다. ○ 오른발을 90° 벌려 선 상태에서 왼발을 두 족장에서 두 족장 반의 길이로 앞으로 내디디며 몸을 반듯하게 세우고 두 무릎을 굽혀 몸을 낮춘다. ○ 몸을 낮출 때 오른다리 무릎은 오른발 끝 방향으로 지면과 60~70° 되게 충분히 굽히고 왼다리 무릎은 정면(왼발 끝 방향)으로 지면에서 100~110°가량 되게 약간 구부린다. ○ 체중을 오른발에 3분에 2가 있게 한다. **뒷굽이** 19) 교수자는 학습자들이 각 줄별로 앞으로 나가며 6회씩 서기동작을 수행할 수 있도록 지시한다(각 단계별 2회). 20) 각 줄의 수행이 끝난 후 '학습자 체크리스트'를 바탕으로 수행자의 동작을 평가하고 교정한다.	▷ 교수자의 강의내용을 경청하고 숙지하도록 한다. ▷ 학습자는 의문사항에 대해 손을 들고 질문할 수 있도록 한다. ▷ 학습자들은 자신의 수행이 끝난 후 교수자의 교수내용을 기초로 다음 줄의 수행을 평가하고 지적한다. ▷ 교수자의 지도사항을 정확히 인지하고 2회차 때 교정하며 수행한다. ▷ 교수자의 평가를 기초로 자신의 동작을 교정한다.		

단원명	학습내용 및 교수활동	학습활동	도구	소요시간 (min)
	학습자 체크리스트 ○ 올바른 중심으로 동작을 수행하였는가? ○ × ○ 무릎의 굽혀짐은 적당한가? ○ × ○ 무릎이 안으로 말리지 않았는가? ○ × ○ 이동 시 파도타기를 하는가? ○ × ○ 엉덩이가 빠지지 않았는가? ○ × 21) 학습자들이 지도사항을 기초로 같은 동작을 6회씩 재수행하도록 지시한다. 22) 교수자는 이동하며, 학습자들의 수행을 평가하고 교정한다(학습자가 동작을 수행하고 있는 상황마다 피드백을 제공할 수 있다). 23) 교수자는 '범서기'의 수행방법을 학습자들에게 시범을 통하여 설명한다. **범서기(왼)** ○ 모아서기에서 오른발을 30° 정도의 각으로 넓혀 서며 왼발을 오른발 끝에서 한발 길이로 내딛는다. ○ 체중을 뒷발에 싣고 뒷발을 내려다봤을 때 무릎과 발끝을 일직선으로 한다. ○ 앞에 있는 왼발의 발목을 펴고 발끝 또는 앞축만 가볍게 딛고 무릎을 약간 안으로 튼다. ○ 범서기의 중심을 뒷발에 90% 싣는다.	▷ 교수자의 강의내용을 경청하고 숙지하도록 한다. ▷ 학습자는 의문사항에 대해 손을 들고 질문할 수 있도록 한다. ▷ 학습자들은 자신의 수행이 끝난 후 교수자의 교수내용을 기초로 다음 줄의 수행을 평가하고 지적한다.		

단원명	학습내용 및 교수활동	학습활동	도구	소요시간(min)
	범서기 24) 교수자는 학습자들이 각 줄별로 앞으로 나가며 6회씩 서기동작을 수행할 수 있도록 지시한다(각 단계별 2회). 25) 각 줄의 수행이 끝난 후 '학습자 체크리스트'를 바탕으로 수행자의 동작을 평가하고 교정한다. **학습자 체크리스트** ○ 올바른 중심으로 동작을 수행하였는가? ○ × ○ 두 발의 넓이가 정확한가? ○ × ○ 엉덩이가 빠지지 않았는가? ○ × ○ 이동 시 파도타기를 하는가? ○ × 26) 학습자들이 지도사항을 기초로 같은 동작을 6회씩 재수행하도록 지시한다. 27) 교수자는 이동하며, 학습자들의 수행을 평가하고 교정한다(학습자가 동작을 수행하고 있는 상황마다 피드백을 제공할 수 있다).	▷ 교수자의 지도사항을 정확히 인지하고 2회차 때 교정하며 수행한다. ▷ 교수자의 평가를 기초로 자신의 동작을 교정한다.		

단원명	학습내용 및 교수활동	학습활동	도구	소요시간(min)
	28) 교수자는 '학다리서기'의 수행방법을 학습자들에게 시범을 통하여 설명한다. **학다리서기(오른)** ○ 오른다리 무릎을 주춤서기 때와 같이 굽혀 낮추고, 왼발을 끌어 올려 발날등을 오른 다리 무릎 안쪽 가까이 갖다놓는다. **학다리서기** 29) 교수자는 학습자들이 각 줄별로 앞으로 나가며 6회씩 서기동작을 수행할 수 있도록 지시한다(각 단계별 2회). 30) 각 줄의 수행이 끝난 후 '학습자 체크리스트'를 바탕으로 수행자의 동작을 평가하고 교정한다. **학습자 체크리스트** ○ 들어올린 발의 위치가 적당한가?　　　　　○　× ○ 학다리서기 자세의 높이는 적당한가?　　　○　× 31) 학습자들이 지도사항을 기초로 같은 동작을 6회씩 재수행하도록 지시한다.			

단원명	학습내용 및 교수활동	학습활동	도구	소요시간 (min)
	32) 교수자는 이동하며, 학습자들의 수행을 평가하고 교정한다(학습자가 동작을 수행하고 있는 상황마다 피드백을 제공할 수 있다).			
5. 태권도 서기동작 훈련의 실제	■ **태권도 서기동작의 다양한 훈련법을 학습한다.** 1) 교수자는 학습자들을 정면을 보고 4열종대로 앉힌다. 2) 교수자는 학습자들에게 다양한 서기동작 훈련법과 훈련의 필요성에 대하여 설명한다. **서기동작 훈련법** ○ 파도타지 않기 훈련: 판미트를 활용하여 이동 시 중심의 이동법을 습득한다. ○ 오래 버티기 훈련과 무게 버티기 훈련: 시간과 무게를 통한 훈련으로 서기동작에 필요한 근육(등척성 근육)을 강화한다. **필요성** ○ 정확성과 숙련성은 품새 경기에서 평가기준이다. 이와 관련하여 서기동작은 정확한 동작과 균형, 힘을 표현하는 데 있어 바탕이 된다고 할 수 있다. ○ 본 훈련법은 '태권도 기본 서기동작 훈련'의 심화과정으로, 학습자들이 정확하고 낮은 자세의 동작을 익히는 데 유용하다.	▷ 교수자의 강의내용을 경청하고 숙지하도록 한다. ▷ 학습자는 의문사항에 대해 손을 들고 질문할 수 있도록 한다.	미트 15개	30

단원명	학습내용 및 교수활동	학습활동	도구	소요시간 (min)
	학습대형 3) 교수자는 학습자들을 6인 1조로 총 5그룹을 구성하여 본 훈련이 각 그룹의 훈련과정을 각 조가 순환식(1그룹→2그룹/2그룹→3그룹/…5그룹→1그룹 등)으로 진행된다는 것을 설명한다. 4) 교수자는 각 그룹에게 훈련내용을 설명하고 시범을 보일 수 있도록 한다. **훈련구성** 주춤서기, 앞굽이, 뒷굽이	▷ 학습자는 그룹훈련내용을 숙지하고 정확하게 수행하기 위해 노력한다. ▷ 교수자의 평가를 기초로 자신의 동작을 교정한다.		

단원명	학습내용 및 교수활동	학습활동	도구	소요시간 (min)
	그룹훈련 1그룹: 판미트를 활용한 파도타지 않기 훈련 　– 교수자의 구령에 따라 동작을 수행한다. 　– 학습자는 머리 위의 판미트를 떨어뜨리지 않도록 이동 시 파도를 타지 않는다. 　– 교수자의 구령에 따라 2회 전진 및 2회 후진을 실시한다. 2그룹: 점프스쿼트 　– 근력향상을 위해 교수자의 구령에 따라 점프스쿼트를 실시한다. 　– 점프스쿼트 동작의 경우, 옆차기의 수행과정과 유사하다는 점을 기초로 교수자는 학습자들에게 훈련의 중요성을 설명한다. 3그룹: 버티기 　– 1그룹의 훈련이 끝날 때까지 자세를 유지한다. 　– 정확한 동작을 유지하는 데 신경을 써야 한다. 4그룹과 5그룹: 무게로 버티기 　– 3그룹의 버티기 훈련과 동일하며, 4그룹이 버티기 훈련을 실시한다. 　– 4그룹이 버티기 훈련을 할 때, 5그룹은 4그룹의 어깨를 눌러 하중을 증가시켜준다. **발자세서기 훈련법(주춤서기)** 1그룹　　2그룹　　4~5그룹-1　　4~5그룹-2			

단원명	학습내용 및 교수활동	학습활동	도구	소요시간 (min)
	5) 교수자의 구령에 맞춰 주춤서기의 그룹훈련을 실시한다(각 10회, 5회 실시 등). 6) 교수자는 이동하며, 학습자의 수행을 평가하고 교정한다. 7) 훈련 완료 후, 순환식(1그룹→2그룹/2그룹→3그룹/…5그룹→1그룹 등)으로 다음 훈련을 실시한다. 8) 교수자의 구령에 맞춰 앞굽이의 그룹훈련을 2회 실시한다(각 10회, 5회 실시 등). **앞굽이 그룹훈련의 특이점** 앞굽이의 경우, 오른앞굽이와 왼앞굽이가 있다는 점을 기초로 3그룹과 4그룹은 첫 번째에 오른앞굽이를 실시하고, 두 번째에 왼앞굽이를 수행한다. 9) 교수자는 이동하며, 학습자의 수행을 평가하고 교정한다. 10) 훈련 완료 후, 순환식(1그룹→2그룹/2그룹→3그룹/…5그룹→1그룹 등)으로 다음 훈련을 실시한다. 11) 교수자의 구령에 맞춰 뒷굽이의 그룹훈련을 2회 실시한다(각 10회, 5회 실시 등). **뒷굽이 그룹훈련의 특이점** 뒷굽이의 경우, 오른뒷굽이와 왼뒷굽이가 있다는 점을 기초로 3그룹과 4그룹은 첫 번째에 오른뒷굽이를 실시하고, 두 번째에 왼뒷굽이를 수행한다. 12) 교수자는 이동하며, 학습자의 수행을 평가하고 교정한다. 13) 훈련 완료 후, 순환식(1그룹→2그룹/2그룹→3그룹/…5그룹→1그룹 등)으로 다음 훈련을 실시한다.			

단원명	학습내용 및 교수활동	학습활동	도구	소요시간 (min)
6. 정리운동	■ **정리운동을 통해 운동 후 회복의 중요성을 학습한다.** 1) 교수자는 학습자들을 정면을 보고 4열종대로 제자리에서 수행할 수 있도록 지도한다. 2) 교수자는 정리운동 시 학습자와 반대 방향으로 시범을 보이며 지도한다. 3) 정리운동 시 교수자 8초/학습자 8초의 구령에 맞춰 실시한다. **정리운동 순서** - 손목/발목 돌리기 - 무릎 돌리기 - 허리 돌리기 - 목 돌리기 - 어깨 돌려주기 - 좌우 다리 스트레칭 - 골반 눌러주기(좌/우/중앙) - 앉아서 두 다리 펴고 앞으로 숙여주기 - 두 발바닥 붙여 앞으로 숙여주기 - 다리 옆으로 벌려서 숙여주기(좌/우/중앙) - 다리 옆으로 벌린 상태에서 틀어주기(좌/우)	▷ 학습자는 4열종대로 정렬한 후 교수자의 지시에 따라 동작을 수행한다. ▷ 구령은 교수자의 선창 시 학습자는 후창 구령을 넣는다.		5

태권도 지도자를 위한 품새 이론 및 실제

기본동작

5주차

강의 주제	힘의 원리	대상	태권도 전공생	차시 구성	5
				소요시간	120분
교육과정 개요(목적)	태권도 품새의 기본동작을 이해하고 수행하며, 학습된 내용을 바탕으로 정확한 동작과 높은 표현성의 품새를 수행할 수 있도록 한다. 또한 태권도 품새의 기본동작과 응용동작을 활용하여 태권도 품새의 실전적 움직임을 수련하고 창작품새 개발능력을 향상시키는 데 목적이 있다.				
5주차 교육목표	• 태권도 동작에서 사용되는 다양한 힘의 원리를 이해하고 익힐 수 있다. • 다양한 힘의 원리를 태권도 품새에 응용할 수 있다.				

단원명	시간(m)	주요 학습내용
준비운동	10	준비운동을 통해 체온상승과 관절의 가동범위를 넓히고 근육을 이완시키는 방법을 학습한다.
보강운동 (앉아서 돌려차기)	15	품새 돌려차기를 앉아서 수행하는 방법으로 복습한다.
힘의 원리의 이해	10	태권도 동작에서 사용될 수 있는 다양한 힘의 원리(강하게, 편하게, 빠르게, 힘주어, 격파하듯)에 대해 학습한다.
힘의 원리의 수련	40	태권도 동작에서 사용될 수 있는 다양한 힘의 원리((강하게, 편하게, 빠르게, 힘주어, 격파하듯)를 수련한다.
힘의 원리의 실제	40	학습한 힘의 원리를 태권도 품새에 적용하여 수행한다.
정리운동	5	정리운동을 통해 운동 후 회복의 중요성을 학습한다.

단원명	학습내용 및 교수활동	학습활동	도구	소요시간 (min)
1. 준비운동	■ 준비운동을 통해 체온상승과 관절의 가동범위를 넓히고 근육을 이완시키는 방법을 학습한다. 1) 교수자는 학습자들을 원 형태로 원의 중앙을 보고 제자리에서 수행할 수 있도록 지도한다. 2) 교수자는 준비운동에 대한 필요성과 주의사항을 간략하게 설명하고 시범을 보인 후 동작을 수행할 수 있도록 지도한다. 3) 교수자는 준비운동 시 학습자와 반대 방향으로 시범을 보이며 지도한다. 4) 준비운동은 기본적으로 교수자 8초/학습자 8초의 구령으로 실시하되, 눌러주기 및 숙여주기 동작에서는 25~30초로 3~5회 실시한다. **준비운동 순서** - 손목/발목 돌리기 - 무릎 돌리기 - 허리 돌리기 - 목 돌리기 - 어깨 돌려주기 - 좌우 다리 스트레칭 - 골반 눌러주기(좌/우/중앙) - 앉아서 두 다리 펴고 앞으로 숙여주기 - 두 발바닥 붙여 앞으로 숙여주기 - 다리 옆으로 벌려서 숙여주기(좌/우/중앙) - 다리 옆으로 벌린 상태에서 틀어주기(좌/우)	▷ 학습자는 정렬한 후 교수자의 지시에 따라 동작을 수행한다. ▷ 구령은 교수자의 선창 시 학습자는 후창 구령을 넣는다.		10

단원명	학습내용 및 교수활동	학습활동	도구	소요시간 (min)
2. 보강운동	■ **품새 돌려차기를 앉아서 수행하는 방법으로 복습한다.** 1) 교수자는 학습자들을 원 형태로 원의 중앙을 볼 수 있도록 앉힌다. **보강운동 대형** 2) 교수자는 '앉아서 돌려차기 훈련'에 대하여 설명하고 시범을 보인다. **수행방법** ○ 몸의 측면이 지면으로 향하도록 옆으로 앉아서 발차기를 수행한다. ○ 시선–어깨–엉덩이–앞축이 일자가 되도록 동작을 수행한다. ○ 차기 시 앞축에 힘을 준다. ○ 차기 시 무릎의 위치는 고정되어야 한다. ○ 차기는 보통의 돌려차기 수행방법과 동일하다. ○ 수행방법은 구령 하나에 차고 접는 방법과 하나에 차고 둘에 접는 방법을 사용할 수 있다.	▷ 교수자의 강의내용을 경청하고 숙지하도록 한다. ▷ 잘 이해되지 않는 부분은 질문을 하도록 한다.		15

단원명	학습내용 및 교수활동	학습활동	도구	소요시간 (min)
	앉아서 돌려차기 3) 교수자의 구령에 맞춰(구령 하나에 차고 둘에 접는 방식) '앉아서 돌려차기'를 수행할 수 있도록 지도한다(각 10회, 5회 실시 등/오른발 수행 완료 후 왼발 수행). 4) 교수자는 이동하며, 학습자의 수행을 평가하고 교정한다. 5) 교수자의 구령에 맞춰(구령 하나에 차고 접는 방식) '앉아서 돌려차기'를 수행할 수 있도록 지도한다(각 10회, 5회 실시 등/오른발 수행 완료 후 왼발 수행). 6) 교수자는 이동하며, 학습자의 수행을 평가하고 교정한다.	▷ 학습자는 교수자의 구령에 맞춰 각 동작을 정확히 수행하기 위해 노력한다. ▷ 교수자의 평가를 기초로 자신의 동작을 교정한다. ▷ 학습자는 교수자의 구령에 맞춰 각 동작을 정확히 수행하기 위해 노력한다. ▷ 교수자의 평가를 기초로 자신의 동작을 교정한다.		

단원명	학습내용 및 교수활동	학습활동	도구	소요시간 (min)
3. 힘의 원리의 이해	■ 태권도 동작에서 사용될 수 있는 다양한 힘의 원리에 대해 학습한다. 1) 교수자는 학습자들을 정면을 보고 4열종대로 앉힌다. 2) 교수자는 태권도에서 사용될 수 있는 힘의 종류와 정의에 대하여 지르기를 기초로 설명한다. **힘의 원리** ○ 강하게 지르기: 일반적으로 태권도 품새 동작에서 사용되는 힘의 원리 ○ 편하게 지르기: 힘을 푼 상태로 편하게 지르는 것 ○ 빠르게 지르기: 두 번 지르기, 세 번 지르기 등을 한 번 지르기 속도와 같이 맞춘다는 느낌으로 자신이 낼 수 있는 최대의 속도로 빠르게 지르는 것 ○ 힘주어 지르기: 예비동작에서부터 마무리동작까지 힘을 계속 준 상태로 지르는 것 ○ 격파하듯 지르기: 실제로 격파물을 격파한다는 느낌으로 품새 규정보다 더 깊게 지르는 것 3) 교수자는 학습자들이 품새와 관련된 제반 지식에 대해 숙지하고 있는지 질문한다. **교수자 질문 예시** Q. 태권도 품새에서 나오는 힘의 종류에는 어떤 것이 있는가? Q. 태권도 품새에서 힘주어 지르기와 유사한 동작은 무엇인가?	▷ 교수자의 강의내용을 경청하고 숙지하도록 한다. ▷ 학습자는 의문사항에 대해 손을 들고 질문할 수 있도록 한다. ▷ 교수자의 질문에 손을 들고 대답할 수 있도록 한다.		10

단원명	학습내용 및 교수활동	학습활동	도구	소요시간 (min)
4. 힘의 원리의 수련	▣ 태권도 동작에서 사용될 수 있는 다양한 힘의 원리를 수련한다. 1) 교수자는 학습자들을 정면을 보고 5열종대로 세운다. 2) 교수자는 '강하게 지르기'의 훈련법 및 주의사항에 대하여 설명하고 시범을 보일 수 있도록 한다. **강하게 지르기** ○ 강하게 지르기는 보통 품새에서 수행하는 지르기 동작과 같다. ○ 지르기와 팔굽치기는 몸에서 스치듯이 수행해야 한다. ○ 자신의 명치 높이를 지르며, 어깨가 빠지는 것에 주의한다. **유의사항** 어깨가 빠지는 동작 / 스쳐서 나오지 않는 동작 3) 학습자들이 주춤서서 몸통지르기(왼손) 상태에서 '강하게 지르기'를 수행할 수 있도록 지시한다. 4) 교수자의 구령에 맞춰 오른손부터 좌우 교대하며 동작을 수행할 수 있도록 지시한다(각 5회, 10회 실시 등).	▷ 교수자의 강의내용을 경청하고 숙지하도록 한다. ▷ 학습자는 의문사항에 대해 손을 들고 질문할 수 있도록 한다. ▷ 학습자는 교수자의 구령에 맞춰 각 동작을 정확히 수행하기 위해 노력한다. ▷ 교수자의 평가를 기초로 자신의 동작을 교정한다.		40

단원명	학습내용 및 교수활동	학습활동	도구	소요시간 (min)
	5) 교수자는 이동하며, 학습자의 수행을 평가하고 교정한다. 6) 교수자는 '편하게 지르기'의 훈련법 및 주의사항에 대하여 설명하고 시범을 보일 수 있도록 한다. **편하게 지르기** ○ 편하게 지르기는 힘을 빼고 지르는 것으로, 힘의 약강의 의미를 학습할 수 있다. ○ 정확한 지르기 동작으로 힘을 빼고 질러야 한다. 힘을 뺀다고 해서 지르기가 벌어지거나 돌아서 나오지 않도록 주의한다. **유의사항** 어깨에 힘주는 동작 스쳐서 나오지 않는 동작 7) 학습자들이 주춤서서 몸통지르기(왼손) 상태에서 '편하게 지르기'를 수행할 수 있도록 지시한다. 8) 교수자의 구령에 맞춰 오른손부터 좌우 교대하며 동작을 수행할 수 있도록 지시한다(각 5회, 10회 실시 등). 9) 교수자는 이동하며, 학습자의 수행을 평가하고 교정한다.	▷ 교수자의 동작 설명 시 학습자는 주춤서기 자세에서 무릎을 편 상태로 설명을 듣는다. ▷ 학습자는 교수자의 구령에 맞춰 각 동작을 정확히 수행하기 위해 노력한다. ▷ 교수자의 평가를 기초로 자신의 동작을 교정한다.		

단원명	학습내용 및 교수활동	학습활동	도구	소요시간 (min)

	10) 교수자는 '빠르게 지르기'의 훈련법 및 주의사항에 대하여 설명하고 시범을 보일 수 있도록 한다.
	
	빠르게 지르기
	○ 자신의 최대의 속도로 주먹지르기를 수행한다.
	  예) 두 번 지르기, 세 번 지르기 등을 한 번 지르는 속도로 빠르게 수행한다.
	○ 빠르게 지른다고 정확하게 지르지 않는 것에 주의한다.
	  예) 명치를 지르지 않거나 예비동작을 수행하지 않고 동작이 이루어지는 경우가 많다.
	○ 지르기가 팔굽치기 위치에서 수행할 수 있도록 한다.
	  예) 빠르게 지르는 경우, 가슴에서 지르는 학습자들이 많다.
	
	유의사항
	
	가슴에서 지르는 동작
	
	11) 학습자들이 주춤서서 몸통지르기(왼손) 상태에서 '빠르게 지르기'를 수행할 수 있도록 지시한다.
	12) 교수자의 구령에 맞춰 오른손부터 좌우 교대하며 동작을 수행할 수 있도록 지시한다(1회에서 10회까지).
		▷ 교수자의 동작 설명 시 학습자는 주춤서기 자세에서 무릎을 편 상태로 설명을 듣는다.
		▷ 학습자는 교수자의 구령에 맞춰 각 동작을 정확히 수행하기 위해 노력한다.
		▷ 교수자의 평가를 기초로 자신의 동작을 교정한다.		

단원명	학습내용 및 교수활동	학습활동	도구	소요시간 (min)
	13) 교수자는 이동하며, 학습자의 수행을 평가하고 교정한다. 14) 교수자는 '힘주어 지르기'의 훈련법 및 주의사항에 대하여 설명하고 시범을 보일 수 있도록 한다. **힘주어 지르기** ○ 힘주어 지르기는 등장성의 움직임으로 예비동작에서부터 지르는 동작까지 처음부터 자신의 최고의 힘을 주며 지르는 동작이다. ○ 동작을 수행할 때, 지르기와 팔굽치기가 벌어지거나 돌아서 나오지 않도록 한다. 15) 학습자들이 주춤서서 몸통지르기(왼손) 상태에서 '힘주어 지르기'를 수행할 수 있도록 지시한다. 16) 교수자의 구령에 맞춰 오른손부터 좌우 교대하며 동작을 수행할 수 있도록 지시한다(각 5회, 10회 실시 등). 17) 교수자는 이동하며, 학습자의 수행을 평가하고 교정한다. 18) 교수자는 '격파하듯 지르기'의 훈련법 및 주의사항에 대하여 설명하고 시범을 보일 수 있도록 한다. **격파하듯 지르기** ○ 격파하듯 지르기는 일반 지르기에서 주먹 하나 더 지르는 것으로, 실제 격파하듯 조금 더 깊게 지른다.	▷ 교수자의 동작 설명 시 학습자는 주춤서기 자세에서 무릎을 편 상태로 설명을 듣는다. ▷ 학습자는 교수자의 구령에 맞춰 각 동작을 정확히 수행하기 위해 노력한다. ▷ 교수자의 평가를 기초로 자신의 동작을 교정한다. ▷ 교수자의 동작 설명 시 학습자는 주춤서기 자세에서 무릎을 편 상태로 설명을 듣는다. ▷ 학습자는 교수자의 구령에 맞춰 각 동작을 정확히 수행하기 위해 노력한다.		

단원명	학습내용 및 교수활동	학습활동	도구	소요시간(min)
	유의사항 격파하듯 지르기 / 일반 지르기 19) 학습자들이 주춤서서 몸통지르기(왼손) 상태에서 '힘주어 지르기'를 수행할 수 있도록 지시한다. 20) 교수자의 구령에 맞춰 오른손부터 좌우 교대하며 동작을 수행할 수 있도록 지시한다(각 5회, 10회 실시 등). 21) 교수자는 이동하며, 학습자의 수행을 평가하고 교정한다. 22) 학습자들이 지도사항을 기초로 같은 동작을 6회씩 재수행하도록 지시한다.	▷ 교수자의 평가를 기초로 자신의 동작을 교정한다.		
5. 힘의 원리의 실제	■ **학습한 힘의 원리를 태권도 품새에 적용하여 수행한다.** 1) 교수자는 학습자들을 품새 수련(2칸의 한 명씩 지그재그) 대형으로 세운다.			40

단원명	학습내용 및 교수활동	학습활동	도구	소요시간 (min)
	품새 수련 대형 [정면] 교수자 2) 교수자는 힘의 원리를 이용한 태권도 품새의 중요성과 필요성에 대하여 설명한다. **힘의 원리를 이용한 품새 수련** 무술에서 사용될 수 있는 다양한 힘의 원리에도 불구하고 현재 태권도 품새에서는 몇 가지 종류로 한정되고 있다. 이러한 현실에서 다양한 힘의 원리를 바탕으로 품새를 수련한다는 것은 퇴색되고 있는 태권도의 무술적 특성을 이해하는 데 도움이 될 것이다. 3) 교수자는 태극 1장을 '강하게 지르기'의 방법으로 구령에 맞추어 한 동작씩 수행하도록 지시한다. **주의사항** ○ 수행 시 힘을 강하게 주는 것에 중점을 둔다. ○ 일반적인 태권도 품새의 수행방법과 같다. 4) 교수자는 이동하며, 학습자들의 동작을 평가하고 교정한다.	▷ 교수자의 강의내용을 경청하고 숙지하도록 한다. ▷ 학습자는 의문사항에 대해 손을 들고 질문할 수 있도록 한다. ▷ 품새 수행 시 학습자는 각 힘의 원리에 맞게 정확한 동작을 수행한다. ▷ 교수자의 평가를 기초로 자신의 동작을 교정한다.		

단원명	학습내용 및 교수활동	학습활동	도구	소요시간 (min)
	5) 교수자는 태극 1장을 '편하게 지르기'의 방법으로 구령에 맞추어 한 동작씩 수행하도록 지시한다. **주의사항** ○ 몸의 힘을 완전히 푼 상태에서 동작을 수행한다. ○ 힘을 풀고 수행하는 것을 중점으로 동작을 수행한다. ○ 힘을 풀더라도 정확한 동작을 수행해야 한다. 6) 교수자는 이동하며, 학습자들의 동작을 평가하고 교정한다. 7) 교수자는 태극 1장을 '힘주어 지르기'의 방법으로 구령에 맞추어 한 동작씩 수행하도록 지시한다. **주의사항** ○ 한 동작당 5초 정도로 힘을 주고 지른다. ○ 정확한 동작을 수행해야 한다. 8) 교수자는 이동하며, 학습자들의 동작을 평가·교정한다. 9) 교수자는 태극 2장을 '격파하듯 지르기'의 방법으로 구령에 맞추어 한 동작씩 수행하도록 지시한다. **주의사항** ○ 일반적인 태권도 품새의 수행방법에서 뚫고 지나간다는 느낌으로 힘을 주어 동작을 수행한다. 10) 교수자는 이동하며, 학습자들의 동작을 평가·교정한다.	▷ 품새 수행 시 학습자는 각 힘의 원리에 맞게 정확한 동작을 수행한다. ▷ 교수자의 평가를 기초로 자신의 동작을 교정한다. ▷ 품새 수행 시 학습자는 각 힘의 원리에 맞게 정확한 동작을 수행한다. ▷ 교수자의 평가를 기초로 자신의 동작을 교정한다. ▷ 품새 수행 시 학습자는 각 힘의 원리에 맞게 정확한 동작을 수행한다. ▷ 교수자의 평가를 기초로 자신의 동작을 교정한다.		

단원명	학습내용 및 교수활동	학습활동	도구	소요시간 (min)
	11) 교수자는 태극 2장을 '강하게 지르기'와 '힘주어 지르기'로 구령에 맞추어 한 방향씩 수행하도록 지시한다. **주의사항** ○ '강하게 지르기', '힘주어 지르기'를 섞어 동작을 수행한다. 　예) 앞서기 내려막기(강하게) + 앞차고 앞굽이 몸통지르기(힘주어)/ 뒤로 돌아 앞서기 내려막기(힘주어), 앞차고 앞굽이 몸통지르기(강하게) 등 12) 교수자는 이동하며, 학습자들의 동작을 평가·교정한다. 13) 교수자는 태극 3장을 '편하게 지르기'와 '격파하듯 지르기'로 구령에 맞추어 한 방향씩 수행하도록 지시한다. **주의사항** ○ '편하게 지르기', '격파하듯 지르기'를 섞어 동작을 수행한다. 　예) 앞서기 내려막기(편하게) + 앞차고 앞굽이 몸통 두 번 지르기(격파하듯)/ 뒤로 돌아 앞서기 내려막기(격파하듯) + 앞차고 앞굽이 몸통 두 번 지르기(편하게) 등 14) 교수자는 이동하며, 학습자들의 동작을 평가·교정한다. 15) 교수자는 태극 3장을 '빠르게 지르기'와 '격파하듯 지르기'로 구령에 맞추어 한 방향씩 수행하도록 지시한다. **주의사항** ○ '편하게 지르기', '격파하듯 지르기'를 섞어 동작을 수행한다. 　예) 앞서기 내려막기(빠르게) + 앞차고 앞굽이 몸통 두 번 지르기(격파하듯)/ 뒤로 돌아 앞서기 내려막기(격파하듯) + 앞차고 앞굽이 몸통 두 번 지르기(빠르게) 등	▷ 품새 수행 시 학습자는 각 힘의 원리에 맞게 정확한 동작을 수행한다. ▷ 교수자의 평가를 기초로 자신의 동작을 교정한다. ▷ 품새 수행 시 학습자는 각 힘의 원리에 맞게 정확한 동작을 수행한다. ▷ 교수자의 평가를 기초로 자신의 동작을 교정한다. ▷ 품새 수행 시 학습자는 각 힘의 원리에 맞게 정확한 동작을 수행한다. ▷ 교수자의 평가를 기초로 자신의 동작을 교정한다.		

단원명	학습내용 및 교수활동	학습활동	도구	소요시간 (min)
	16) 교수자는 이동하며, 학습자들의 동작을 평가·교정한다. 17) 교수자는 태극 1장을 '빠르게 지르기'로 처음부터 끝까지 한 번에 수행하도록 지시한다. **주의사항** ○ 태극 1장을 정확히 숙지하지 못했을 경우 빠르게 수행하는 것이 어렵다는 것을 설명한다. ○ 정확한 동작보다 자신의 최대속도로 수행한다. 18) 교수자는 이동하며, 학습자들의 동작을 평가·교정한다.	▷ 품새 수행 시 학습자는 각 힘의 원리에 맞게 정확한 동작을 수행한다. ▷ 교수자의 평가를 기초로 자신의 동작을 교정한다.		
6. 정리운동	■ **정리운동을 통해 운동 후 회복의 중요성을 학습한다.** 1) 교수자는 학습자들을 정면을 보고 4열종대로 제자리에서 수행할 수 있도록 지도한다. 2) 교수자는 정리운동 시 학습자와 반대 방향으로 시범을 보이며 지도한다. 3) 정리운동 시 교수자 8초/학습자 8초의 구령에 맞춰 실시한다. **정리운동 순서** - 손목/발목 돌리기 - 무릎 돌리기 - 허리 돌리기 - 목 돌리기 - 어깨 돌려주기 - 좌우 다리 스트레칭 - 골반 눌러주기(좌/우/중앙) - 앉아서 두 다리 펴고 앞으로 숙여주기 - 두 발바닥 붙여 앞으로 숙여주기 - 다리 옆으로 벌려서 숙여주기(좌/우/중앙) - 다리 옆으로 벌린 상태에서 틀어주기(좌/우)	▷ 학습자는 4열종대로 정렬한 후 교수자의 지시에 따라 동작을 수행한다. ▷ 구령은 교수자의 선창 시 학습자는 후창 구령을 넣는다.		5

태권도 지도자를 위한 품새 이론 및 실제

유급자 품새

6 주차

강의 주제	태극 1장, 태극 2장	대상	태권도 전공생	차시 구성	6
				소요시간	120분
교육과정 개요(목적)	태권도 품새의 기본동작을 이해하고 수행하며, 학습된 내용을 바탕으로 정확한 동작과 높은 표현성의 품새를 수행할 수 있도록 한다. 또한 태권도 품새의 기본동작과 응용동작을 활용하여 태권도 품새의 실전적 움직임을 수련하고 창작품새 개발능력을 향상시키는 데 목적이 있다.				
6주차 교육목표	• 태극 1장과 2장의 주요 동작의 이해를 기초로 해당 품새의 수행방법을 익힐 수 있다. • 태극 1장과 2장의 응용동작을 이해하고 익힐 수 있다.				

단원명	시간(m)	주요 학습내용
준비운동	10	준비운동을 통해 체온상승과 관절의 가동범위를 넓히고 근육을 이완시키는 방법을 학습한다.
보강운동(앉아서 옆차기)	15	품새 옆차기를 앉아서 수행하는 방법으로 복습한다.
태극 1장, 태극 2장의 주요 동작	20	태극 1장, 태극 2장의 주요 동작을 학습한다.
태극 1장의 수련	15	동작별·방향별 훈련을 활용하여 태극 1장을 학습한다.
태극 2장의 수련	15	동작별·방향별 훈련을 활용하여 태극 1장을 학습한다.
기본동작훈련을 활용한 태극 1장, 태극 2장의 학습	15	태극 1장, 태극 2장을 기본동작훈련을 활용하여 숙달한다.
태극 1장, 태극 2장을 활용한 호신술	25	태극 1장, 태극 2장 동작을 응용한 호신술을 이해하고 학습한다.
정리운동	5	정리운동을 통해 운동 후 회복의 중요성을 학습한다.

단원명	학습내용 및 교수활동	학습활동	도구	소요시간 (min)
1. 준비운동	■ **준비운동을 통해 체온상승과 관절의 가동범위를 넓히고 근육을 이완시키는 방법을 학습한다.** 1) 교수자는 학습자들을 원 형태로 원의 중앙을 보고 제자리에서 수행할 수 있도록 지도한다. 2) 교수자는 준비운동에 대한 필요성과 주의사항을 간략하게 설명하고 시범을 보인 후 동작을 수행할 수 있도록 지도한다. 3) 교수자는 준비운동 시 학습자와 반대 방향으로 시범을 보이며 지도한다. 4) 준비운동은 기본적으로 교수자 8초/학습자 8초의 구령으로 실시하되, 눌러주기 및 숙여주기 동작에서는 25~30초로 3~5회 실시한다. **준비운동 순서** - 손목/발목 돌리기 - 무릎 돌리기 - 허리 돌리기 - 목 돌리기 - 어깨 돌려주기 - 좌우 다리 스트레칭 - 골반 눌러주기(좌/우/중앙) - 앉아서 두 다리 펴고 앞으로 숙여주기 - 두 발바닥 붙여 앞으로 숙여주기 - 다리 옆으로 벌려서 숙여주기(좌/우/중앙) - 다리 옆으로 벌린 상태에서 틀어주기(좌/우)	▷ 학습자는 정렬한 후 교수자의 지시에 따라 동작을 수행한다. ▷ 구령은 교수자의 선창 시 학습자는 후창 구령을 넣는다.		10

단원명	학습내용 및 교수활동	학습활동	도구	소요시간(min)
2. 보강운동	■ **품새 옆차기를 앉아서 수행하는 방법으로 복습한다.** 1) 교수자는 학습자들을 원 형태로 원의 중앙을 볼 수 있도록 앉힌다. **보강운동 대형** (교수자를 중심으로 학습자들이 원형으로 앉은 대형 그림) 2) 교수자는 '앉아서 옆차기 훈련'에 대하여 설명하고 시범을 보인다. **수행방법** ○ 몸의 측면이 지면으로 향하도록 옆으로 앉아서 발차기를 수행한다. ○ 시선-어깨-엉덩이-발날이 일자(一)가 되도록 동작을 수행한다. ○ 발차기 시 발날에 힘을 준다. ○ 발차기는 보통의 옆차기 수행방법과 동일하다. ○ 발차기 시 무릎의 위치는 고정되어야 한다. ○ 수행방법은 구령 하나에 차고 접는 방법과 하나에 차고 둘에 접는 방법을 사용할 수 있다.	▷ 교수자의 강의내용을 경청하고 숙지하도록 한다. ▷ 잘 이해되지 않는 부분은 질문을 하도록 한다.		15

단원명	학습내용 및 교수활동	학습활동	도구	소요시간 (min)
	앉아서 옆차기 3) 교수자의 구령에 맞춰(구령 하나에 차고 둘에 접는 방식) '앉아서 옆차기'를 수행할 수 있도록 지도한다(각 10회, 5회 실시 등/오른발 수행 완료 후 왼발 수행). 4) 교수자는 이동하며, 학습자의 수행을 평가하고 교정한다. 5) 교수자의 구령에 맞춰(구령 하나에 차고 접는 방식) '앉아서 옆차기'를 수행할 수 있도록 지도한다(각 10회, 5회 실시 등/오른발 수행 완료 후 왼발 수행). 6) 교수자는 이동하며, 학습자의 수행을 평가하고 교정한다.	▷ 학습자는 교수자의 구령에 맞춰 각 동작을 정확히 수행하기 위해 노력한다. ▷ 교수자의 평가를 기초로 자신의 동작을 교정한다.		

단원명	학습내용 및 교수활동	학습활동	도구	소요시간 (min)

3. 태극 1장, 태극 2장의 주요 동작	■ **태극 1장, 태극 2장의 주요 동작을 학습한다.**
	
	1) 교수자는 학습자들을 이동하면서 동작을 수행할 수 있도록 한쪽 벽면에 5열종대로 세운다.
	
	학습 대형
	
	2) 교수자는 '태극 1장'과 '태극 2장'에서 나오는 주요 동작을 설명하고, 시범을 보일 수 있도록 한다.
	
	주요 동작
	○ 태극 1장
	  – 앞굽이 내려막고 지르기
	  – 앞서기 올려막기 + 앞차고 앞서기 몸통지르기
	○ 태극 2장
	  – 앞서기 내려막기 + 앞차고 앞굽이 얼굴반대지르기
	  – 앞서기 내려막기 + 앞차고 앞서기 몸통반대지르기 + 앞차고 앞서기 몸통반대지르기 + 앞차고 앞서기 몸통반대지르기
		▷ 교수자의 강의내용을 경청하고 숙지하도록 한다.
		
		▷ 학습자는 의문사항에 대해 손을 들고 질문할 수 있도록 한다.
				20

단원명	학습내용 및 교수활동	학습활동	도구	소요시간 (min)
	3) 교수자는 학습자들이 각 줄별로 앞으로 나가며 '태극 1장'의 주요 동작을 순차적으로 수행할 수 있도록 지시한다. **수행방법** 1. 앞굽이 내려막고 지르기 X 6회 2. 앞서기 올려막기 + 앞차고 앞서기 몸통지르기 X 6회 4) 교수자는 이동하며, 학습자의 수행을 평가하고 교정한다. **학습자 체크리스트** ○ 차기의 높이와 속도를 확인한다. ○ 손기술과 서기동작을 정확하게 수행하고 있는지 확인한다. ○ 동작의 연결성을 확인한다. 5) 학습자들이 지도사항을 기초로 같은 동작을 재수행하도록 지시한다. 6) 교수자는 이동하며, 학습자들의 수행을 평가하고 교정한다(학습자가 동작을 수행하고 있는 상황마다 피드백을 제공할 수 있다). 7) 교수자는 학습자들이 각 줄별로 앞으로 나가며 '태극 2장'의 주요 동작을 순차적으로 수행할 수 있도록 지시한다. **수행방법** 1. 앞서기 내려막기 + 앞차고 앞굽이 얼굴반대지르기 X 6회 2. 앞서기 내려막기 + 앞차고 앞서기 몸통반대지르기 + 앞차고 앞서기 몸통반대지르기 + 앞차고 앞서기 몸통반대지르기 X 3회 8) 교수자는 이동하며, 학습자의 수행을 평가하고 교정한다.	▷ 교수자의 평가를 기초로 자신의 동작을 교정한다. ▷ 자신의 수행이 끝난 후 교수자의 교수내용을 기초로 다음 줄의 수행을 평가하고 지적한다. ▷ 교수자의 평가를 기초로 자신의 동작을 교정한다. ▷ 자신의 수행이 끝난 후 교수자의 교수내용을 기초로 다음 줄의 수행을 평가하고 지적한다.		

단원명	학습내용 및 교수활동	학습활동	도구	소요시간(min)
	학습자 체크리스트 ○ 차기의 높이와 속도를 확인한다. ○ 손기술과 서기를 정확하게 수행하고 있는지 확인한다. ○ 동작의 연결성을 확인한다. 9) 학습자들이 지도사항을 기초로 같은 동작을 재수행하도록 지시한다. 10) 교수자는 이동하며, 학습자들의 수행을 평가하고 교정한다(학습자가 동작을 수행하고 있는 상황마다 피드백을 제공할 수 있다).			
4. 태극 1장의 수련	■ **동작별·방향별 훈련을 활용하여 태극 1장을 학습한다.** 1) 교수자는 학습자들을 품새 수련(2칸의 한 명씩 지그재그) 대형으로 세운다. 2) 교수자의 구령에 맞춰 '태극 1장'을 한 동작씩 수련한다. **품새수련대형** 교수자	▷ 교수자의 평가를 기초로 자신의 동작을 교정한다.		15

단원명	학습내용 및 교수활동	학습활동	도구	소요시간 (min)
	동작별 훈련 태권도 품새의 한 동작씩의 수련은 개별동작이 가진 정확한 움직임을 이해하고 학습할 수 있다. 3) 교수자는 이동하며, 학습자의 수행을 평가하고 교정한다. **학습자 체크리스트** ○ 정확한 손동작을 수행하고 있는가? ○ × ○ 숙련성 있는 손동작을 수행하고 있는가? ○ × ○ 정확한 서기자세를 수행하고 있는가? ○ × ○ 정확하고 강한 발차기를 수행하고 있는가? ○ × 4) 교수자의 구령에 맞춰 '태극 1장'을 방향별로 수련한다. **방향별 훈련** 태권도 품새의 방향별 수련은 동작별 훈련의 응용과정으로 정확한 동작의 수행과 더불어 동작 간의 연결성을 이해하고 학습할 수 있다. **1장 방향 예시** 5) 교수자는 이동하며, 학습자의 수행을 평가하고 교정한다.	▷ 교수자의 평가를 기초로 자신의 동작을 교정한다.		

단원명	학습내용 및 교수활동	학습활동	도구	소요시간(min)
	학습자 체크리스트 ○ 정확한 손동작을 수행하고 있는가? ○ ✕ ○ 숙련성 있는 손동작을 수행하고 있는가? ○ ✕ ○ 정확한 서기자세를 수행하고 있는가? ○ ✕ ○ 정확하고 강한 발차기를 수행하고 있는가? ○ ✕ ○ 동작을 자연스럽게 연결하고 있는가? ○ ✕ 6) 교수자는 학습자들이 동작별 훈련과 방향별 훈련을 통해 정확성과 연결성, 숙련성의 내용을 토대로 '태극 1장'을 수행할 수 있도록 지시한다. 7) 교수자는 이동하며, 학습자의 수행을 평가하고 교정한다. **학습자 체크리스트** ○ 정확한 손동작을 수행하고 있는가? ○ ✕ ○ 숙련성 있는 손동작을 수행하고 있는가? ○ ✕ ○ 정확한 서기자세를 수행하고 있는가? ○ ✕ ○ 정확하고 강한 발차기를 수행하고 있는가? ○ ✕ ○ 동작을 자연스럽게 연결하고 있는가? ○ ✕	▷ 교수자의 평가를 기초로 자신의 동작을 교정한다.		

단원명	학습내용 및 교수활동	학습활동	도구	소요시간 (min)
5. 태극 2장의 수련	■ **동작별·방향별 훈련을 활용하여 태극 2장을 학습한다.** 1) 교수자는 학습자들을 품새 수련(2칸의 한 명씩 지그재그) 대형으로 세운다. **품새 수련 대형** 2) 교수자의 구령에 맞춰 '태극 2장'을 한 동작씩 수행한다. **동작별 훈련** 태권도 품새의 한 동작씩의 수련은 개별동작이 가진 정확한 움직임을 이해하고 학습할 수 있다. 3) 교수자는 이동하며, 학습자의 수행을 평가하고 교정한다. **학습자 체크리스트** ㅇ 정확한 손동작을 수행하고 있는가?　　　　　○　× ㅇ 숙련성 있는 손동작을 수행하고 있는가?　　　○　× ㅇ 정확한 서기자세를 수행하고 있는가?　　　　○　× ㅇ 정확하고 강한 발차기를 수행하고 있는가?　　○　×	▷ 교수자의 평가를 기초로 자신의 동작을 교정한다.		15

단원명	학습내용 및 교수활동	학습활동	도구	소요시간 (min)
	4) 교수자의 구령에 맞춰 '태극 2장'을 방향별로 수련한다. **방향별 훈련** 태권도 품새의 방향별 수련은 동작별 훈련의 응용과정으로 정확한 동작의 수행과 더불어 동작 간의 연결성을 이해하고 학습할 수 있다. **2장 방향 예시** (방향 다이어그램: 8, 7, 6, 4, 9, 5, 3, 1, 2) 5) 교수자는 이동하며, 학습자의 수행을 평가하고 교정한다. **학습자 체크리스트** ○ 정확한 손동작을 수행하고 있는가? ○ × ○ 숙련성 있는 손동작을 수행하고 있는가? ○ × ○ 정확한 서기자세를 수행하고 있는가? ○ × ○ 정확하고 강한 발차기를 수행하고 있는가? ○ × ○ 동작을 자연스럽게 연결하고 있는가? ○ × 6) 교수자는 학습자들이 동작별 훈련과 방향별 훈련을 통해 정확성과 연결성, 숙련성의 내용을 토대로 '태극 2장'을 수행할 수 있도록 지시한다.	▷ 교수자의 평가를 기초로 자신의 동작을 교정한다. ▷ 교수자의 평가를 기초로 자신의 동작을 교정한다.		

단원명	학습내용 및 교수활동	학습활동	도구	소요시간 (min)
	7) 교수자는 이동하며, 학습자의 수행을 평가하고 교정한다. **학습자 체크리스트** ○ 정확한 손동작을 수행하고 있는가?　　　　○　× ○ 숙련성 있는 손동작을 수행하고 있는가?　　○　× ○ 정확한 서기자세를 수행하고 있는가?　　　○　× ○ 정확하고 강한 발차기를 수행하고 있는가?　○　×			
6. 기본동작훈련을 활용한 태극 1장, 태극 2장의 학습	▣ **태극 1장, 태극 2장을 기본동작훈련을 활용하여 숙달한다.** 1) 교수자는 학습자들을 품새 수련(2칸의 한 명씩 지그재그) 대형으로 세운다. **품새 수련 대형** 2) 교수자는 2주차 때 학습한 응용차기를 바탕으로 '태극 1장'과 '태극 2장'을 한 동작씩 수행할 수 있도록 지도한다.	▷ 교수자의 강의내용을 경청하고 숙지하도록 한다. ▷ 학습자는 의문사항에 대해 손을 들고 질문할 수 있도록 한다.		15

단원명	학습내용 및 교수활동	학습활동	도구	소요시간 (min)
	수행방법 ○ 태극 1~2장의 동작 중 앞차기를 응용차기를 활용하여 수행한다. ○ 앞차기는 하단–상단, 하단–중단–상단 등의 형태로 응용한다. 　예) 앞서기 올려막기 + (하단–상단) 앞차고 몸통지르기 3) 교수자는 '태극 1장'을 '하단–상단의 응용차기'를 활용하여 한 동작씩 수행할 수 있도록 지도한다. 4) 학습자들은 교수자의 구령에 맞춰 동작을 수행한다. 5) 교수자는 이동하며, 응용차기를 중심으로 학습자의 수행을 평가하고 교정한다. **학습자 체크리스트** ○ 발차기의 공격 부위가 정확한가?　　○　× ○ 하단–상단으로 이어지는 발차기가 자연스러운가?　○　× 6) 교수자는 '태극 2장'을 '하단–중단–상단의 응용차기'를 활용하여 한 동작씩 수행할 수 있도록 지도한다. 7) 학습자들은 교수자의 구령에 맞춰 동작을 수행한다. 8) 교수자는 이동하며, 응용차기를 중심으로 학습자의 수행을 평가하고 교정한다. **학습자 체크리스트** ○ 발차기의 공격 부위가 정확한가?　　○　× ○ 하단–중단–상단으로 이어지는 발차기가 자연스러운가?　○　×	▷ 교수자의 평가를 기초로 자신의 동작을 교정한다. ▷ 교수자의 평가를 기초로 자신의 동작을 교정한다.		

단원명	학습내용 및 교수활동	학습활동	도구	소요시간 (min)
7. 태극 1장, 태극 2장을 활용한 호신술	■ 태극 1장, 태극 2장 동작을 응용한 호신술을 이해하고 학습한다. 1) 교수자는 학습자들을 2인 1조로 구성하여 정면을 보고 지그재그로 세운다. **학습대형** (교수자 앞에 지그재그로 선 학습자 배치도) 2) 교수자는 태권도 품새동작 응용의 중요성에 대하여 설명한다. **품새동작 응용의 중요성** 태권도 품새는 가상의 상대를 대상으로 공격과 방어의 기술을 스스로 습득하기 위해 정형화시킨 동작들의 집합체. 그러나 현재 태권도 품새가 경기화되는 과정에서 실전적 움직임의 중요성은 퇴색되고 있다. 이러한 점에서 품새 동작들의 재해석을 통한 응용은 태권도가 가진 실전적 움직임을 이해하는 데 중요한 역할을 수행할 것이다. 3) 교수자는 학습자들에게 '태극 1장'의 응용동작을 설명하고, 시범을 보일 수 있도록 한다.	▷ 교수자의 강의내용을 경청하고 숙지하도록 한다. ▷ 학습자는 의문사항에 대해 손을 들고 질문할 수 있도록 한다. ▷ 교수자의 강의내용을 경청하고 숙지하도록 한다. ▷ 학습자는 의문사항에 대해 손을 들고 질문할 수 있도록 한다.		25

단원명	학습내용 및 교수활동	학습활동	도구	소요시간 (min)
	태극 1장의 응용 ○ 내려막고 지르기 - 상대의 차기를 내려막고 지른다. ○ 올려막고 차고 지르기 - 상대의 지르기를 올려막기 한 후, 앞차고 내디뎌 지른다. 4) 2인 1조로 구성된 학습자들을 수행방법에 따라 '안막고 지르기'를 수행할 수 있도록 지도한다(각 10회, 5회 실시 등). **수행방법** 1. 학습자들은 자연스러운 겨룸새로 서로 마주 보게 선다. 2. 교수자의 구령에 따라 공격자는 돌려차기를 찬다. 3. 방어자는 공격자의 공격과 동시에 내려막고 내딛으며 지른다. 4. 수행 완료 후 공격자와 방어자의 역할을 교대하여 수행한다. **내려막고 지르기** 5) 교수자는 이동하며 학습자들의 수행을 평가하고 교정한다(안전사고의 대비와 제대로 된 수행에 중점).	▷ 안전사고에 대비하여 학습자들은 상대를 실제 타격하지 않지만, 최대한 가깝게 동작을 수행할 수 있도록 한다.		

단원명	학습내용 및 교수활동	학습활동	도구	소요시간 (min)
	6) 제시된 수행방법을 토대로 학습자들이 교수자의 구령에 따라 '올려막고 차고 지르기'를 수행할 수 있도록 지도한다(각 10회, 5회 실시 등). **수행방법** 1. 학습자들은 자연스러운 겨룸새로 서로 마주 보게 선다. 2. 교수자의 구령에 따라 공격자는 얼굴을 지른다. 3. 방어자는 공격자의 공격을 올려막기로 막고 난 후, 앞차고 내디뎌 지른다. 4. 수행 완료 후 공격자와 방어자의 역할을 교대하여 수행한다. **올려막고 차고 지르기** 7) 교수자는 이동하며, 학습자들의 수행을 평가하고 교정한다(안전사고의 대비와 제대로 된 수행에 중점).	▷ 안전사고에 대비하여 학습자들은 상대를 실제 타격하지 않지만, 최대한 가깝게 동작을 수행할 수 있도록 한다.		

단원명	학습내용 및 교수활동	학습활동	도구	소요시간(min)
	8) 교수자는 학습자들에게 '태극 2장'의 응용동작을 설명하고, 시범을 보일 수 있도록 한다. **태극 2장의 응용** ○ 내려막고 얼굴지르기 - 상대의 차기를 내려막고 얼굴을 지른다. ○ 내려막고 차고 얼굴지르기 - 상대의 차기를 내려막고 난 뒤 뒷발로 상대를 차고 내디디며 얼굴을 지른다. 9) 2인 1조로 구성된 학습자들을 수행방법에 따라 '내려막고 얼굴지르기'를 수행할 수 있도록 지도한다(각 10회, 5회 실시 등). **수행방법** 1. 학습자들은 자연스러운 겨룸새로 서로 마주 보게 선다. 2. 교수자의 구령에 따라 공격자는 돌려차기를 한다. 3. 방어자는 공격자의 공격을 내려막기로 막은 다음 얼굴을 지른다. 4. 수행 완료 후 공격자와 방어자의 역할을 교대하여 수행한다. **내려막고 차고 얼굴지르기**	▷ 교수자의 강의내용을 경청하고 숙지하도록 한다. ▷ 학습자는 의문사항에 대해 손을 들고 질문할 수 있도록 한다. ▷ 안전사고에 대비하여 학습자들은 상대를 실제 타격하지 않지만, 최대한 가깝게 동작을 수행할 수 있도록 한다.		

단원명	학습내용 및 교수활동	학습활동	도구	소요시간(min)
	10) 교수자는 이동하며 학습자들의 수행을 평가하고 교정한다(안전사고의 대비와 제대로 된 수행에 중점). 11) 2인 1조로 구성된 학습자들을 수행방법에 따라 '내려막고 차고 얼굴지르기'를 수행할 수 있도록 지도한다(각 10회, 5회 실시 등). **수행방법** 1. 학습자들은 자연스러운 겨룸새로 서로 마주 보게 선다. 2. 교수자의 구령에 따라 공격자는 돌려차기를 한다. 3. 방어자는 공격자의 공격과 동시에 내려막기로 발차기를 막고 난 뒤, 뒷발로 차고 내디디며 얼굴을 지른다. 4. 수행 완료 후 공격자와 방어자의 역할을 교대하여 수행한다. **내려막고 차고 얼굴지르기** 12) 교수자는 이동하며 학습자들의 수행을 평가하고 교정한다(안전사고의 대비와 제대로 된 수행에 중점).	▷ 안전사고에 대비하여 학습자들은 상대를 실제 타격하지 않지만, 최대한 가깝게 동작을 수행할 수 있도록 한다.		

단원명	학습내용 및 교수활동	학습활동	도구	소요시간 (min)
7. 정리운동	■ **정리운동을 통해 운동 후 회복의 중요성을 학습한다.** 1) 교수자는 학습자들을 정면을 보고 4열종대로 제자리에서 수행할 수 있도록 지도한다. 2) 교수자는 정리운동 시 학습자와 반대 방향으로 시범을 보이며 지도한다. 3) 정리운동 시 교수자 8초/학습자 8초의 구령에 맞춰 실시한다. **정리운동 순서** - 손목/발목 돌리기 - 무릎 돌리기 - 허리 돌리기 - 목 돌리기 - 어깨 돌려주기 - 좌우 다리 스트레칭 - 골반 눌러주기(좌/우/중앙) - 앉아서 두 다리 펴고 앞으로 숙여주기 - 두 발바닥 붙여 앞으로 숙여주기 - 다리 옆으로 벌려서 숙여주기(좌/우/중앙) - 다리 옆으로 벌린 상태에서 틀어주기(좌/우)	▷ 학습자는 4열종대로 정렬한 후 교수자의 지시에 따라 동작을 수행한다. ▷ 구령은 교수자의 선창 시 학습자는 후창 구령을 넣는다.		5

태권도 지도자를 위한 품새 이론 및 실제

유급자 품새

7 주차

강의 주제	태극 3장, 태극 4장	대상	태권도 전공생	차시 구성	7
				소요시간	120분
교육과정 개요(목적)	태권도 품새의 기본동작을 이해하고 수행하며, 학습된 내용을 바탕으로 정확한 동작과 높은 표현성의 품새를 수행할 수 있도록 한다. 또한 태권도 품새의 기본동작과 응용동작을 활용하여 태권도 품새의 실전적 움직임을 수련하고 창작품새 개발능력을 향상시키는 데 목적이 있다.				
7주차 교육목표	• 태극 3장과 4장의 주요 동작의 이해를 기초로 해당 품새의 수행방법을 익힐 수 있다. • 태극 3장과 4장의 응용동작을 이해하고 익힐 수 있다.				

단원명	시간(m)	주요 학습내용
준비운동	10	준비운동을 통해 체온상승과 관절의 가동범위를 넓히고 근육을 이완시키는 방법을 학습한다.
보강운동	15	태권도 기본동작의 요소를 기초로 태권도 동작을 복습한다.
태극 3장, 태극 4장의 주요 동작 학습	20	태극 3장, 태극 4장의 주요 동작을 학습한다.
태극 3장의 수련	15	동작별·방향별 훈련을 활용하여 태극 3장을 학습한다.
태극 4장의 수련	15	동작별·방향별 훈련을 활용하여 태극 4장을 학습한다.
기본동작훈련을 활용한 태극 3장, 태극 4장의 학습	15	태극 3장, 태극 4장을 기본동작훈련을 활용하여 숙달한다.
태극 3장, 태극 4장을 활용한 호신술	25	태극 3장, 태극 4장 동작을 응용한 호신술을 이해하고 학습한다.
정리운동	5	정리운동을 통해 운동 후 회복의 중요성을 학습한다.

단원명	학습내용 및 교수활동	학습활동	도구	소요시간 (min)
1. 준비운동	■ 준비운동을 통해 체온상승과 관절의 가동범위를 넓히고 근육을 이완시키는 방법을 학습한다. 1) 교수자는 학습자들을 정면을 보고 4열종대로 제자리에서 수행할 수 있도록 지도한다. 2) 교수자는 준비운동 시 학습자와 반대 방향으로 시범을 보이며 지도한다. 3) 준비운동은 기본적으로 교수자 8초/학습자 8초의 구령으로 실시하되, 눌러주기 및 숙여주기 동작에서는 25~30초로 3~5회 실시한다. **준비운동 순서** - 손목/발목 돌리기 - 무릎 돌리기 - 허리 돌리기 - 목 돌리기 - 어깨 돌려주기 - 좌우 다리 스트레칭 - 골반 눌러주기(좌/우/중앙) - 앉아서 두 다리 펴고 앞으로 숙여주기 - 두 발바닥 붙여 앞으로 숙여주기 - 다리 옆으로 벌려서 숙여주기(좌/우/중앙) - 다리 옆으로 벌린 상태에서 틀어주기(좌/우)	▷ 학습자는 4열종대로 정렬한 후 교수자의 지시에 따라 동작을 수행한다. ▷ 구령은 교수자의 선창 시 학습자는 후창 구령을 넣는다.		10

단원명	학습내용 및 교수활동	학습활동	도구	소요시간 (min)
2. 보강운동	■ **태권도 기본동작의 요소를 기초로 태권도 동작을 복습한다.** 1) 교수자는 학습자들을 정면을 보고 지그재그로 2인 1조로 구성하여 세우고, 제자리에서 동작을 수행할 수 있도록 지도한다. **학습대형** 교수자 (도식: 3x3 격자 형태로 배치된 학습자 대형) 2) 교수자는 3주차 때 학습한 '기본동작의 요소'에 대해 간략하게 설명한 후 '기본동작의 요소'을 기초로 학습할 동작을 수행하도록 지도한다. **기본동작의 요소** ○ 짜기: 예비동작 ○ 허리틀기: 허리의 움직임을 이용하기 위한 예비동작 ○ 틀어막기: 막는 순간 또는 지르는 순간 손을 틀며 힘 발출 ○ 팔굽치기: 동작 수행 시 반대쪽 손의 팔굽을 강하게 당기는 것 ○ 힘의 약강: 힘을 약하게 시작하여 강하게 수행 ○ 속도의 완급: 부드럽게 시작하여 빠르게 수행	▷ 교수자의 강의내용을 경청하고 숙지하도록 한다. ▷ 학습자는 의문사항에 대해 손을 들고 질문할 수 있도록 한다.		15

단원명	학습내용 및 교수활동	학습활동	도구	소요시간 (min)
	손기술 연습동작 내려막기/손날내려막기/안막기/바탕손안막기/올려막기/한손날막기/손날안치기/거들어 안막기/한손날 안치기/제비품 손날 안치기/바탕손 턱 올려치기/몸통지르기/얼굴지르기/몸통 두 번 지르기 **수행방법** 구령 1 – 동작: 예비동작 – 기본동작의 요소: 짜기, 허리틀기, 힘의 약, 속도의 완 구령 2 – 동작: 본동작 – 기본동작의 요소: 틀어막기, 팔굽치기, 힘의 강, 속도의 급 구령 3 – 동작: 예비동작에서 본동작까지 한 번에 동작 수행 – 기본동작의 요소: 짜기, 허리틀기, 틀어막기, 팔굽치기, 힘의 약강, 속도의 완급 3) 학습자들이 서로 마주 본 상태에서 '기본동작의 요소'를 기초로 구령에 맞춰 '수기자세 연습동작'을 순차적으로(내려막기→손날내려막기→ 중락 →몸통지르기→얼굴지르기→몸통 두 번 지르기) 수행할 수 있도록 지도한다(각 10회, 5회 실시 등/학습자는 나란히 서기에서 동작을 수행). 4) 교수자는 이동하며, 학습자의 수행을 평가하고 교정한다. **학습자 체크리스트** ○ 예비동작과 본동작의 위치가 정확한가? ○ × ○ 힘의 약강과 속도의 완급을 수행하는가? ○ × ○ 동작의 이동 모습이 정확한가? ○ ×	▷ 학습자는 교수자의 구령에 맞춰 각 동작을 정확히 수행하기 위해 노력한다. ▷ 마주 보고 있는 상대가 잘못된 동작을 수행했을 시 교수자의 역할로서 교정할 수 있도록 피드백을 제공한다.		

단원명	학습내용 및 교수활동	학습활동	도구	소요시간 (min)
3. 태극 3장, 태극 4장의 주요 동작 학습	■ **태극 3장, 태극 4장의 주요 동작을 학습한다.** 1) 교수자는 학습자들을 이동하면서 동작을 수행할 수 있도록 한쪽 벽면에 5열종대로 세운다. **학습대형** 2) 교수자는 태극 3~4장에서 나오는 주요 동작을 설명하고, 시범을 보일 수 있도록 한다. **태극 3~4장의 주요 동작** ○ 태극 3장 - 앞서기 내려막기 + 앞차고 앞굽이 두 번 지르기 - 뒷굽이 한손날막기 + 앞발 내딛으며 앞굽이 몸통바로지르기 - 앞서기 내려막고 지르기 + 앞서기 내려막고 지르기 + 앞차고 앞서기 내려막고 지르기 + 앞차고 앞서기 내려막고 지르기 ○ 태극 4장 - 앞굽이 제비품목치기 + 앞차고 앞굽이 몸통 지르기 + (왼)옆차기 + (오른)옆차기 + 뒷굽이 양손날막기 - 뒷굽이 몸통바깥막기 + 앞차고 제자리로 돌아오며 몸통 안막기 - 앞굽이 안막고 두 번 지르기	▷ 교수자의 강의내용을 경청하고 숙지하도록 한다. ▷ 학습자는 의문사항에 대해 손을 들고 질문할 수 있도록 한다.		20

단원명	학습내용 및 교수활동	학습활동	도구	소요시간 (min)
	3) 교수자는 학습자들이 각 줄별로 앞으로 나가며 '태극 3장'의 주요 동작을 순차적으로 수행할 수 있도록 지시한다. **수행방법** 1. 앞서기 내려막기 + 앞차고 앞굽이 두 번 지르기 X 6회 2. 뒷굽이 한손날막기 + 앞발 내디디며 앞굽이 몸통바로지르기 X 6회 3. 앞서기 내려막고 지르기 + 앞서기 내려막고 지르기 + 앞차고 앞서기 내려막고 지르기 + 앞차고 앞서기 내려막고 지르기 X 3회 4) 교수자는 이동하며, 학습자의 수행을 평가하고 교정한다. **학습자 체크리스트** ○ 차기의 높이와 속도를 확인한다. ○ 손기술과 서기동작을 정확하게 수행하고 있는지 확인한다. ○ 동작의 연결성을 확인한다. 5) 학습자들이 지도사항을 기초로 같은 동작을 재수행하도록 지시한다. 6) 교수자는 이동하며, 학습자들의 수행을 평가하고 교정한다(학습자가 동작을 수행하고 있는 상황마다 피드백을 제공할 수 있다). 7) 교수자는 학습자들이 각 줄별로 앞으로 나가며 '태극 4장'의 주요 동작을 순차적으로 수행할 수 있도록 지시한다. 8) 교수자는 이동하며, 학습자의 수행을 평가하고 교정한다.	▷ 교수자의 평가를 기초로 자신의 동작을 교정한다. ▷ 자신의 수행이 끝난 후 교수자의 교수내용을 기초로 다음 줄의 수행을 평가하고 지적한다. ▷ 교수자의 평가를 기초로 자신의 동작을 교정한다. ▷ 자신의 수행이 끝난 후 교수자의 교수내용을 기초로 다음 줄의 수행을 평가하고 지적한다.		

단원명	학습내용 및 교수활동	학습활동	도구	소요시간(min)
	수행방법 1. 앞굽이 제비품목치기 + 앞차고 앞굽이 몸통지르기 + (왼)옆차기 + (오른)옆차기 + 뒷굽이 양손날막기 X 2회 2. 뒷굽이 몸통바깥막기 + 앞차고 제자리로 돌아오며 몸통 안막기 X 6회 3. 앞굽이 몸통막고 두 번 지르기 X 6회 8) 교수자는 이동하며, 학습자의 수행을 평가하고 교정한다. **학습자 체크리스트** ○ 차기의 높이와 속도를 확인한다. ○ 손기술과 서기동작을 정확하게 수행하고 있는지 확인한다. ○ 동작의 연결성을 확인한다. 9) 학습자들이 지도사항을 기초로 같은 동작을 재수행하도록 지시한다. 10) 교수자는 이동하며, 학습자들의 수행을 평가하고 교정한다(학습자가 동작을 수행하고 있는 상황마다 피드백을 제공할 수 있다).			
4. 태극 3장의 수련	■ **동작별·방향별 훈련을 활용하여 태극 3장을 학습한다.** 1) 교수자는 학습자들을 품새 수련(2칸의 한 명씩 지그재그) 대형으로 세운다. **품새 수련 대형**			15

단원명	학습내용 및 교수활동	학습활동	도구	소요시간 (min)
| | 2) 교수자의 구령에 맞춰 '태극 3장'을 한 동작씩 수련한다.<br><br>**동작별 훈련**<br>태권도 품새의 한 동작씩의 수련은 개별동작이 가진 정확한 움직임을 이해하고 학습할 수 있다.<br><br>3) 교수자는 이동하며, 학습자의 수행을 평가하고 교정한다.<br><br>**학습자 체크리스트**<br>○ 정확한 손동작을 수행하고 있는가? ○ ✕<br>○ 숙련성 있는 손동작을 수행하고 있는가? ○ ✕<br>○ 정확한 서기자세를 수행하고 있는가? ○ ✕<br>○ 정확하고 강한 발차기를 수행하고 있는가? ○ ✕<br><br>4) 교수자의 구령에 맞춰 '태극 3장'을 방향별로 수련한다.<br><br>**방향별 훈련**<br>태권도 품새의 방향별 수련은 동작별 훈련의 응용과정으로 정확한 동작의 수행과 더불어 동작 간의 연결성을 이해하고 학습할 수 있다.<br><br>**3장 방향 예시**<br><br>```
     ┌─8─┐ ┌─7─┐
         │ 6 │
     ┌─4─┤ 9 ├─5─┐
         │ 3 │
     ┌─1─┘ └─2─┘
``` | ▷ 교수자의 평가를 기초로 자신의 동작을 교정한다.<br><br><br><br><br><br><br><br><br><br><br>▷ 교수자의 평가를 기초로 자신의 동작을 교정한다. | | |
```

단원명	학습내용 및 교수활동	학습활동	도구	소요시간 (min)
	5) 교수자는 이동하며, 학습자의 수행을 평가하고 교정한다. **학습자 체크리스트** ○ 정확한 손동작을 수행하고 있는가? ○ × ○ 숙련성 있는 손동작을 수행하고 있는가? ○ × ○ 정확한 서기자세를 수행하고 있는가? ○ × ○ 정확하고 강한 발차기를 수행하고 있는가? ○ × ○ 동작을 자연스럽게 연결하고 있는가? ○ × 6) 교수자는 학습자들이 동작별 훈련과 방향별 훈련을 통해 정확성과 연결성·숙련성의 내용을 토대로 '태극 3장'을 수행할 수 있도록 지시한다. 7) 교수자는 이동하며, 학습자의 수행을 평가하고 교정한다. **학습자 체크리스트** ○ 정확한 손동작을 수행하고 있는가? ○ × ○ 숙련성 있는 손동작을 수행하고 있는가? ○ × ○ 정확한 서기자세를 수행하고 있는가? ○ × ○ 정확하고 강한 발차기를 수행하고 있는가? ○ × ○ 동작을 자연스럽게 연결하고 있는가? ○ ×	▷ 교수자의 평가를 기초로 자신의 동작을 교정한다.		

단원명	학습내용 및 교수활동	학습활동	도구	소요시간 (min)
5. 태극 4장의 수련	■ 동작별·방향별 훈련을 활용하여 태극 4장을 학습한다. 1) 교수자는 학습자들을 품새 수련(2칸의 한 명씩 지그재그) 대형으로 세운다. **품새 수련 대형** 2) 교수자의 구령에 맞춰 학습자들이 '태극 4장'을 한 동작씩 수행할 수 있도록 지시한다. **동작별 훈련** 태권도 품새의 한 동작씩의 수련은 개별동작이 가진 정확한 움직임을 이해하고 학습할 수 있다. 3) 교수자는 이동하며, 학습자의 수행을 평가하고 교정한다. **학습자 체크리스트** ○ 이동 시 중심의 이동은 올바른가? ○ × ○ 정확한 서기자세를 수행하고 있는가? ○ × ○ 정확하고 강한 발차기를 수행하고 있는가? ○ ×	▷ 교수자의 평가를 기초로 자신의 동작을 교정한다.		15

단원명	학습내용 및 교수활동	학습활동	도구	소요시간 (min)
	4) 교수자의 구령에 맞춰 '태극 4장'을 방향별로 수련한다. **방향별 훈련** 태권도 품새의 방향별 수련은 동작별 훈련의 응용과정으로 정확한 동작의 수행과 더불어 동작 간의 연결성을 이해하고 학습할 수 있다. **4장 방향 예시** 5) 교수자는 이동하며, 학습자의 수행을 평가하고 교정한다. 6) 교수자는 학습자들이 동작별 훈련과 방향별 훈련을 통해 정확성과 연결성, 숙련성의 내용을 토대로 '태극 4장'을 수행할 수 있도록 지시한다. **학습자 체크리스트** ○ 정확한 손동작을 수행하고 있는가? ○ × ○ 숙련성 있는 손동작을 수행하고 있는가? ○ × ○ 정확한 서기자세를 수행하고 있는가? ○ × ○ 정확하고 강한 발차기를 수행하고 있는가? ○ × ○ 동작을 자연스럽게 연결하고 있는가? ○ ×	▷ 교수자의 평가를 기초로 자신의 동작을 교정한다. ▷ 교수자의 평가를 기초로 자신의 동작을 교정한다.		

단원명	학습내용 및 교수활동	학습활동	도구	소요시간(min)
	7) 교수자는 이동하며, 학습자의 수행을 평가하고 교정한다. **학습자 체크리스트** ○ 정확한 손동작을 수행하고 있는가?　　　　○　× ○ 숙련성 있는 손동작을 수행하고 있는가?　　○　× ○ 정확한 서기자세를 수행하고 있는가?　　　○　× ○ 정확하고 강한 발차기를 수행하고 있는가?　○　× ○ 동작을 자연스럽게 연결하고 있는가?　　　○　×			
6. 기본동작 훈련을 활용한 태극 3장, 태극 4장의 학습	■ **태극 3장, 태극 4장을 기본동작훈련을 활용하여 숙달한다.** 1) 교수자는 학습자들을 품새 수련(2칸의 한 명씩 지그재그) 대형으로 세운다. **품새 수련 대형** 2) 교수자는 2주차 때 학습한 응용차기를 바탕으로 '태극 3장'과 '태극 4장'을 한 동작씩 수행할 수 있도록 지도한다.	▷ 교수자의 강의내용을 경청하고 숙지하도록 한다. ▷ 학습자는 의문사항에 대해 손을 들고 질문할 수 있도록 한다.		15

단원명	학습내용 및 교수활동	학습활동	도구	소요시간 (min)
	수행방법 ○ 태극 3~4장의 동작 중 차기를 응용차기의 형태로 활용하여 수행한다. 예) 앞차기(상단-중단-하단)/옆차기(하단-중단-상단) 3) 교수자는 '태극 3장'을 '상단-중단-하단의 응용차기'를 활용하여 한 동작씩 수행할 수 있도록 지도한다. 4) 학습자들은 교수자의 구령에 맞춰 동작을 수행한다. 5) 교수자는 이동하며, 응용차기를 중심으로 학습자의 수행을 평가하고 교정한다. **학습자 체크리스트** ○ 발차기의 공격 부위가 정확한가? ○ × ○ 상단-중단-하단으로 이어지는 발차기가 자연스러운가? ○ × 6) 교수자는 '태극 4장'을 '하단-중단-상단의 응용차기'를 활용하여 한 동작씩 수행할 수 있도록 지도한다. 7) 학습자들은 교수자의 구령에 맞춰 동작을 수행한다. 8) 교수자는 이동하며, 응용차기를 중심으로 학습자의 수행을 평가하고 교정한다. **학습자 체크리스트** ○ 발차기의 공격 부위가 정확한가? ○ × ○ 하단-중단-상단으로 이어지는 발차기가 자연스러운가? ○ ×	▷ 교수자의 평가를 기초로 자신의 동작을 교정한다. ▷ 교수자의 평가를 기초로 자신의 동작을 교정한다.		

단원명	학습내용 및 교수활동	학습활동	도구	소요시간 (min)
7. 태극 3장, 태극 4장을 활용한 호신술	■ 태극 3장, 태극 4장 동작을 응용한 호신술을 이해하고 학습한다. 1) 교수자는 학습자들을 2인 1조로 구성하여 정면을 보고 지그재그로 세운다. **학습대형** (교수자 대형도) 2) 교수자는 학습자들에게 '태극 3장'의 응용동작을 설명하고, 시범을 보일 수 있도록 한다. **태극 3장의 응용** ○ 내려막고 앞차고 두 번 지르기 - 상대방의 차기를 막고 난 뒤, 상대 무릎을 앞차고 내디뎌 두 번 지른다. ○ 한손날막고 몸통지르기 - 상대의 지르기를 한손날로 걷어 막는다. 이어서 막은 손으로 상대의 손목을 잡아당기며 앞발 내디뎌 지른다. 3) 2인 1조로 구성된 학습자들을 수행방법에 따라 '내려막고 앞차고 두 번 지르기'을 수행할 수 있도록 지도한다(각 10회, 5회 실시 등).	▷ 교수자의 강의내용을 경청하고 숙지하도록 한다. ▷ 학습자는 의문사항에 대해 손을 들고 질문할 수 있도록 한다. ▷ 안전사고에 대비하여 학습자들은 상대를 실제 타격하지 않지만, 최대한 가깝게 동작을 수행할 수 있도록 한다.		25

단원명	학습내용 및 교수활동	학습활동	도구	소요시간 (min)
	수행방법 1. 학습자들은 자연스러운 겨룸새로 서로 마주 보게 선다. 2. 교수자의 구령에 따라 공격자는 앞차기를 찬다. 3. 방어자는 공격자의 공격과 동시에 내려막고 난 뒤, 상대 무릎을 앞차고 내디뎌 두 번 지른다. 4. 수행 완료 후 공격자와 방어자의 역할을 교대하여 수행한다. **내려막고 앞차고 두 번 지르기** 4) 교수자는 이동하며 학습자들의 수행을 평가하고 교정한다(안전사고의 대비와 제대로 된 수행에 중점). 5) 제시된 수행방법을 토대로 학습자들이 교수자의 구령에 따라 '한손날막고 몸통지르기'를 수행할 수 있도록 지도한다(각 10회, 5회 실시 등).	▷ 안전사고에 대비하여 학습자들은 상대를 실제 타격하지 않지만, 최대한 가깝게 동작을 수행할 수 있도록 한다.		

단원명	학습내용 및 교수활동	학습활동	도구	소요시간(min)
	수행방법 1. 학습자들은 자연스러운 겨룸새로 서로 마주 보게 선다. 2. 교수자의 구령에 따라 공격자는 얼굴을 지른다. 3. 방어자는 공격자의 공격과 동시에 한손날로 걷어 막는다. 이어서 막은 손으로 상대의 손목을 잡아당기며 앞발 내디뎌 지른다. 4. 수행 완료 후 공격자와 방어자의 역할을 교대하여 수행한다. **한손날막고 몸통지르기** 6) 교수자는 이동하며 학습자들의 수행을 평가하고 교정한다(안전사고의 대비와 제대로 된 수행에 중점). 7) 교수자는 학습자들에게 '태극 4장'의 응용동작을 설명하고, 시범을 보일 수 있도록 한다. **태극 4장의 응용** ○ 제비품목치고 앞차고 지르기 – 상대의 지르기를 제비품목치기로 막음과 동시에 상대의 목을 공격한다. 이후 상대의 뒷목을 잡아당기며 무릎으로 얼굴을 차고 내디뎌 지른다.	▷ 안전사고에 대비하여 학습자들은 상대를 실제 타격하지 않지만, 최대한 가깝게 동작을 수행할 수 있도록 한다. ▷ 교수자의 강의내용을 경청하고 숙지하도록 한다. ▷ 학습자는 의문사항에 대해 손을 들고 질문할 수 있도록 한다.		

단원명	학습내용 및 교수활동	학습활동	도구	소요시간 (min)
	8) 제시된 수행방법을 토대로 학습자들이 교수자의 구령에 따라 '제비품목치고 앞차고 지르기'를 수행할 수 있도록 지도한다(각 10회, 5회 실시 등). **수행방법** 1. 학습자들은 자연스러운 겨룸새로 서로 마주 보게 선다. 2. 교수자의 구령에 따라 공격자는 상대를 지른다. 3. 방어자는 공격자의 지르기를 제비품목치기로 막음과 동시에 상대의 목을 공격한다. 이후 상대의 뒷목을 잡아당기며 무릎으로 얼굴을 차고 내디뎌 지른다. 4. 수행 완료 후 공격자와 방어자의 역할을 교대하여 수행한다. **제비품목치고 앞차고 지르기** 9) 교수자는 이동하며 학습자들의 수행을 평가하고 교정한다(안전사고의 대비와 제대로 된 수행에 중점).	▷ 안전사고에 대비하여 학습자들은 상대를 실제 타격하지 않지만, 최대한 가깝게 동작을 수행할 수 있도록 한다.		

단원명	학습내용 및 교수활동	학습활동	도구	소요시간 (min)
8. 정리운동	▣ **정리운동을 통해 운동 후 회복의 중요성을 학습한다.** 1) 교수자는 학습자들을 정면을 보고 4열종대로 제자리에서 수행할 수 있도록 지도한다. 2) 교수자는 정리운동 시 학습자와 반대 방향으로 시범을 보이며 지도한다. 3) 정리운동 시 교수자 8초/학습자 8초의 구령에 맞춰 실시한다. **정리운동 순서** − 손목/발목 돌리기 − 무릎 돌리기 − 허리 돌리기 − 목 돌리기 − 어깨 돌려주기 − 좌우 다리 스트레칭 − 골반 눌러주기(좌/우/중앙) − 앉아서 두 다리 펴고 앞으로 숙여주기 − 두 발바닥 붙여 앞으로 숙여주기 − 다리 옆으로 벌려서 숙여주기(좌/우/중앙) − 다리 옆으로 벌린 상태에서 틀어주기(좌/우)	▷ 학습자는 4열종대로 정렬한 후 교수자의 지시에 따라 동작을 수행한다. ▷ 구령은 교수자의 선창 시 학습자는 후창 구령을 넣는다.		5

태권도 지도자를 위한 품새 이론 및 실제

유급자 품새

8 주차

강의 주제	태극 5장, 태극 6장	대상	태권도 전공생	차시 구성	8
				소요시간	120분
교육과정 개요(목적)	태권도 품새의 기본동작을 이해하고 수행하며, 학습된 내용을 바탕으로 정확한 동작과 높은 표현성의 품새를 수행할 수 있도록 한다. 또한 태권도 품새의 기본동작과 응용동작을 활용하여 태권도 품새의 실전적 움직임을 수련하고 창작품새 개발능력을 향상시키는 데 목적이 있다.				
8주차 교육목표	• 태극 5장과 6장의 주요 동작의 이해를 기초로 해당 품새의 수행방법을 익힐 수 있다. • 태극 5장과 6장의 응용동작을 이해하고 익힐 수 있다.				

단원명	시간(m)	주요 학습내용
준비운동	10	준비운동을 통해 체온상승과 관절의 가동범위를 넓히고 근육을 이완시키는 방법을 학습한다.
보강운동	15	태권도 서기동작을 복습한다.
태극 5장, 태극 6장의 주요 동작 학습	20	태극 5장, 태극 6장의 주요 동작을 학습한다.
태극 5장의 수련	15	동작별·방향별 훈련을 활용하여 태극 5장을 학습한다.
태극 6장의 수련	15	동작별·방향별 훈련을 활용하여 태극 6장을 학습한다.
기본동작훈련을 활용한 태극 5장, 태극 6장의 학습	15	태극 5장, 태극 6장을 기본동작훈련을 활용하여 숙달한다.
태극 5장, 태극 6장을 활용한 호신술	25	태극 5장, 태극 6장 동작을 응용한 호신술을 이해하고 학습한다.
정리운동	5	정리운동을 통해 운동 후 회복의 중요성을 학습한다.

단원명	학습내용 및 교수활동	학습활동	도구	소요시간(min)
1. 준비운동	■ 준비운동을 통해 체온상승과 관절의 가동범위를 넓히고 근육을 이완시키는 방법을 학습한다. 1) 교수자는 학습자들을 정면을 보고 4열종대로 제자리에서 수행할 수 있도록 지도한다. 2) 교수자는 준비운동 시 학습자와 반대 방향으로 시범을 보이며 지도한다. 3) 준비운동은 기본적으로 교수자 8초/학습자 8초의 구령으로 실시하되, 눌러주기 및 숙여주기 동작에서는 25~30초로 3~5회 실시한다. **준비운동 순서** - 손목/발목 돌리기 - 무릎 돌리기 - 허리 돌리기 - 목 돌리기 - 어깨 돌려주기 - 좌우 다리 스트레칭 - 골반 눌러주기(좌/우/중앙) - 앉아서 두 다리 펴고 앞으로 숙여주기 - 두 발바닥 붙여 앞으로 숙여주기 - 다리 옆으로 벌려서 숙여주기(좌/우/중앙) - 다리 옆으로 벌린 상태에서 틀어주기(좌/우)	▷ 학습자는 4열종대로 정렬한 후 교수자의 지시에 따라 동작을 수행한다. ▷ 구령은 교수자의 선창 시 학습자는 후창 구령을 넣는다.		10

단원명	학습내용 및 교수활동	학습활동	도구	소요시간 (min)
2. 보강운동	■ **태권도 서기자세를 복습한다.** 1) 교수자는 학습자들을 품새 수련(2칸의 한 명씩 지그재그) 대형으로 세운다. **품새 수련 대형** 2) 교수자는 '태권도 서기동작'의 숙달을 위한 보강훈련의 하나로서 8자로 이동하며 '서기자세 연습동작'을 수행하도록 지도한다. **서기자세 연습동작** 앞굽이, 주춤서기, 뒷굽이, 범서기 **기본동작의 요소** ○ 이동대형과 같이 8자로 이동하며 동작을 수행한다. 　예) 1~8까지의 방향으로 순차적으로 진행 ○ 각 서기자세를 방향별로 2회씩 수행한다. 　예) 앞굽이를 1~8의 방향으로 2회씩 동작을 수행하고 이후 주춤서기를 수행한다.	▷ 교수자의 강의내용을 경청하고 숙지하도록 한다. ▷ 학습자는 의문사항에 대해 손을 들고 질문할 수 있도록 한다.		15

단원명	학습내용 및 교수활동	학습활동	도구	소요시간 (min)
	학습대형 (학습대형 다이어그램: 1-2-3-4, 5-6-7-8 순서의 이동 경로) 3) 교수자의 구령에 맞춰 '서기동작 연습동작'을 한 동작씩 수행할 수 있도록 지도한다. 4) 교수자는 이동하며, 학습자의 수행을 평가하고 교정한다. **손기술 연습동작** ○ 시작한 자리에서 동작이 끝나는지 확인한다. ○ 이중동작을 하였는지 확인한다. ○ 이동 시 정확한 중심이동을 하였는지 확인한다. ○ 정확한 동작을 수행하였는지 확인한다.	▷ 학습자는 교수자의 구령에 맞춰 각 동작을 정확히 수행하기 위해 노력한다. ▷ 교수자의 평가를 기초로 자신의 동작을 교정한다.		

단원명	학습내용 및 교수활동	학습활동	도구	소요시간 (min)
3. 태극 5장, 태극 6장의 주요 동작 학습	■ **태극 5장, 태극 6장의 주요 동작을 학습한다.** 1) 교수자는 학습자들을 이동하면서 동작을 수행할 수 있도록 한쪽 벽면에 5열종대로 세운다. **학습대형** 2) 교수자는 태극 5~6장에서 나오는 주요 동작을 설명하고, 시범을 보일 수 있도록 한다. **태극 5~6장의 주요 동작** ○ 태극 5장 – 앞차기 + 앞굽이 등주먹 앞치고 안막기 – 올려막기 + 옆차고 팔굽치기 ○ 태극 6장 – 앞굽이 내려막기 + 앞차고 뒷굽이 몸통바깥막기 – 앞굽이 얼굴바깥막기 + (오른)돌려차기 + 좌측으로 나가며 앞굽이 얼굴바깥막고 지르기 – 앞굽이 얼굴바깥막기 + (왼)돌려차기 + 좌측으로 나가며 앞굽이 내려막기 – (뒤로 빠지면서) 뒷굽이 양손날막기 + (뒤로 빠지면서) 뒷굽이 양손날막기 + (뒤로 빠지면서) 앞굽이 바탕손막고 몸통지르기 + (뒤로 빠지면서) 앞굽이 바탕손막고 몸통지르기	▷ 교수자의 강의내용을 경청하고 숙지하도록 한다. ▷ 학습자는 의문사항에 대해 손을 들고 질문할 수 있도록 한다.		20

단원명	학습내용 및 교수활동	학습활동	도구	소요시간 (min)
	지도사항 교수자는 태극 6장에서 앞을 보며 뒤로 빠지는 동작의 경우, 6장에서만 나타나는 동작이라는 점을 학습자들에게 설명하고 학습자들이 향후 창작품새를 개발하는 과정에서 다양한 태권도의 이동을 포함할 수 있도록 지도한다. 3) 교수자는 학습자들이 각 줄별로 앞으로 나가며 '태극 5장'의 주요 동작을 순차적으로 수행할 수 있도록 지시한다. 1. 앞차기 + 앞굽이 등주먹 앞치고 안막기 X 2회 2. 올려막기 + 옆차고 팔굽치기 X 6회 4) 교수자는 이동하며, 학습자의 수행을 평가하고 교정한다. **학습자 체크리스트** ○ 차기의 높이와 속도를 확인한다. ○ 손기술과 서기동작을 정확하게 수행하고 있는지 확인한다. ○ 동작의 연결성을 확인한다. 5) 학습자들이 지도사항을 기초로 같은 동작을 재수행하도록 지시한다. 6) 교수자는 이동하며, 학습자들의 수행을 평가하고 교정한다(학습자가 동작을 수행하고 있는 상황마다 피드백을 제공할 수 있다).	▷ 교수자의 평가를 기초로 자신의 동작을 교정한다. ▷ 자신의 수행이 끝난 후 교수자의 교수내용을 기초로 다음 줄의 수행을 평가하고 지적한다.		

단원명	학습내용 및 교수활동	학습활동	도구	소요시간 (min)
	7) 교수자는 학습자들이 각 줄별로 앞으로 나가며 '태극 6장'의 주요 동작을 순차적으로 수행할 수 있도록 지시한다. 8) 교수자는 이동하며, 학습자의 수행을 평가하고 교정한다. 1. 앞굽이 내려막기 + 앞차고 뒷굽이 몸통바깥막기 X 6회 2. 앞굽이 얼굴바깥막기 + (오른)돌려차기 + 좌측으로 나가며 앞굽이 얼굴바깥막고 지르기 X 3회 3. 앞굽이 얼굴바깥막기 + (왼)돌려차기 + 좌측으로 나가며 앞굽이 내려막기 X 3회 4. (뒤로 빠지면서) 뒷굽이 양손날막기 + (뒤로 빠지면서) 뒷굽이 양손날막기 + (뒤로 빠지면서) 앞굽이 바탕손막고 몸통지르기 + (뒤로 빠지면서) 앞굽이 바탕손막고 몸통지르기 X 2회 8) 교수자는 이동하며, 학습자의 수행을 평가하고 교정한다. **학습자 체크리스트** ○ 차기의 높이와 속도를 확인한다. ○ 손기술과 서기동작을 정확하게 수행하고 있는지 확인한다. ○ 동작의 연결성을 확인한다. 9) 학습자들이 지도사항을 기초로 같은 동작을 재수행하도록 지시한다. 10) 교수자는 이동하며, 학습자들의 수행을 평가하고 교정한다(학습자가 동작을 수행하고 있는 상황마다 피드백을 제공할 수 있다).	▷ 교수자의 평가를 기초로 자신의 동작을 교정한다. ▷ 자신의 수행이 끝난 후 교수자의 교수내용을 기초로 다음 줄의 수행을 평가하고 지적한다.		

단원명	학습내용 및 교수활동	학습활동	도구	소요시간 (min)
4. 태극 5장의 수련	■ **동작별·방향별 훈련을 활용하여 태극 5장을 학습한다.** 1) 교수자는 학습자들을 품새 수련(2칸의 한 명씩 지그재그) 대형으로 세운다. **품새수련대형** 교수자 2) 교수자의 구령에 맞춰 '태극 5장'을 한 동작씩 수련한다. **동작별 훈련** 태권도 품새의 한 동작씩의 수련은 개별동작이 가진 정확한 움직임을 이해하고 학습할 수 있다. 3) 교수자는 이동하며, 학습자의 수행을 평가하고 교정한다. **학습자 체크리스트** ○ 정확한 손동작을 수행하고 있는가? ○ × ○ 숙련성 있는 손동작을 수행하고 있는가? ○ × ○ 정확한 서기자세를 수행하고 있는가? ○ × ○ 정확하고 강한 발차기를 수행하고 있는가? ○ ×	▷ 교수자의 평가를 기초로 자신의 동작을 교정한다. ▷ 교수자의 평가를 기초로 자신의 동작을 교정한다.		15

단원명	학습내용 및 교수활동	학습활동	도구	소요시간(min)
	4) 교수자의 구령에 맞춰 '태극 5장'을 방향별로 수련한다. **방향별 훈련** 태권도 품새의 방향별 수련은 동작별 훈련의 응용과정으로 정확한 동작의 수행과 더불어 동작 간의 연결성을 이해하고 학습할 수 있다. **5장 방향 예시** 5) 교수자는 이동하며, 학습자의 수행을 평가하고 교정한다. **학습자 체크리스트** ○ 정확한 손동작을 수행하고 있는가?　　　　○　× ○ 숙련성 있는 손동작을 수행하고 있는가?　　○　× ○ 정확한 서기자세를 수행하고 있는가?　　　○　× ○ 정확하고 강한 발차기를 수행하고 있는가?　○　× ○ 동작을 자연스럽게 연결하고 있는가?　　　○　× 6) 교수자는 학습자들이 동작별 훈련과 방향별 훈련을 통해 정확성과 연결성·숙련성의 내용을 토대로 '태극 5장'을 수행할 수 있도록 지시한다. 7) 교수자는 이동하며, 학습자의 수행을 평가하고 교정한다.	▷ 교수자의 평가를 기초로 자신의 동작을 교정한다. ▷ 교수자의 평가를 기초로 자신의 동작을 교정한다.		

단원명	학습내용 및 교수활동	학습활동	도구	소요시간 (min)
	학습자 체크리스트 ○ 정확한 손동작을 수행하고 있는가? ○ × ○ 숙련성 있는 손동작을 수행하고 있는가? ○ × ○ 정확한 서기자세를 수행하고 있는가? ○ × ○ 정확하고 강한 발차기를 수행하고 있는가? ○ × ○ 동작을 자연스럽게 연결하고 있는가? ○ ×			
5. 태극 6장의 수련	■ **동작별·방향별 훈련을 활용하여 태극 6장을 학습한다.** 1) 교수자는 학습자들을 품새 수련(2칸의 한 명씩 지그재그) 대형으로 세운다. **품새수련대형** [교수자 및 학습자 배치도] 2) 교수자의 구령에 맞춰 학습자들이 '태극 6장'을 한 동작씩 수행할 수 있도록 지시한다. **동작별 훈련** 태권도 품새의 한 동작씩의 수련은 개별동작이 가진 정확한 움직임을 이해하고 학습할 수 있다.	▷ 교수자의 평가를 기초로 자신의 동작을 교정한다.		15

단원명	학습내용 및 교수활동	학습활동	도구	소요시간 (min)
	3) 교수자는 이동하며, 학습자의 수행을 평가하고 교정한다. **학습자 체크리스트** ○ 이동 시 중심의 이동은 올바른가?　　　　○　× ○ 정확한 서기자세를 수행하고 있는가?　　　○　× ○ 정확하고 강한 발차기를 수행하고 있는가?　○　× 4) 교수자의 구령에 맞춰 '태극 6장'을 방향별로 수행할 수 있도록 지시한다. **방향별 훈련** 태권도 품새의 방향별 수련은 동작별 훈련의 응용과정으로 정확한 동작의 수행과 더불어 동작 간의 연결성을 이해하고 학습할 수 있다. **6장 방향 예시** 5) 교수자는 이동하며, 학습자의 수행을 평가하고 교정한다.	▷ 교수자의 평가를 기초로 자신의 동작을 교정한다. ▷ 교수자의 평가를 기초로 자신의 동작을 교정한다.		

단원명	학습내용 및 교수활동	학습활동	도구	소요시간 (min)
	학습자 체크리스트 ○ 정확한 손동작을 수행하고 있는가? ○ × ○ 숙련성 있는 손동작을 수행하고 있는가? ○ × ○ 정확한 서기자세를 수행하고 있는가? ○ × ○ 정확하고 강한 발차기를 수행하고 있는가? ○ × ○ 동작을 자연스럽게 연결하고 있는가? ○ × 6) 교수자는 학습자들이 동작별 훈련과 방향별 훈련을 통해 학습한 정확성, 연결성, 숙련성의 내용을 토대로 '태극 6장'을 수행할 수 있도록 지시한다. 7) 교수자는 이동하며, 학습자의 수행을 평가하고 교정한다. **학습자 체크리스트** ○ 정확한 손동작을 수행하고 있는가? ○ × ○ 숙련성 있는 손동작을 수행하고 있는가? ○ × ○ 정확한 서기자세를 수행하고 있는가? ○ × ○ 정확하고 강한 발차기를 수행하고 있는가? ○ × ○ 동작을 자연스럽게 연결하고 있는가? ○ ×			
6. 기본동작 훈련을 활용한 태극 5장, 태극 6장의 학습	▣ **태극 5장, 태극 6장을 기본동작훈련을 활용하여 숙달한다.** 1) 교수자는 학습자들을 품새 수련(2칸의 한 명씩 지그재그) 대형으로 세운다.			15

단원명	학습내용 및 교수활동	학습활동	도구	소요시간 (min)
	품새 수련 대형			
	교수자			
	2) 교수자는 2주차 때 학습한 응용차기와 5주차에 학습한 '힘의 원리'를 바탕으로 '태극 5장'과 '태극 6장'을 한 동작씩 수행할 수 있도록 지도한다.	▷ 교수자의 강의내용을 경청하고 숙지하도록 한다.		

	수행방법
	○ 태극 5~6장의 동작 중 차기를 응용차기의 형태로 활용하여 수행한다.
	  예) 앞차기(하단–상단)/옆차기(하단–상단)/돌려차기(하단–상단)
	○ 태극 5~6장 내의 손기술은 '힘주어 지르기', '격파하듯 지르기'의 형태로 수행한다
	  (힘주어 지르기 시 각 동작을 5초씩 수행한다).
		▷ 학습자는 의문사항에 대해 손을 들고 질문할 수 있도록 한다.		

	3) 교수자는 '태극 5장'을 '힘주어 지르기'와 '응용차기'를 활용하여 한 동작씩 수행할 수 있도록 지도한다. 4) 학습자들은 교수자의 구령에 맞춰 동작을 수행한다. 5) 교수자는 이동하며, '학습자 체크리스트'를 중심으로 학습자의 수행을 평가하고 교정한다.	▷ 교수자의 평가를 기초로 자신의 동작을 교정한다.		

단원명	학습내용 및 교수활동	학습활동	도구	소요시간 (min)
	학습자 체크리스트 ○ 발차기의 공격 부위가 정확한가? ○ ✕ ○ 응용차기의 연결이 자연스러운가? ○ ✕ ○ 각 동작마다 힘을 주면서 동작을 수행하는가? ○ ✕ 6) 교수자는 '태극 6장'을 '격파하듯 지르기'와 '응용차기'를 활용하여 한 동작씩 수행할 수 있도록 지도한다. 7) 학습자들은 교수자의 구령에 맞춰 동작을 수행한다. 8) 교수자는 이동하며, '학습자 체크리스트'를 중심으로 학습자의 수행을 평가하고 교정한다. **학습자 체크리스트** ○ 발차기의 공격 부위가 정확한가? ○ ✕ ○ 응용차기의 연결이 자연스러운가? ○ ✕ ○ 동작 수행 시 격파하듯 동작을 수행하고 있는가? ○ ✕	▷ 교수자의 평가를 기초로 자신의 동작을 교정한다.		
7. 태극 5장, 태극 6장을 활용한 호신술	■ **태극 5장, 태극 6장 동작을 응용한 호신술을 이해하고 학습한다.** 1) 교수자는 학습자들을 2인 1조로 구성하여 정면을 보고 지그재그로 세운다. **학습대형** 교수자			25

단원명	학습내용 및 교수활동	학습활동	도구	소요시간 (min)
	2) 교수자는 학습자들에게 '태극 5장'의 응용동작을 설명하고, 시범을 보일 수 있도록 한다. **태극 5장의 응용** ○ 메주먹 내려치기 – 상대가 손목을 잡았을 때 잡힌 손을 밑으로 돌려 빼며, 메주먹으로 내려친다. ○ 한손날막고 팔굽돌려치기 – 상대의 공격을 한손날막기로 막은 다음, 상대의 손목을 잡아당기며 팔굽으로 돌려친다. 3) 2인 1조로 구성된 학습자들을 수행방법에 따라 '메주먹 내려치기'를 수행할 수 있도록 지도한다(각 10회, 5회 실시 등). **수행방법** 1. 학습자들은 자연스러운 겨룸새로 서로 마주 보게 선다. 2. 교수자의 구령에 따라 공격자는 방어자의 손목을 잡는다. 3. 방어자는 잡힌 손을 밑으로 돌려 빼며, 메주먹으로 내려친다. 4. 수행 완료 후 공격자와 방어자의 역할을 교대하여 수행한다. **내려막고 앞차고 두 번 지르기**	▷ 교수자의 강의내용을 경청하고 숙지하도록 한다. ▷ 학습자는 의문사항에 대해 손을 들고 질문할 수 있도록 한다. ▷ 안전사고에 대비하여 학습자들은 상대를 실제 타격하지 않지만, 최대한 가깝게 동작을 수행할 수 있도록 한다.		

단원명	학습내용 및 교수활동	학습활동	도구	소요시간 (min)
	4) 교수자는 이동하며 학습자들의 수행을 평가하고 교정한다(안전사고의 대비와 제대로 된 수행에 중점). 5) 제시된 수행방법을 토대로 학습자들이 교수자의 구령에 따라 '한손날막고 팔굽돌려치기'를 수행할 수 있도록 지도한다(각 10회, 5회 실시 등). **수행방법** 1. 학습자들은 자연스러운 겨룸새로 서로 마주 보게 선다. 2. 교수자의 구령에 따라 공격자는 몸통을 지른다. 3. 방어자는 상대의 공격을 한손날막기로 막은 다음 상대의 손목을 잡아당기며 팔굽으로 돌려친다. 4. 수행 완료 후 공격자와 방어자의 역할을 교대하여 수행한다. **한손날막고 팔굽돌려치기** 6) 교수자는 이동하며 학습자들의 수행을 평가하고 교정한다(안전사고의 대비와 제대로 된 수행에 중점).	▷ 안전사고에 대비하여 학습자들은 상대를 실제 타격하지 않지만, 최대한 가깝게 동작을 수행할 수 있도록 한다.		

단원명	학습내용 및 교수활동	학습활동	도구	소요시간(min)
	7) 교수자는 학습자들에게 '태극 6장'의 응용동작을 설명하고, 시범을 보일 수 있도록 한다. **태극 6장의 응용** ○ 비틀어막고 돌려차기 – 상대의 지르기를 비틀어 막은 다음, 상대의 손목을 잡아당기며 돌려 찬다. ○ 바깥막고 지르고 앞차고 지르기 – 상대의 지르기를 바깥막기로 막음과 동시에 주먹을 지른다. 이후에 상대의 낭심(다리)을 앞차고 내디뎌 얼굴을 지른다. 8) 제시된 수행방법을 토대로 학습자들이 교수자의 구령에 따라 '비틀어막고 돌려차기'를 수행할 수 있도록 지도한다(각 10회, 5회 실시 등). **수행방법** 1. 학습자들은 자연스러운 겨룸새로 서로 마주 보게 선다. 2. 교수자의 구령에 따라 공격자는 얼굴을 지른다. 3. 방어자는 공격자의 지르기를 비틀어 막은 다음 상대의 손목을 측면으로 잡아당기며 돌려찬다. 4. 수행 완료 후 공격자와 방어자의 역할을 교대하여 수행한다. **비틀어막고 돌려차기**	▷ 교수자의 강의내용을 경청하고 숙지하도록 한다. ▷ 학습자는 의문사항에 대해 손을 들고 질문할 수 있도록 한다 ▷ 안전사고에 대비하여 학습자들은 상대를 실제 타격하지 않지만, 최대한 가깝게 동작을 수행할 수 있도록 한다.		

단원명	학습내용 및 교수활동	학습활동	도구	소요시간 (min)
	9) 교수자는 이동하며 학습자들의 수행을 평가하고 교정한다(안전사고의 대비와 제대로 된 수행에 중점). 10) 제시된 수행방법을 토대로 학습자들이 교수자의 구령에 따라 '바깥막고 지르고 앞차고 지르기'를 수행할 수 있도록 지도한다(각 10회, 5회 실시 등). **수행방법** 1. 학습자들은 자연스러운 겨룸새로 서로 마주 보게 선다. 2. 교수자의 구령에 따라 공격자는 상대를 지른다. 3. 방어자는 공격자의 지르기를 바깥막기로 막음과 동시에 주먹을 지른다. 이후에 상대의 낭심(다리)을 앞차고 내디뎌 얼굴을 지른다. 4. 수행 완료 후 공격자와 방어자의 역할을 교대하여 수행한다. **바깥막고 지르기 앞차고 지르기** 11) 교수자는 이동하며 학습자들의 수행을 평가하고 교정한다(안전사고의 대비와 제대로 된 수행에 중점).	▷ 안전사고에 대비하여 학습자들은 상대를 실제 타격하지 않지만, 최대한 가깝게 동작을 수행할 수 있도록 한다.		

단원명	학습내용 및 교수활동	학습활동	도구	소요시간 (min)
8. 정리운동	■ **정리운동을 통해 운동 후 회복의 중요성을 학습한다.** 1) 교수자는 학습자들을 정면을 보고 4열종대로 제자리에서 수행할 수 있도록 지도한다. 2) 교수자는 정리운동 시 학습자와 반대 방향으로 시범을 보이며 지도한다. 3) 정리운동 시 교수자 8초/학습자 8초의 구령에 맞춰 실시한다. **정리운동 순서** – 손목/발목 돌리기 – 무릎 돌리기 – 허리 돌리기 – 목 돌리기 – 어깨 돌려주기 – 좌우 다리 스트레칭 – 골반 눌러주기(좌/우/중앙) – 앉아서 두 다리 펴고 앞으로 숙여주기 – 두 발바닥 붙여 앞으로 숙여주기 – 다리 옆으로 벌려서 숙여주기(좌/우/중앙) – 다리 옆으로 벌린 상태에서 틀어주기(좌/우)	▷ 학습자는 4열종대로 정렬한 후 교수자의 지시에 따라 동작을 수행한다. ▷ 구령은 교수자의 선창 시 학습자는 후창 구령을 넣는다.		5

태권도 지도자를 위한 품새 이론 및 실제

유급자 품새

9 주차

강의 주제	태극 7장, 태극 8장	대상	태권도 전공생	차시 구성	9
				소요시간	120분
교육과정 개요(목적)	태권도 품새의 기본동작을 이해하고 수행하며, 학습된 내용을 바탕으로 정확한 동작과 높은 표현성의 품새를 수행할 수 있도록 한다. 또한 태권도 품새의 기본동작과 응용동작을 활용하여 태권도 품새의 실전적 움직임을 수련하고 창작품새 개발능력을 향상시키는 데 목적이 있다.				
9주차 교육목표	• 태극 7장과 8장의 주요 동작의 이해를 기초로 해당 품새의 수행방법을 익힐 수 있다. • 태극 7장과 8장의 응용동작을 이해하고 익힐 수 있다.				

단원명	시간(m)	주요 학습내용
준비운동	10	준비운동을 통해 체온상승과 관절의 가동범위를 넓히고 근육을 이완시키는 방법을 학습한다.
태극 7장, 태극 8장의 주요 동작 학습	20	태극 7장, 태극 8장의 주요 동작을 학습한다.
태극 7장의 수련	15	동작별·방향별 훈련을 활용하여 태극 7장을 학습한다.
태극 8장의 수련	15	동작별·방향별 훈련을 활용하여 태극 8장을 학습한다.
기본동작훈련을 활용한 태극 7장, 태극 8장의 학습	30	태극 7장, 태극 8장을 기본동작훈련을 활용하여 숙달한다.
태극 7장, 태극 8장을 활용한 호신술	25	태극 7장, 태극 8장 동작을 응용한 호신술을 이해하고 학습한다.
정리운동	5	정리운동을 통해 운동 후 회복의 중요성을 학습한다.

단원명	학습내용 및 교수활동	학습활동	도구	소요시간 (min)
1. 준비운동	■ 준비운동을 통해 체온상승과 관절의 가동범위를 넓히고 근육을 이완시키는 방법을 학습한다. 1) 교수자는 학습자들을 정면을 보고 4열종대로 제자리에서 수행할 수 있도록 지도한다. 2) 교수자는 준비운동 시 학습자와 반대 방향으로 시범을 보이며 지도한다. 3) 준비운동은 기본적으로 교수자 8초/학습자 8초의 구령으로 실시하되, 눌러주기 및 숙여주기 동작에서는 25~30초로 3~5회 실시한다. **준비운동 순서** - 손목/발목 돌리기 - 무릎 돌리기 - 허리 돌리기 - 목 돌리기 - 어깨 돌려주기 - 좌우 다리 스트레칭 - 골반 눌러주기(좌/우/중앙) - 앉아서 두 다리 펴고 앞으로 숙여주기 - 두 발바닥 붙여 앞으로 숙여주기 - 다리 옆으로 벌려서 숙여주기(좌/우/중앙) - 다리 옆으로 벌린 상태에서 틀어주기(좌/우)	▷ 학습자는 4열종대로 정렬한 후 교수자의 지시에 따라 동작을 수행한다. ▷ 구령은 교수자의 선창 시 학습자는 후창 구령을 넣는다.		10

단원명	학습내용 및 교수활동	학습활동	도구	소요시간 (min)
2. 태극 7장, 태극 8장의 주요 동작 학습	■ **태극 7장과 태극 8장의 주요 동작을 학습한다.** 1) 교수자는 학습자들을 이동하면서 동작을 수행할 수 있도록 한쪽 벽면에 5열종대로 세운다. **학습대형** 2) 교수자는 태극 7~8장에서 나오는 주요 동작을 설명하고, 시범을 보일 수 있도록 한다. **기본동작의 요소** ○ 태극 7장 　- 범서기 바탕손 안막기 + 앞차고 원위치로 돌아오며 안막기 　- 앞굽이 가위막고 가위막기 　- 앞서기 등주먹옆치기 + 표적차고 팔굽치기 ○ 태극 8장 　- 앞굽이 몸통지르기 + 두발당성 앞차고 안막고 두 번 지르기 　- 범서기 양손날막기 + 앞발로 앞차고 앞굽이 몸통지르기 + 앞발 당기면서 범서기 바탕손막기 　- 뒷굽이 거들어 내려막기 + 앞차고 뛰어앞차기 + 앞굽이 안막고 두 번 지르기 　- 뒷굽이 한손날막기 + 앞발 내디며 앞굽이 팔굽돌려치고 등주먹 앞치고 반대손으로 몸통지르기	▷ 교수자의 강의내용을 경청하고 숙지하도록 한다. ▷ 학습자는 의문사항에 대해 손을 들고 질문할 수 있도록 한다.		15

단원명	학습내용 및 교수활동	학습활동	도구	소요시간 (min)
	3) 교수자는 학습자들이 각 줄별로 앞으로 나가며 '태극 7장'의 주요 동작을 순차적으로 수행할 수 있도록 지시한다. 1. 범서기 바탕손 안막기 + 앞차고 원위치로 돌아오며 안막기 X 6회 2. 앞굽이 가위막고 가위막기 X 6회 3. 앞서기 등주먹옆치기 + 표적차고 팔굽치기 X 6회 4) 교수자는 이동하며, 학습자의 수행을 평가하고 교정한다. **학습자 체크리스트** ○ 차기의 높이와 속도를 확인한다. ○ 손기술과 서기동작을 정확하게 수행하고 있는지 확인한다. ○ 동작의 연결성을 확인한다. 5) 학습자들이 지도사항을 기초로 같은 동작을 재수행하도록 지시한다. 6) 교수자는 이동하며, 학습자들의 수행을 평가하고 교정한다(학습자가 동작을 수행하고 있는 상황마다 피드백을 제공할 수 있다). 7) 교수자는 학습자들이 각 줄별로 앞으로 나가며 '태극 8장'의 주요 동작을 순차적으로 수행할 수 있도록 지시한다. 1. 앞굽이 몸통지르기 + 두발로 앞차고 안막고 두 번 지르기 X 4회 2. 범서기 양손날막기 + 앞발로 앞차고 앞굽이 몸통지르기 + 앞발 당기면서 범서기 바탕손막기 X 6회 3. 뒷굽이 거들어 내려막기 + 앞차고 뛰어앞차기 + 앞굽이 안막고 두 번 지르기 X 4회 4. 뒷굽이 한손날막기 + 앞발 내디디며 앞굽이 팔굽돌려치고 등주먹 앞치고 반대손으로 몸통지르기 X 6회	▷ 교수자의 평가를 기초로 자신의 동작을 교정한다. ▷ 교수자의 평가를 기초로 자신의 동작을 교정한다.		

단원명	학습내용 및 교수활동	학습활동	도구	소요시간(min)
	8) 교수자는 이동하며, 학습자의 수행을 평가하고 교정한다. **학습자 체크리스트** ○ 차기의 높이와 속도를 확인한다. ○ 손기술과 서기동작을 정확하게 수행하고 있는지 확인한다. ○ 동작의 연결성을 확인한다. 9) 학습자들이 지도사항을 기초로 같은 동작을 재수행하도록 지시한다. 10) 교수자는 이동하며, 학습자들의 수행을 평가하고 교정한다(학습자가 동작을 수행하고 있는 상황마다 피드백을 제공할 수 있다).			
3. 태극 7장의 수련	▣ **동작별·방향별 훈련을 활용하여 태극 7장을 학습한다.** 1) 교수자는 학습자들을 품새 수련(2칸의 한 명씩 지그재그) 대형으로 세운다. **품새수련대형** 교수자			15

단원명	학습내용 및 교수활동	학습활동	도구	소요시간 (min)
	2) 교수자의 구령에 맞춰 '태극 7장'을 한 동작씩 수련한다. **동작별 훈련** 태권도 품새의 한 동작씩의 수련은 개별동작이 가진 정확한 움직임을 이해하고 학습할 수 있다. 3) 교수자는 이동하며, 학습자의 수행을 평가하고 교정한다. **학습자 체크리스트** ○ 정확한 손동작을 수행하고 있는가? ○ × ○ 숙련성 있는 손동작을 수행하고 있는가? ○ × ○ 정확한 서기자세를 수행하고 있는가? ○ × ○ 정확하고 강한 발차기를 수행하고 있는가? ○ × 4) 교수자의 구령에 맞춰 '태극 7장'을 방향별로 수련한다. **방향별 훈련** 태권도 품새의 방향별 수련은 동작별 훈련의 응용과정으로 정확한 동작의 수행과 더불어 동작 간의 연결성을 이해하고 학습할 수 있다. **7장 방향 예시** [방향 다이어그램: 8, 7, 6, 4, 9, 5, 3, 1, 2]	▷ 교수자의 평가를 기초로 자신의 동작을 교정한다. ▷ 교수자의 평가를 기초로 자신의 동작을 교정한다.		

단원명	학습내용 및 교수활동	학습활동	도구	소요시간(min)
	5) 교수자는 이동하며, 학습자의 수행을 평가하고 교정한다. **학습자 체크리스트** ○ 정확한 손동작을 수행하고 있는가? ○ ✕ ○ 숙련성 있는 손동작을 수행하고 있는가? ○ ✕ ○ 정확한 서기자세를 수행하고 있는가? ○ ✕ ○ 정확하고 강한 발차기를 수행하고 있는가? ○ ✕ ○ 동작을 자연스럽게 연결하고 있는가? ○ ✕ 6) 교수자는 학습자들이 동작별 훈련과 방향별 훈련을 통해 학습한 정확성, 연결성, 숙련성의 내용을 토대로 '태극 7장'을 수행할 수 있도록 지시한다. 7) 교수자는 이동하며, 학습자의 수행을 평가하고 교정한다. **학습자 체크리스트** ○ 정확한 손동작을 수행하고 있는가? ○ ✕ ○ 숙련성 있는 손동작을 수행하고 있는가? ○ ✕ ○ 정확한 서기자세를 수행하고 있는가? ○ ✕ ○ 정확하고 강한 발차기를 수행하고 있는가? ○ ✕ ○ 동작을 자연스럽게 연결하고 있는가? ○ ✕	▷ 교수자의 평가를 기초로 자신의 동작을 교정한다.		

단원명	학습내용 및 교수활동	학습활동	도구	소요시간 (min)
4. 태극 8장의 수련	■ **동작별·방향별 훈련을 활용하여 태극 8장을 학습한다.** 1) 교수자는 학습자들을 품새 수련(2칸의 한 명씩 지그재그) 대형으로 세운다. **품새 수련 대형** 교수자 2) 교수자의 구령에 맞춰 '태극 8장'을 한 동작씩 수련한다. **동작별 훈련** 태권도 품새의 한 동작씩의 수련은 개별동작이 가진 정확한 움직임을 이해하고 학습할 수 있다. 3) 교수자는 이동하며, 학습자의 수행을 평가하고 교정한다. **학습자 체크리스트** ○ 이동 시 중심의 이동은 올바른가?　　　　○　× ○ 정확한 서기동작을 수행하고 있는가?　　　○　× ○ 정확하고 강한 발차기를 수행하고 있는가? ○　×	▷ 교수자의 평가를 기초로 자신의 동작을 교정한다. ▷ 교수자의 평가를 기초로 자신의 동작을 교정한다.		15

단원명	학습내용 및 교수활동	학습활동	도구	소요시간 (min)
| | 4) 교수자의 구령에 맞춰 '태극 8장'을 방향별로 수행할 수 있도록 지시한다.<br><br>**8장 방향 예시**<br><br>```
        ↑
  ←3   ↑   2→
       4
  ←5   1   6→
       7
  ←8   ↓   9→
        ↓
```<br><br>5) 교수자는 이동하며, 학습자의 수행을 평가하고 교정한다.<br><br>**학습자 체크리스트**<br>○ 정확한 손동작을 수행하고 있는가?　　　　　　　　○　×<br>○ 숙련성 있는 손동작을 수행하고 있는가?　　　　　○　×<br>○ 정확한 서기자세를 수행하고 있는가?　　　　　　○　×<br>○ 정확하고 강한 발차기를 수행하고 있는가?　　　○　×<br>○ 동작을 자연스럽게 연결하고 있는가?　　　　　　○　×<br><br>6) 교수자는 학습자들이 동작별 훈련과 방향별 훈련을 통해 학습한 정확성, 연결성, 숙련성의 내용을 토대로 '태극 8장'을 수행할 수 있도록 지시한다.<br>7) 교수자는 이동하며, 학습자의 수행을 평가하고 교정한다. | ▷ 교수자의 평가를 기초로 자신의 동작을 교정한다.<br><br><br><br><br><br><br>▷ 교수자의 평가를 기초로 자신의 동작을 교정한다. | | |
```

단원명	학습내용 및 교수활동	학습활동	도구	소요시간 (min)
	학습자 체크리스트 ○ 정확한 손동작을 수행하고 있는가? ○ × ○ 숙련성 있는 손동작을 수행하고 있는가? ○ × ○ 정확한 서기자세를 수행하고 있는가? ○ × ○ 정확하고 강한 발차기를 수행하고 있는가? ○ × ○ 동작을 자연스럽게 연결하고 있는가? ○ ×			
5. 기본동작훈련을 활용한 태극 7장, 태극 8장의 학습	■ **태극 7장, 태극 8장을 기본동작훈련을 활용하여 숙달한다.** 1) 교수자는 학습자들을 품새 수련(2칸의 한 명씩 지그재그) 대형으로 세운다. **품새 수련 대형** 2) 교수자는 3주차 때 학습한 '태권도 기본동작의 요소'를 바탕으로 '태극 7장'과 '태극 8장'을 한 동작씩 수행할 수 있도록 지도한다.	▷ 교수자의 강의내용을 경청하고 숙지하도록 한다. ▷ 학습자는 의문사항에 대해 손을 들고 질문할 수 있도록 한다.		30

단원명	학습내용 및 교수활동	학습활동	도구	소요시간 (min)
	수행방법 ○ 태극 7~8장을 태권도 기본동작의 요소를 바탕으로 동작을 수행한다. ○ 기본동작의 요소를 통해 훈련한 바와 같이 구령 1~3에 맞춰 한 동작씩 동작을 수행한다. 예) 준비 자세 → (구령 1) 범서기 바탕손 안막기 예비동작 + (구령 2) 범서기 바탕손 안막기 + (구령 3) 범서기에서 바탕손 안막기를 다시 한 번 수행 → (구령 1) 앞차고 범서기 안막기 예비동작 + (구령 2) 범서기 안막기 + (구령 3) 범서기에서 안막기를 다시 한 번 수행 3) 교수자는 '태극 7장'을 '태권도 기본동작의 요소'의 훈련법을 활용하여 한 동작씩 수행할 수 있도록 지도한다. 4) 학습자들은 교수자의 구령에 맞춰 동작을 수행한다. 5) 교수자는 이동하며, '학습자 체크리스트'를 중심으로 학습자의 수행을 평가하고 교정한다. **학습자 체크리스트** ○ 각 구령에 맞는 동작을 정확히 수행하고 있는가?　　○　× ○ 수행과정에서 서기동작은 고정되어 있는가?　　○　× 6) 교수자는 '태극 8장'을 '태권도 기본동작의 요소'의 훈련법을 활용하여 한 동작씩 수행할 수 있도록 지도한다. 7) 학습자들은 교수자의 구령에 맞춰 동작을 수행한다. 8) 교수자는 이동하며, '학습자 체크리스트'를 중심으로 학습자의 수행을 평가하고 교정한다.	▷ 교수자의 평가를 기초로 자신의 동작을 교정한다. ▷ 교수자의 평가를 기초로 자신의 동작을 교정한다.		

단원명	학습내용 및 교수활동	학습활동	도구	소요시간 (min)
	학습자 체크리스트 ○ 각 구령에 맞는 동작을 정확히 수행하고 있는가?　○　× ○ 수행과정에서 서기동작은 고정되어 있는가?　○　×			
6. 태극 7장, 태극 8장을 활용한 호신술	■ 태극 7장, 태극 8장 동작을 응용한 호신술을 이해하고 학습한다. 1) 교수자는 학습자들을 2인 1조로 구성한다. 2) 교수자는 학습자들에게 '태극 7장'의 응용동작을 설명하고, 시범을 보일 수 있도록 한다. **태극 7장의 응용** ○ 가위막기 　- 상대의 차기를 안으로 내디디며 내려막는 동시에 등주먹으로 인중을 친다. ○ 헤쳐막고 잡고 무릎치기 　- 상대가 양손으로 잡으려 할 때 헤쳐막기로 막고, 이어서 상대의 뒷목을 잡아당기며 무릎으로 상대 턱을 친다. 3) 2인 1조로 구성된 학습자들을 수행방법에 따라 '가위막기'를 수행할 수 있도록 지도한다(각 10회, 5회 실시 등).	▷ 교수자의 강의내용을 경청하고 숙지하도록 한다. ▷ 학습자는 의문사항에 대해 손을 들고 질문할 수 있도록 한다. ▷ 안전사고에 대비하여 학습자들은 상대를 실제 타격하지 않지만, 최대한 가깝게 동작을 수행할 수 있도록 한다.		25

단원명	학습내용 및 교수활동	학습활동	도구	소요시간 (min)
	수행방법 1. 학습자들은 자연스러운 겨룸새로 서로 마주 보게 선다. 2. 교수자의 구령에 따라 공격자는 돌려차기를 찬다. 3. 방어자는 상대의 돌려차기를 안으로 내디디며 내려막는 동시에 등주먹으로 인중을 친다. 4. 수행 완료 후 공격자와 방어자의 역할을 교대하여 수행한다. **가위막기** 4) 교수자는 이동하며 학습자들의 수행을 평가하고 교정한다(안전사고의 대비와 제대로 된 수행에 중점). 5) 제시된 수행방법을 토대로 학습자들이 교수자의 구령에 따라 '헤쳐막고 잡고 무릎치기'를 수행할 수 있도록 지도한다(각 10회, 5회 실시 등). **수행방법** 1. 학습자들은 자연스러운 겨룸새로 서로 마주 보게 선다. 2. 교수자의 구령에 따라 공격자는 방어자를 양손으로 잡으러 간다. 3. 방어자는 공격자의 양손을 헤쳐막기로 막고, 이어서 상대의 뒷목을 잡아당기며 무릎으로 상대 턱을 친다. 4. 수행 완료 후 공격자와 방어자의 역할을 교대하여 수행한다.	▷ 안전사고에 대비하여 학습자들은 상대를 실제 타격하지 않지만, 최대한 가깝게 동작을 수행할 수 있도록 한다.		

단원명	학습내용 및 교수활동	학습활동	도구	소요시간(min)
	헤쳐막고 잡고 무릎치기			
	6) 교수자는 이동하며 학습자들의 수행을 평가하고 교정한다(안전사고의 대비와 제대로 된 수행에 중점). 7) 교수자는 학습자들에게 '태극 8장'의 응용동작을 설명하고, 시범을 보일 수 있도록 한다. **태극 8장의 응용** ○ 당겨지르기 － 상대의 지르기를 바깥막기로 막은 다음 상대 뒷목을 잡아당기며 턱을 지른다. 8) 제시된 수행방법을 토대로 학습자들이 교수자의 구령에 따라 '당겨지르기'를 수행할 수 있도록 지도한다(각 10회, 5회 실시 등).	▷ 교수자의 강의내용을 경청하고 숙지하도록 한다. ▷ 학습자는 의문사항에 대해 손을 들고 질문할 수 있도록 한다. ▷ 안전사고에 대비하여 학습자들은 상대를 실제 타격하지 않지만, 최대한 가깝게 동작을 수행할 수 있도록 한다.		

단원명	학습내용 및 교수활동	학습활동	도구	소요시간 (min)
	수행방법 1. 학습자들은 자연스러운 겨룸새로 서로 마주 보게 선다. 2. 교수자의 구령에 따라 공격자는 상대의 얼굴을 지른다. 3. 방어자는 공격자의 지르기를 바깥막기로 막은 다음, 상대 뒷목을 잡아당기며 지른다. 4. 수행 완료 후 공격자와 방어자의 역할을 교대하여 수행한다. **당겨지르기** 9) 교수자는 이동하며 학습자들의 수행을 평가하고 교정한다(안전사고의 대비와 제대로 된 수행에 중점).	▷ 교수자의 강의내용을 경청하고 숙지하도록 한다. ▷ 학습자는 의문사항에 대해 손을 들고 질문할 수 있도록 한다. ▷ 안전사고에 대비하여 학습자들은 상대를 실제 타격하지 않지만, 최대한 가깝게 동작을 수행할 수 있도록 한다.		

단원명	학습내용 및 교수활동	학습활동	도구	소요시간(min)
7. 정리운동	▣ **정리운동을 통해 운동 후 회복의 중요성을 학습한다.** 1) 교수자는 학습자들을 정면을 보고 4열종대로 제자리에서 수행할 수 있도록 지도한다. 2) 교수자는 정리운동 시 학습자와 반대 방향으로 시범을 보이며 지도한다. 3) 정리운동 시 교수자 8초/학습자 8초의 구령에 맞춰 실시한다. **정리운동 순서** - 손목/발목 돌리기 - 무릎 돌리기 - 허리 돌리기 - 목 돌리기 - 어깨 돌려주기 - 좌우 다리 스트레칭 - 골반 눌러주기(좌/우/중앙) - 앉아서 두 다리 펴고 앞으로 숙여주기 - 두 발바닥 붙여 앞으로 숙여주기 - 다리 옆으로 벌려서 숙여주기(좌/우/중앙) - 다리 옆으로 벌린 상태에서 틀어주기(좌/우)	▷ 학습자는 4열종대로 정렬한 후 교수자의 지시에 따라 동작을 수행한다. ▷ 구령은 교수자의 선창 시 학습자는 후창 구령을 넣는다.		5

태권도 지도자를 위한 품새 이론 및 실제

유급자 품새

10 주차

강의 주제	태극품새의 숙달	대상	태권도 전공생	차시 구성	10
				소요시간	120분
교육과정 개요(목적)	태권도 품새의 기본동작을 이해하고 수행하며, 학습된 내용을 바탕으로 정확한 동작과 높은 표현성의 품새를 수행할 수 있도록 한다. 또한 태권도 품새의 기본동작과 응용동작을 활용하여 태권도 품새의 실전적 움직임을 수련하고 창작품새 개발능력을 향상시키는 데 목적이 있다.				
10주차 교육목표	• 태권도 태극품새의 숙달을 위한 다양한 훈련법을 익힐 수 있다.				

단원명	시간(m)	주요 학습내용
준비운동	10	준비운동을 통해 체온상승과 관절의 가동범위를 넓히고 근육을 이완시키는 방법을 학습한다.
보강운동 (품새의 유용한 스트레칭)	15	품새 차기에 유용한 스트레칭을 복습한다.
태극품새의 숙달 1	30	태극품새의 숙달을 위한 다양한 훈련법(서기동작 중심)을 이해하고 학습한다.
태극품새의 숙달 2	50	태극품새의 숙달을 위한 다양한 훈련법(동작별 반복수행)을 이해하고 학습한다.
태극품새의 숙달 3	10	태극품새의 숙달을 위한 다양한 훈련법을 이해하고 학습한다.
정리운동	5	정리운동을 통해 운동 후 회복의 중요성을 학습한다.

단원명	학습내용 및 교수활동	학습활동	도구	소요시간 (min)
1. 준비운동	■ **준비운동을 통해 체온상승과 관절의 가동범위를 넓히고 근육을 이완시키는 방법을 학습한다.** 1) 교수자는 학습자들을 정면을 보고 4열종대로 제자리에서 수행할 수 있도록 지도한다. 2) 교수자는 준비운동에 대한 필요성과 주의사항을 간략하게 설명하고 시범을 보인 후 동작을 수행할 수 있도록 지도한다. 3) 교수자는 준비운동 시 학습자와 반대 방향으로 시범을 보이며 지도한다. 4) 준비운동은 기본적으로 교수자 8초/학습자 8초의 구령으로 실시하되, 눌러주기 및 숙여주기 동작에서는 25~30초로 3~5회 실시한다. **준비운동 순서** - 손목/발목 돌리기 - 무릎 돌리기 - 허리 돌리기 - 목 돌리기 - 어깨 돌려주기 - 좌우 다리 스트레칭 - 골반 눌러주기(좌/우/중앙) - 앉아서 두 다리 펴고 앞으로 숙여주기 - 두 발바닥 붙여 앞으로 숙여주기 - 다리 옆으로 벌려서 숙여주기(좌/우/중앙) - 다리 옆으로 벌린 상태에서 틀어주기(좌/우)	▷ 학습자는 4열종대로 정렬한 후 교수자의 지시에 따라 동작을 수행한다. ▷ 구령은 교수자의 선창 시 학습자는 후창 구령을 넣는다.		10

단원명	학습내용 및 교수활동	학습활동	도구	소요시간(min)
2. 보강운동	■ **품새 차기에 유용한 스트레칭을 복습한다.** 1) 교수자는 학습자들을 정면을 보고 지그재그로 2인 1조(수행자와 보조자)로 구성하여 세우고, 제자리에서 동작을 수행할 수 있도록 지도한다. **학습대형** (교수자 정면 배치 다이어그램) 2) 교수자는 학습자들의 유연성 향상을 위한 보강훈련의 하나로서 '품새 차기에 유용한 스트레칭'(1주차 학습내용) 중 '앞으로 발올리기'를 구령에 맞추어 수행할 수 있도록 한다(각 10회, 5회 실시 등). 4) 교수자는 이동하며, 수행자의 수행을 평가하고 교정한다. **앞으로 발올리기** ○ 스트레칭 시 두 다리의 무릎이 구부러지지 않도록 동작을 수행한다. ○ 스트레칭 시 발목을 곧게 편다. ○ 가장 빠르게 발을 올린다(올리는 것보다 내리는 것이 빠른 것은 바람직하지 못한 동작이다). 5) 수행자의 수행 완료 후, 수행자와 보조자의 역할을 바꾸어 스트레칭을 실시할 수 있도록 지시한다.	▷ 보조자는 교수자의 교수내용을 기초로 수행자의 동작을 평가하고 지적한다.		15

단원명	학습내용 및 교수활동	학습활동	도구	소요시간 (min)
	6) 교수자는 수행자들이 '옆으로 발올리기'를 구령에 맞추어 수행할 수 있도록 한다 (각 10회, 5회 실시 등). **옆으로 발올리기** ○ 올리는 발은 발날을 만든 상태로 수행한다. ○ 스트레칭 시 엉덩이가 빠지지 않도록 시선–어깨–엉덩이–발날을 일자로 만들어 올린다. ○ 축이 되는 발의 뒤꿈치는 올리는 쪽으로 향하도록 한다. ○ 스트레칭 순간 축이 되는 발을 올리는 쪽으로 밀어 몸의 중심이 뒤로 빠지지 않도록 만든다. 7) 교수자는 이동하며, 수행자의 수행을 평가하고 교정한다. 8) 수행자의 수행 완료 후, 수행자와 보조자의 역할을 바꾸어 스트레칭을 실시할 수 있도록 지시한다. 9) 교수자는 수행자들이 '뒤로 발올리기'를 구령에 맞추어 수행할 수 있도록 한다(각 10회, 5회 실시 등). **뒤로 발올리기** ○ 뒤로 발올리기는 옆으로 올리기와 수행과정이 유사하며, 몸의 후면을 중심으로 발바닥이 하늘을 향하도록 올린다. ○ 올리는 발이 몸의 바깥으로 빠지지 않도록 한다. ○ 스트레칭 순간 축이 되는 발을 올리는 쪽으로 밀어준다.	▷ 보조자는 교수자의 교수내용을 기초로 수행자의 동작을 평가하고 지적한다. ▷ 보조자는 교수자의 교수내용을 기초로 수행자의 동작을 평가하고 지적한다.		

단원명	학습내용 및 교수활동	학습활동	도구	소요시간(min)
3. 태극품새의 숙달 1	■ **태극품새의 숙달을 위한 다양한 훈련법을 이해하고 학습한다.** 1) 교수자는 학습자들을 품새 수련(2칸의 한 명씩 지그재그) 대형으로 세운다. **품새 수련 대형** 교수자 2) 교수자는 학습자들이 태극품새를 손기술 없이 발자세로만 하는 품새의 중요성을 설명한다. **발자세로만 하는 품새 수련의 의미** 손동작 없이 발자세로만 품새를 수련할 경우, 학습자들이 발자세에 대해 주의집중을 할 수 있다는 점에서 정확성과 이동 시 유의점에 대해 학습할 수 있다. 3) 교수자는 학습자들이 '태극 4장'을 손기술 없이 발자세로만 한 동작씩 수행할 수 있도록 지도한다. 4) 교수자는 이동하며, 체크리스트를 바탕으로 학습자의 수행을 평가하고 교정한다. **학습자 체크리스트** ○ 이동 시 중심의 이동은 올바른가? ○ × ○ 정확한 발자세는 수행하고 있는가? ○ × ○ 정확하고 강한 발차기를 수행하고 있는가? ○ ×	▷ 교수자의 강의내용을 경청하고 숙지하도록 한다. ▷ 학습자는 의문사항에 대해 손을 들고 질문할 수 있도록 한다. ▷ 학습자들은 발자세로만 품새 수련 시 머리 위에 손을 올리거나 양손을 팔굽치기 한 상태로 수행한다.		30

단원명	학습내용 및 교수활동	학습활동	도구	소요시간 (min)
	5) 교수자는 학습자들이 '태극 4장'을 손기술 없이 발자세로만 방향별로 품새를 수행할 수 있도록 지도한다. 6) 교수자는 이동하며, 체크리스트를 바탕으로 학습자의 수행을 평가하고 교정한다. **학습자 체크리스트** ○ 이동 시 중심의 이동은 올바른가? ○ × ○ 정확한 발자세는 수행하고 있는가? ○ × ○ 정확하고 강한 발차기를 수행하고 있는가? ○ × ○ 동작과 동작 사이의 연결이 자연스러운가? ○ × 7) 교수자는 학습자들이 '태극 5장'을 손기술없이 발자세로만 한 동작씩 수행할 수 있도록 지도한다. 8) 교수자는 이동하며, 체크리스트를 바탕으로 학습자의 수행을 평가하고 교정한다. **학습자 체크리스트** ○ 이동 시 중심의 이동은 올바른가? ○ × ○ 정확한 발자세는 수행하고 있는가? ○ × ○ 정확하고 강한 발차기를 수행하고 있는가? ○ × 9) 교수자는 학습자들이 '태극 5장'을 손기술 없이 발자세로만 방향별로 품새를 수행할 수 있도록 지도한다. 10) 교수자는 이동하며, 체크리스트를 바탕으로 학습자의 수행을 평가하고 교정한다.	▷ 학습자들은 발자세로만 품새 수련 시 머리 위에 손을 올리거나 양손을 팔굽치기 한 상태로 수행한다. ▷ 교수자의 평가를 기초로 자신의 동작을 교정한다. ▷ 학습자들은 발자세로만 품새 수련 시 머리 위에 손을 올리거나 양손을 팔굽치기 한 상태로 수행한다. ▷ 교수자의 평가를 기초로 자신의 동작을 교정한다. ▷ 학습자들은 발자세로만 품새 수련 시 머리 위에 손을 올리거나 양손을 팔굽치기 한 상태로 수행한다. ▷ 교수자의 평가를 기초로 자신의 동작을 교정한다.		

단원명	학습내용 및 교수활동	학습활동	도구	소요시간 (min)
	학습자 체크리스트 ○ 이동 시 중심의 이동은 올바른가?　○　× ○ 정확한 발자세를 수행하고 있는가?　○　× ○ 정확하고 강한 발차기를 수행하고 있는가?　○　× ○ 동작과 동작 사이의 연결이 자연스러운가?　○　× 11) 교수자는 학습자들이 '태극 6장'을 손기술 없이 발자세로만 한 동작씩 수행할 수 있도록 지도한다. 12) 교수자는 이동하며, 체크리스트를 바탕으로 학습자의 수행을 평가하고 교정한다. **학습자 체크리스트** ○ 이동 시 중심의 이동은 올바른가?　○　× ○ 정확한 발자세를 수행하고 있는가?　○　× ○ 정확하고 강한 발차기를 수행하고 있는가?　○　× 13) 교수자는 학습자들이 '태극 6장'을 손기술 없이 발자세로만 방향별로 품새를 수행할 수 있도록 지도한다. 14) 교수자는 이동하며, 체크리스트를 바탕으로 학습자의 수행을 평가하고 교정한다. **학습자 체크리스트** ○ 이동 시 중심의 이동은 올바른가?　○　× ○ 정확한 발자세를 수행하고 있는가?　○　× ○ 정확하고 강한 발차기를 수행하고 있는가?　○　× ○ 동작과 동작 사이의 연결이 자연스러운가?　○　×	▷ 학습자들은 발자세로만 품새 수련 시 머리 위에 손을 올리거나 양손을 팔굽치기 한 상태로 수행한다. ▷ 교수자의 평가를 기초로 자신의 동작을 교정한다. ▷ 학습자들은 발자세로만 품새 수련 시 머리 위에 손을 올리거나 양손을 팔굽치기 한 상태로 수행한다. ▷ 교수자의 평가를 기초로 자신의 동작을 교정한다.		

단원명	학습내용 및 교수활동	학습활동	도구	소요시간 (min)
	15) 교수자는 학습자들이 '태극 7장'을 손기술 없이 발자세로만 한 동작씩 수행할 수 있도록 지도한다. 16) 교수자는 이동하며, 체크리스트를 바탕으로 학습자의 수행을 평가하고 교정한다. **학습자 체크리스트** ○ 이동 시 중심의 이동은 올바른가? ○ × ○ 정확한 발자세를 수행하고 있는가? ○ × ○ 정확하고 강한 발차기를 수행하고 있는가? ○ × 17) 교수자는 학습자들이 '태극 7장'을 손기술 없이 발자세로만 방향별로 품새를 수행할 수 있도록 지도한다. 18) 교수자는 이동하며, 체크리스트를 바탕으로 학습자의 수행을 평가하고 교정한다. **학습자 체크리스트** ○ 이동 시 중심의 이동은 올바른가? ○ × ○ 정확한 발자세를 수행하고 있는가? ○ × ○ 정확하고 강한 발차기를 수행하고 있는가? ○ × ○ 동작과 동작 사이의 연결이 자연스러운가? ○ × 19) 교수자는 학습자들이 '태극 8장'을 손기술 없이 발자세로만 한 동작씩 수행할 수 있도록 지도한다. 20) 교수자는 이동하며, 체크리스트를 바탕으로 학습자의 수행을 평가하고 교정한다.	▷ 학습자들은 발자세로만 품새 수련 시 머리 위에 손을 올리거나 양손을 팔굽치기 한 상태로 수행한다. ▷ 교수자의 평가를 기초로 자신의 동작을 교정한다. ▷ 학습자들은 발자세로만 품새 수련 시 머리 위에 손을 올리거나 양손을 팔굽치기 한 상태로 수행한다. ▷ 교수자의 평가를 기초로 자신의 동작을 교정한다. ▷ 학습자들은 발자세로만 품새 수련 시 머리 위에 손을 올리거나 양손을 팔굽치기 한 상태로 수행한다.		

단원명	학습내용 및 교수활동	학습활동	도구	소요시간(min)
	학습자 체크리스트 ○ 이동 시 중심의 이동은 올바른가? ○ ✕ ○ 정확한 발자세를 수행하고 있는가? ○ ✕ ○ 정확하고 강한 발차기를 수행하고 있는가? ○ ✕ 21) 교수자는 학습자들이 '태극 8장'을 손기술 없이 발자세로만 방향별로 품새를 수행할 수 있도록 지도한다. 22) 교수자는 이동하며, 체크리스트를 바탕으로 학습자의 수행을 평가하고 교정한다. **학습자 체크리스트** ○ 이동 시 중심의 이동은 올바른가? ○ ✕ ○ 정확한 발자세를 수행하고 있는가? ○ ✕ ○ 정확하고 강한 발차기를 수행하고 있는가? ○ ✕ ○ 동작과 동작 사이의 연결이 자연스러운가? ○ ✕	▷ 교수자의 평가를 기초로 자신의 동작을 교정한다. ▷ 학습자들은 발자세로만 품새 수련 시 머리 위에 손을 올리거나 양손을 팔굽치기 한 상태로 수행한다. ▷ 교수자의 평가를 기초로 자신의 동작을 교정한다.		
4. 태극품새의 숙달 2	■ **태극품새의 숙달을 위한 다양한 훈련법을 이해하고 학습한다.** 1) 교수자는 학습자들을 품새 수련(2칸의 한 명씩 지그재그) 대형으로 세운다. **품새 수련 대형** 교수자			50

단원명	학습내용 및 교수활동	학습활동	도구	소요시간 (min)
	2) 교수자는 '태극품새의 동작별 풀기'에 대하여 설명하고 간략하게 시범을 보일 수 있도록 한다. **태극품새의 동작별 풀기** ○ 이 학습과정은 준비에서부터 한 동작씩 더하는 식으로 품새를 풀어서 수행하는 것으로, 해당 품새의 반복학습과 체력향상에 효과적이다. 예) 태극 1장: 준비→왼앞서기 내려막기/준비→왼앞서기 내려막기→오른앞서기 몸통지르기/준비→왼앞서기 내려막기→오른앞서기 몸통지르기→뒤로 돌아 오른앞서기 내려막기/준비→왼앞서기 내려막기→오른앞서기 몸통지르기→뒤로 돌아 오른앞서기 내려막기→왼앞서기 몸통지르기 등 3) 교수자는 '태극 7장'을 '태극품새의 동작별 풀기'로 구령에 맞춰 수행할 수 있도록 지시한다. 4) 교수자는 이동하며, 체크리스트를 바탕으로 학습자의 수행을 평가하고 교정한다. **학습자 체크리스트** ○ 정확한 손동작을 수행하고 있는가? ○ × ○ 숙련성 있는 손동작을 수행하고 있는가? ○ × ○ 정확한 발자세를 수행하고 있는가? ○ × ○ 정확하고 강한 발차기를 수행하고 있는가? ○ × ○ 동작을 자연스럽게 연결하고 있는가? ○ × 5) 교수자는 '태극 8장'을 '태극품새의 동작별 풀기'로 구령에 맞춰 수행할 수 있도록 지시한다. 6) 교수자는 이동하며, 체크리스트를 바탕으로 학습자의 수행을 평가하고 교정한다.	▷ 교수자의 강의내용을 경청하고 숙지하도록 한다. ▷ 학습자는 의문사항에 대해 손을 들고 질문할 수 있도록 한다. ▷ 교수자의 평가를 기초로 자신의 동작을 교정한다. ▷ 수행과정 시 정확한 동작을 수행하기 위해 노력한다.		

단원명	학습내용 및 교수활동	학습활동	도구	소요시간(min)
	학습자 체크리스트 ○ 정확한 손동작을 수행하고 있는가? ○ × ○ 숙련성 있는 손동작을 수행하고 있는가? ○ × ○ 정확한 발자세를 수행하고 있는가? ○ × ○ 정확하고 강한 발차기를 수행하고 있는가? ○ × ○ 동작을 자연스럽게 연결하고 있는가? ○ ×			
5. 태극품새의 숙달 3	■ **태극품새의 숙달을 위한 다양한 훈련법을 이해하고 학습한다.** 1) 교수자는 학습자들을 품새 수련(2칸의 한 명씩 지그재그) 대형으로 세운다. **품새 수련 대형** (교수자 배치도) 2) 교수자는 학습자들로 하여금 '태극 1장' ~ '태극 8장'까지 한 번에 수행할 수 있도록 지도한다. **수행방법** ○ 시작 구령과 함께 태극 1장부터 태극 8장까지 쉬지 않고 수행한다. ○ 각 품새의 마지막 동작 이후 스스로 바로자세를 5초간 취하고 이어서 다음 품새를 수행한다.	▷ 교수자의 강의내용을 경청하고 숙지하도록 한다. ▷ 학습자는 의문사항에 대해 손을 들고 질문할 수 있도록 한다.		10

단원명	학습내용 및 교수활동	학습활동	도구	소요시간 (min)
	효과 ○ 체력을 향상시킬 수 있다. ○ 학습자들로 하여금 성취감을 얻게 할 수 있다. ○ 체력이 떨어진 상태에서 자신의 부족한 동작에 대해 집중함으로써 더욱 완성된 동작을 학습할 수 있다. 3) 교수자는 이동하며, 학습자들의 수행을 평가하고 교정한다(학습자가 동작을 수행하고 있는 상황마다 피드백을 제공할 수 있다).	▷ 수행과정 시 정확한 동작을 수행하기 위해 노력한다.		
6. 정리운동	■ **정리운동을 통해 운동 후 회복의 중요성을 학습한다.** 1) 교수자는 학습자들을 정면을 보고 4열종대로 제자리에서 수행할 수 있도록 지도한다. 2) 교수자는 정리운동 시 학습자와 반대 방향으로 시범을 보이며 지도한다. 3) 정리운동 시 교수자 8초/학습자 8초의 구령에 맞춰 실시한다. **정리운동 순서** - 손목/발목 돌리기 - 무릎 돌리기 - 허리 돌리기 - 목 돌리기 - 어깨 돌려주기 - 좌우 다리 스트레칭 - 골반 눌러주기(좌/우/중앙) - 앉아서 두 다리 펴고 앞으로 숙여주기 - 두 발바닥 붙여 앞으로 숙여주기 - 다리 옆으로 벌려서 숙여주기(좌/우/중앙) - 다리 옆으로 벌린 상태에서 틀어주기(좌/우)	▷ 학습자는 4열종대로 정렬한 후 교수자의 지시에 따라 동작을 수행한다. ▷ 구령은 교수자의 선창 시 학습자는 후창 구령을 넣는다.		5

태권도 지도자를 위한 품새 이론 및 실제

유단자 품새

11 주차

강의 주제	고려품새, 금강품새	대상	태권도 전공생	차시 구성	11
				소요시간	120분
교육과정 개요(목적)	태권도 품새의 기본동작을 이해하고 수행하며, 학습된 내용을 바탕으로 정확한 동작과 높은 표현성의 품새를 수행할 수 있도록 한다. 또한 태권도 품새의 기본동작과 응용동작을 활용하여 태권도 품새의 실전적 움직임을 수련하고 창작품새 개발능력을 향상시키는 데 목적이 있다.				
11주차 교육목표	• 고려품새와 금강품새의 주요 동작의 이해를 기초로 해당 품새의 수행방법을 익힐 수 있다. • 고려품새와 금강품새의 응용동작을 이해하고 익힐 수 있다.				

단원명	시간(m)	주요 학습내용
준비운동	10	준비운동을 통해 체온상승과 관절의 가동범위를 넓히고 근육을 이완시키는 방법을 학습한다.
보강훈련	15	스쿼트(squat) 동작을 응용하여 품새 차기를 복습한다.
고려품새, 금강품새의 주요 동작 학습	20	고려품새와 금강품새의 주요 동작을 학습한다.
고려품새의 수련	15	동작별·방향별 훈련을 활용하여 고려품새를 학습한다.
금강품새의 수련	15	동작별·방향별 훈련을 활용하여 금강품새를 학습한다.
기본동작훈련을 활용한 고려품새, 금강품새의 학습	15	고려품새, 금강품새를 기본동작훈련을 활용하여 숙달한다.
고려품새, 금강품새를 활용한 호신술	25	고려품새, 금강품새 동작을 응용한 호신술을 이해하고 학습한다.
정리운동	5	정리운동을 통해 운동 후 회복의 중요성을 학습한다.

단원명	학습내용 및 교수활동	학습활동	도구	소요시간 (min)
1. 준비운동	■ 준비운동을 통해 체온상승과 관절의 가동범위를 넓히고 근육을 이완시키는 방법을 학습한다. 1) 교수자는 학습자들을 원 형태로 원의 중앙을 보고 제자리에서 수행할 수 있도록 지도한다. 2) 교수자는 준비운동 시 학습자와 반대 방향으로 시범을 보이며 지도한다. 3) 준비운동은 기본적으로 교수자 8초/학습자 8초의 구령으로 실시하되, 눌러주기 및 숙여주기 동작에서는 25~30초로 3~5회 실시한다. **준비운동 순서** - 손목/발목 돌리기 - 무릎 돌리기 - 허리 돌리기 - 목 돌리기 - 어깨 돌려주기 - 좌우 다리 스트레칭 - 골반 눌러주기(좌/우/중앙) - 앉아서 두 다리 펴고 앞으로 숙여주기 - 두 발바닥 붙여 앞으로 숙여주기 - 다리 옆으로 벌려서 숙여주기(좌/우/중앙) - 다리 옆으로 벌린 상태에서 틀어주기(좌/우)	▷ 학습자는 정렬한 후 교수자의 지시에 따라 동작을 수행한다. ▷ 구령은 교수자의 선창 시 학습자는 후창 구령을 넣는다.		10

단원명	학습내용 및 교수활동	학습활동	도구	소요시간 (min)
2. 보강훈련	■ **스쿼트(squat) 동작을 응용하여 품새 차기를 복습한다.** 1) 교수자는 학습자들을 원 형태로 원의 중앙을 볼 수 있도록 세운다. **학습대형** (원형 대형 그림 - 중앙에 교수자) 2) 교수자는 '스쿼트(squat) 동작을 응용한 품새 차기 훈련법'에 대하여 설명하고 시범을 보인다. **수행방법** ○ 스쿼트 동작과 같이 앉았다 일어서는 과정에서 차기를 수행한다. ○ 앞차기는 일어서는 과정에서 앞으로 찬다. 　예) 스쿼트 + 오른앞차기 → 스쿼트 + 왼앞차기 ○ 옆차기는 일어서는 과정에서 옆으로 찬다 　예) 스쿼트 + 오른옆차기 → 스쿼트 + 왼옆차기	▷ 교수자의 강의내용을 경청하고 숙지하도록 한다. ▷ 잘 이해되지 않는 부분은 질문을 하도록 한다.		15

단원명	학습내용 및 교수활동	학습활동	도구	소요시간 (min)
	스쿼트(squat) 발차기 앞차기 준비 / 앞차기 수행 / 옆차기 준비 / 옆차기 수행 3) 교수자의 구령에 맞춰 '스쿼트(squat) 동작을 응용한 앞차기'를 수행할 수 있도록 지도한다(각 20회, 10회 실시 등). 4) 교수자는 이동하며, 학습자의 수행을 평가하고 교정한다. 5) 교수자의 구령에 맞춰 '스쿼트(squat) 동작을 응용한 옆차기'를 수행할 수 있도록 지도한다(각 20회, 10회 실시 등). 6) 교수자는 이동하며, 학습자의 수행을 평가하고 교정한다.	▷ 학습자는 교수자의 구령에 맞춰 각 동작을 정확히 수행하기 위해 노력한다. ▷ 교수자의 평가를 기초로 자신의 동작을 교정한다.		

단원명	학습내용 및 교수활동	학습활동	도구	소요시간 (min)
3. 고려품새, 금강 품새의 주요 동작 학습	■ **고려품새와 금강품새의 주요 동작을 학습한다.** 1) 교수자는 학습자들을 이동하면서 동작을 수행할 수 있도록 한쪽 벽면에 5열종대로 세운다. **학습대형** 2) 교수자는 '고려품새', '금강품새'에서 나오는 주요 동작을 설명하고, 시범을 보일 수 있도록 한다. **고려품새와 금강품새의 주요 동작** ○ 고려 – 뒷굽이 양손날막기 + 거듭옆차고 앞굽이 목치고 지르기 + 당기면서 뒷굽이 안막기 – 앞차기 + 앞굽이 내려막고 아금손 치기 – 주춤서 표적지르기 + 나가면서 옆차고 앞굽이 제쳐찌르기 ○ 금강 – 앞굽이 헤쳐막기 + 앞굽이 바탕손턱치기 + 앞굽이 바탕손턱치기 + 앞굽이 바탕손턱치기 – 앞굽이 바탕손턱치기 + 뒤로 빠지면서 뒷굽이 손날막기 + 뒷굽이 손날막기 + 뒷굽이 손날막기 – 학다리서기 금강아래막기 + 주춤서기 큰 돌쩌귀 + 360° 돌아서 주춤서기 큰돌쩌귀	▷ 교수자의 강의내용을 경청하고 숙지하도록 한다. ▷ 학습자는 의문사항에 대해 손을 들고 질문할 수 있도록 한다.		20

단원명	학습내용 및 교수활동	학습활동	도구	소요시간 (min)
	3) 교수자는 학습자들이 각 줄별로 앞으로 나가며 '고려품새'의 주요 동작을 순차적으로 수행할 수 있도록 지시한다. 1. 뒷굽이 양손날막기 + 거듭옆차고 앞굽이 목치고 지르기 + 당기면서 뒷굽이 안막기 X 6회 2. 앞차기 + 앞굽이 내려막고 아금손 치기 X 6회 3. 주춤서기 표적지르기 + (오른)옆차고 앞굽이 제쳐찌르기 X 3회 4. 주춤서기 표적지르기 + (왼)옆차고 앞굽이 제쳐찌르기 X 3회 4) 교수자는 이동하며, 학습자의 수행을 평가하고 교정한다. **학습자 체크리스트** ○ 차기의 높이와 속도를 확인한다. ○ 손기술과 서기동작을 정확하게 수행하고 있는지 확인한다. ○ 동작의 연결성을 확인한다. 5) 학습자들이 지도사항을 기초로 같은 동작을 재수행하도록 지시한다. 6) 교수자는 이동하며, 학습자들의 수행을 평가하고 교정한다(학습자가 동작을 수행하고 있는 상황마다 피드백을 제공할 수 있다). 7) 교수자는 학습자들이 각 줄별로 앞으로 나가며 '금강품새'의 주요 동작을 순차적으로 수행할 수 있도록 지시한다.	▷ 교수자의 평가를 기초로 자신의 동작을 교정한다. ▷ 자신의 수행이 끝난 후 교수자의 교수내용을 기초로 다음 줄의 수행을 평가하고 지적한다. ▷ 교수자의 평가를 기초로 자신의 동작을 교정한다. ▷ 자신의 수행이 끝난 후 교수자의 교수내용을 기초로 다음 줄의 수행을 평가하고 지적한다.		

단원명	학습내용 및 교수활동	학습활동	도구	소요시간(min)
	1. 앞굽이 헤쳐막기 + 앞굽이 바탕손턱치기 + 앞굽이 바탕손턱치기 + 앞굽이 바탕손턱치기 X 2회 2. 앞굽이 바탕손턱치기 + 뒤로 빠지면서 뒷굽이 손날막기 + 뒷굽이 손날막기 + 뒷굽이 손날막기 X 2회 3. 학다리서기 금강내려막기 + 주춤서기 큰돌쩌귀 + 360° 돌아서 주춤서기 큰돌쩌귀 X 3회 8) 교수자는 이동하며, 학습자의 수행을 평가하고 교정한다. 9) 학습자들이 지도사항을 기초로 같은 동작을 재수행하도록 지시한다. 10) 교수자는 이동하며, 학습자들의 수행을 평가하고 교정한다(학습자가 동작을 수행하고 있는 상황마다 피드백을 제공할 수 있다).			
4. 고려품새의 수련	■ **동작별·방향별 훈련을 활용하여 고려품새를 학습한다.** 1) 교수자는 학습자들을 품새 수련(2칸의 한 명씩 지그재그) 대형으로 세운다. **품새수련대형** 교수자 2) 교수자의 구령에 맞춰 '고려품새'를 한 동작씩 수련한다.	▷ 교수자의 평가를 기초로 자신의 동작을 교정한다.		15

단원명	학습내용 및 교수활동	학습활동	도구	소요시간 (min)
	동작별 훈련의 중요성 태권도 품새의 한 동작씩의 수련은 개별동작이 가진 정확한 움직임을 학습하는 데 도움이 된다. 3) 교수자는 이동하며, 학습자의 수행을 평가하고 교정한다. **학습자 체크리스트** ○ 정확한 손동작을 수행하고 있는가?　○　× ○ 숙련성 있는 손동작을 수행하고 있는가?　○　× ○ 정확한 서기자세를 수행하고 있는가?　○　× ○ 정확하고 강한 발차기를 수행하고 있는가?　○　× 4) 교수자의 구령에 맞춰 '고려품새'를 방향별로 수련한다. **방향별 훈련의 중요성** 태권도 품새의 방향별 수련은 동작별 훈련의 응용과정으로 정확한 동작의 수행과 더불어 동작 간의 연결성을 학습하는 데 유용하다. **고려 방향 예시**	▷ 교수자의 평가를 기초로 자신의 동작을 교정한다.		

단원명	학습내용 및 교수활동	학습활동	도구	소요시간(min)
	5) 교수자는 이동하며, 학습자의 수행을 평가하고 교정한다. **학습자 체크리스트** ○ 정확한 손동작을 수행하고 있는가?　○　× ○ 숙련성 있는 손동작을 수행하고 있는가?　○　× ○ 정확한 서기자세를 수행하고 있는가?　○　× ○ 정확하고 강한 발차기를 수행하고 있는가?　○　× ○ 동작을 자연스럽게 연결하고 있는가?　○　× 6) 교수자는 학습자들이 동작별 훈련과 방향별 훈련을 통해 학습한 정확성, 연결성, 숙련성의 내용을 토대로 '고려품새'를 수행할 수 있도록 지시한다. 7) 교수자는 이동하며, 학습자의 수행을 평가하고 교정한다. **학습자 체크리스트** ○ 정확한 손동작을 수행하고 있는가?　○　× ○ 숙련성 있는 손동작을 수행하고 있는가?　○　× ○ 정확한 서기자세를 수행하고 있는가?　○　× ○ 정확하고 강한 발차기를 수행하고 있는가?　○　× ○ 동작을 자연스럽게 연결하고 있는가?　○　×	▷ 교수자의 평가를 기초로 자신의 동작을 교정한다.		
5. 금강품새의 수련	■ **동작별·방향별 훈련을 활용하여 금강품새를 학습한다.** 1) 교수자는 학습자들을 품새 수련(2칸의 한 명씩 지그재그) 대형으로 세운다.			15

단원명	학습내용 및 교수활동	학습활동	도구	소요시간 (min)
	품새 수련 대형 (교수자 앞 학습자 배치 도형) 2) 교수자의 구령에 맞춰 학습자들이 '금강품새'를 한 동작씩 수행할 수 있도록 지시한다. 3) 교수자는 이동하며, 학습자의 수행을 평가하고 교정한다. **학습자 체크리스트** ○ 이동 시 중심의 이동은 올바른가? ○ ✕ ○ 정확한 서기자세를 수행하고 있는가? ○ ✕ ○ 정확하고 강한 발차기를 수행하고 있는가? ○ ✕ 4) 교수자의 구령에 맞춰 '금강품새'를 방향별로 수행할 수 있도록 지시한다. **품새 수련 대형** (방향별 이동 도형: 1,2,3,4,5,6,7,8,9)	▷ 교수자의 평가를 기초로 자신의 동작을 교정한다.		

단원명	학습내용 및 교수활동	학습활동	도구	소요시간 (min)
	5) 교수자는 이동하며, 학습자의 수행을 평가하고 교정한다. **학습자 체크리스트** ○ 정확한 손동작을 수행하고 있는가?　　○　× ○ 숙련성 있는 손동작을 수행하고 있는가?　○　× ○ 정확한 발자세를 수행하고 있는가?　　　○　× ○ 정확하고 강한 발차기를 수행하고 있는가?　○　× ○ 동작을 자연스럽게 연결하고 있는가?　　○　× 6) 교수자는 학습자들이 동작별 훈련과 방향별 훈련을 통해 학습한 정확성, 연결성, 숙련성의 내용을 토대로 '금강품새'를 수행할 수 있도록 지시한다. 7) 교수자는 이동하며, 학습자의 수행을 평가하고 교정한다. **학습자 체크리스트** ○ 정확한 손동작을 수행하고 있는가?　　○　× ○ 숙련성 있는 손동작을 수행하고 있는가?　○　× ○ 정확한 발자세를 수행하고 있는가?　　　○　× ○ 정확하고 강한 발차기를 수행하고 있는가?　○　× ○ 동작을 자연스럽게 연결하고 있는가?　　○　×	▷ 교수자의 평가를 기초로 자신의 동작을 교정한다.		
6. 기본동작훈련을 활용한 고려품새, 금강품새의 학습	■ **고려품새, 금강품새를 기본동작훈련을 활용하여 숙달한다.** 1) 교수자는 학습자들을 품새 수련(2칸의 한 명씩 지그재그) 대형으로 세운다.			15

단원명	학습내용 및 교수활동	학습활동	도구	소요시간 (min)
	품새 수련 대형 교수자 2) 교수자는 기본동작훈련 중 '응용차기'와 '힘의 원리'를 바탕으로 '고려품새'와 '금강품새'를 한 동작씩 수행할 수 있도록 지도한다. **수행방법** ○ 고려품새의 앞차기를 응용차기(상단–하단–하단–상단)의 형태로 수행한다. ○ 금강품새는 눈을 감은 상태에서 '강하게 지르기' 또는 '편하게 지르기'의 형태로 수행한다. 3) 교수자는 '고려품새'를 '응용차기'를 활용하여 한 동작씩 수행할 수 있도록 지도한다. 4) 학습자들은 교수자의 구령에 맞춰 동작을 수행한다. 5) 교수자는 이동하며, '학습자 체크리스트'를 중심으로 학습자의 수행을 평가하고 교정한다. **학습자 체크리스트** ○ 발차기의 공격 부위가 정확한가? ○ ✕ ○ 상단–하단–하단–상단으로 이어지는 발차기가 자연스러운가? ○ ✕	▷ 교수자의 강의내용을 경청하고 숙지하도록 한다. ▷ 학습자는 의문사항에 대해 손을 들고 질문할 수 있도록 한다. ▷ 교수자의 평가를 기초로 자신의 동작을 교정한다.		

단원명	학습내용 및 교수활동	학습활동	도구	소요시간 (min)
	6) 교수자는 학습자들로 하여금 '금강품새'를 눈을 감고 한 동작씩 수행할 수 있도록 지도한다. **주의사항** ○ 학습자들이 눈을 감고 동작을 수행한다는 점을 기초로 서로 부딪치지 않도록 지도해야 한다. ○ 부딪칠 것 같은 상황에서 교수자는 '멈춰'라는 구령으로 안전사고를 예방한다. 7) 학습자들은 교수자의 구령에 맞춰 동작을 수행한다. 8) 교수자는 이동하며, '학습자 체크리스트'를 중심으로 학습자의 수행을 평가하고 교정한다. **학습자 체크리스트** ○ 동작의 중심이동이 정확한가? ○ × ○ 정확한 동작을 수행하고 있는가? ○ × ○ 이동 시 중심이 무너지지 않는가? ○ ×	▷ 교수자의 평가를 기초로 자신의 동작을 교정한다. ▷ 자신의 동작에 집중한다. ▷ 교수자의 구령에 주의를 기울인다.		
7. 고려품새, 금강품새를 활용한 호신술	▣ **고려품새, 금강품새 동작을 응용한 호신술을 이해하고 학습한다.** 1) 교수자는 학습자들을 2인 1조로 구성한다. 2) 교수자는 학습자들에게 '고려품새'의 응용동작을 설명하고, 시범을 보일 수 있도록 한다.	▷ 교수자의 강의내용을 경청하고 숙지하도록 한다. ▷ 학습자는 의문사항에 대해 손을 들고 질문할 수 있도록 한다.		25

단원명	학습내용 및 교수활동	학습활동	도구	소요시간 (min)
	고려품새의 응용 ○ 손날막고 거듭옆차고 손날목치며 지르기 – 상대의 지르기를 상대의 측면으로 내딛으며 손날로 막는다. 이어서 상대의 다리와 얼굴을 옆찬 후 손날목치며 지른다. ○ 아금손 밀며 넘기기 – 상대의 차기를 잡은 다음, 이어 아금손으로 상대 목을 밀며, 다리 걸어 넘긴다. 3) 2인 1조로 구성된 학습자들을 수행방법에 따라 '손날막고 거듭옆차고 손날목치며 지르기'를 수행할 수 있도록 지도한다(각 10회, 5회 실시 등). **수행방법** 1. 학습자들은 자연스러운 겨룸새로 서로 마주 보게 선다. 2. 교수자의 구령에 따라 공격자는 얼굴을 지른다. 3. 방어자는 상대의 지르기를 상대의 측면으로 내딛으며 바깥 막는다. 이어서 상대의 다리와 얼굴을 옆찬 후 손날목치며 지른다. 4. 수행 완료 후 공격자와 방어자의 역할을 교대하여 수행한다. **손날막고 거듭옆차고 손날목치며 지르기**	▷ 안전사고에 대비하여 학습자들은 상대를 실제 타격하지 않지만, 최대한 가깝게 동작을 수행할 수 있도록 한다.		

단원명	학습내용 및 교수활동	학습활동	도구	소요시간 (min)
	4) 교수자는 이동하며 학습자들의 수행을 평가하고 교정한다(안전사고의 대비와 제대로 된 수행에 중점). 5) 제시된 수행방법을 토대로 학습자들이 교수자의 구령에 따라 '아금손 밀며 넘기기'를 수행할 수 있도록 지도한다(각 10회, 5회 실시 등). **수행방법** 1. 학습자들은 자연스러운 겨룸새로 서로 마주 보게 선다. 2. 교수자의 구령에 따라 공격자는 돌려차기를 찬다. 3. 방어자는 상대의 공격을 잡은 다음, 상대 목을 밀며, 다리 걸어 넘긴다. 4. 수행 완료 후 공격자와 방어자의 역할을 교대하여 수행한다. **아금손 밀며 넘기기** 6) 교수자는 이동하며 학습자들의 수행을 평가하고 교정한다(안전사고의 대비와 제대로 된 수행에 중점). 7) 교수자는 학습자들에게 '금강품새'의 응용동작을 설명하고, 시범을 보일 수 있도록 한다.	▷ 안전사고에 대비하여 학습자들은 상대를 실제 타격하지 않지만, 최대한 가깝게 동작을 수행할 수 있도록 한다.		

단원명	학습내용 및 교수활동	학습활동	도구	소요시간 (min)
	금강품새의 응용 ○ 헤쳐막고 바탕손치기 – 잡으러 오는 상대의 두 손을 헤쳐막은 다음, 한손으로 상대의 손목을 잡아당기며 바탕손으로 턱을 친다. 8) 제시된 수행방법을 토대로 학습자들이 교수자의 구령에 따라 '헤쳐막고 바탕손치기'를 수행할 수 있도록 지도한다(각 10회, 5회 실시 등). **수행방법** 1. 학습자들은 자연스러운 겨룸새로 서로 마주 보게 선다. 2. 교수자의 구령에 따라 공격자는 양손으로 방어자를 잡으러 간다. 3. 방어자는 잡으러 오는 공격자를 몸통 헤쳐막고 한손으로 상대의 손목을 잡아당기며 바탕손으로 턱을 친다. 4. 수행 완료 후 공격자와 방어자의 역할을 교대하여 수행한다. **헤쳐막고 바탕손치기** 9) 교수자는 이동하며 학습자들의 수행을 평가하고 교정한다(안전사고의 대비와 제대로 된 수행에 중점).	▷ 교수자의 강의내용을 경청하고 숙지하도록 한다. ▷ 학습자는 의문사항에 대해 손을 들고 질문할 수 있도록 한다. ▷ 안전사고에 대비하여 학습자들은 상대를 실제 타격하지 않지만, 최대한 가깝게 동작을 수행할 수 있도록 한다.		

단원명	학습내용 및 교수활동	학습활동	도구	소요시간(min)
8. 정리운동	■ **정리운동을 통해 운동 후 회복의 중요성을 학습한다.** 1) 교수자는 학습자들을 정면을 보고 4열종대로 제자리에서 수행할 수 있도록 지도한다. 2) 교수자는 정리운동 시 학습자와 반대 방향으로 시범을 보이며 지도한다. 3) 정리운동 시 교수자 8초/학습자 8초의 구령에 맞춰 실시한다. **정리운동 순서** - 손목/발목 돌리기 - 무릎 돌리기 - 허리 돌리기 - 목 돌리기 - 어깨 돌려주기 - 좌우 다리 스트레칭 - 골반 눌러주기(좌/우/중앙) - 앉아서 두 다리 펴고 앞으로 숙여주기 - 두 발바닥 붙여 앞으로 숙여주기 - 다리 옆으로 벌려서 숙여주기(좌/우/중앙) - 다리 옆으로 벌린 상태에서 틀어주기(좌/우)	▷ 학습자는 4열종대로 정렬한 후 교수자의 지시에 따라 동작을 수행한다. ▷ 구령은 교수자의 선창 시 학습자는 후창 구령을 넣는다.		5

태권도 지도자를 위한 품새 이론 및 실제

유단자 품새

12 주차

강의 주제	태백품새, 평원품새	대상	태권도 전공생	차시 구성	12
				소요시간	120분
교육과정 개요(목적)	태권도 품새의 기본동작을 이해하고 수행하며, 학습된 내용을 바탕으로 정확한 동작과 높은 표현성의 품새를 수행할 수 있도록 한다. 또한 태권도 품새의 기본동작과 응용동작을 활용하여 태권도 품새의 실전적 움직임을 수련하고 창작품새 개발능력을 향상시키는 데 목적이 있다.				
12주차 교육목표	• 태백품새와 평원품새의 주요 동작의 이해를 기초로 해당 품새의 수행방법을 익힐 수 있다. • 태백품새와 평원품새의 응용동작을 이해하고 익힐 수 있다.				

단원명	시간(m)	주요 학습내용
준비운동	10	준비운동을 통해 체온상승과 관절의 가동범위를 넓히고 근육을 이완시키는 방법을 학습한다.
보강운동(손기술 훈련)	15	태권도 손기술을 복습한다.
태백품새, 평원품새의 주요 동작 학습	20	태백품새와 평원품새의 주요 동작을 학습한다.
태백품새의 수련	15	동작별·방향별 훈련을 활용하여 태백품새를 학습한다.
평원품새의 수련	15	동작별·방향별 훈련을 활용하여 평원품새를 학습한다.
기본동작훈련을 활용한 태백품새, 평원품새의 학습	15	태백품새, 평원품새 동작을 기본동작훈련을 활용하여 숙달한다.
태백품새, 평원품새를 응용한 호신술	25	태백품새, 평원품새 동작을 응용한 호신술을 이해하고 학습한다.
정리운동	5	정리운동을 통해 운동 후 회복의 중요성을 학습한다.

단원명	학습내용 및 교수활동	학습활동	도구	소요시간 (min)
1. 준비운동	■ 준비운동을 통해 체온상승과 관절의 가동범위를 넓히고 근육을 이완시키는 방법을 학습한다. 1) 교수자는 학습자들을 정면을 보고 4열종대로 제자리에서 수행할 수 있도록 지도한다. 2) 교수자는 준비운동에 대한 필요성과 주의사항을 간략하게 설명하고 시범을 보인 후 동작을 수행할 수 있도록 지도한다. 3) 교수자는 준비운동 시 학습자와 반대 방향으로 시범을 보이며 지도한다. 4) 준비운동은 기본적으로 교수자 8초/학습자 8초의 구령으로 실시하되, 눌러주기 및 숙여주기 동작에서는 25~30초로 3~5회 실시한다. **준비운동 순서** - 손목/발목 돌리기 - 무릎 돌리기 - 허리 돌리기 - 목 돌리기 - 어깨 돌려주기 - 좌우 다리 스트레칭 - 골반 눌러주기(좌/우/중앙) - 앉아서 두 다리 펴고 앞으로 숙여주기 - 두 발바닥 붙여 앞으로 숙여주기 - 다리 옆으로 벌려서 숙여주기(좌/우/중앙) - 다리 옆으로 벌린 상태에서 틀어주기(좌/우)	▷ 학습자는 4열종대로 정렬한 후 교수자의 지시에 따라 동작을 수행한다. ▷ 구령은 교수자의 선창 시 학습자는 후창 구령을 넣는다.		10

단원명	학습내용 및 교수활동	학습활동	도구	소요시간(min)
2. 보강운동	■ **태권도 손기술을 복습한다.** 1) 교수자는 학습자들을 품새 수련(2칸의 한 명씩 지그재그) 대형으로 세운다. **학습대형** 2) 교수자는 '태권도 손기술'의 숙달을 위한 보강훈련의 하나로서 제자리에서 '손기술 연습동작'을 수행하도록 지도한다. **손기술 연습동작** 내려막기, 손날내려막기, 안막기, 바탕손안막기, 올려막기, 한손날막기, 손날막기, 거들어 안막기, 한손날 목치기, 제비품목치기, 바탕손 턱치기, 몸통지르기, 얼굴지르기, 몸통두 번 지르기 **수행방법** ○ 주춤서기 자세에서 동작을 수행한다. ○ '기본동작의 요소'를 기초로 구령 3과 같이 예비동작부터 본동작까지 한 번에 수행한다.	▷ 교수자의 강의내용을 경청하고 숙지하도록 한다. ▷ 잘 이해되지 않는 부분은 질문을 하도록 한다.		15

단원명	학습내용 및 교수활동	학습활동	도구	소요시간 (min)
	3) 교수자의 구령에 맞춰 '손기술 연습동작'을 한 동작씩 순차적으로(내려막기→손날내려막기→ 중략 →몸통지르기→얼굴지르기→몸통 두 번 지르기) 수행할 수 있도록 지도한다(각 10회, 5회 실시 등). 4) 교수자는 이동하며, 학습자의 수행을 평가하고 교정한다. **학습자 체크리스트** ○ 예비동작과 본동작의 위치가 정확한가? ○ × ○ 힘의 약강과 속도의 완급을 수행하는가? ○ × ○ 정확한 수행방법으로 동작을 수행하고 있는가? ○ ×	▷ 학습자는 교수자의 구령에 맞춰 각 동작을 정확히 수행하기 위해 노력한다.		
3. 태백품새, 평원품새의 주요 동작 학습	■ **태백품새와 평원품새의 주요 동작을 학습한다.** 1) 교수자는 학습자들을 이동하면서 동작을 수행할 수 있도록 한쪽 벽면에 5열종대로 세운다. **학습대형**			20

단원명	학습내용 및 교수활동	학습활동	도구	소요시간 (min)
	2) 교수자는 '태백품새', '평원품새'에서 나오는 주요 동작을 설명하고, 시범을 보일 수 있도록 한다. **태백품새와 평원품새의 주요 동작** ○ **태백** – 범서기 양손날 헤쳐내려막기 + 앞차고 앞굽이 두 번 지르기 – 앞굽이 가위막기 + 앞차고 앞굽이 두 번 지르기 – 뒷굽이 금강안막기 + 당겨턱치고 옆지르기 + 옆차고(동시에 메주먹 바깥치기) 내디뎌 앞굽이 팔굽표적치기 ○ **평원** – 앞굽이 팔굽 올려치기 + 앞차고 뒤돌아 옆차기 + 뒷굽이 손날안막고 손날내려막기 – 주춤서 산틀막기 + 학다리서기 금강내려막고 작은돌쩌귀 + 옆차고(동시에 메주먹 바깥치기) 내디뎌 앞굽이 팔굽표적치기 3) 교수자는 학습자들이 각 줄별로 앞으로 나가며 '태백품새'의 주요 동작을 수행할 수 있도록 지시한다. 1. 범서기 양손날 헤쳐내려막기 + 앞차고 앞굽이 두 번 지르기 X 6회 2. 앞굽이 가위막기 + 앞차고 앞굽이 두 번 지르기 X 6회 3. 뒷굽이 금강안막기 + 당겨턱치고 옆지르기 + 옆차고(동시에 메주먹 바깥치기) 내디뎌 앞굽이 팔굽표적치기 X 6회 4) 교수자는 이동하며, 학습자의 수행을 평가하고 교정한다. **학습자 체크리스트** ○ 차기의 높이와 속도를 확인한다. ○ 손기술과 서기동작을 정확하게 수행하고 있는지 확인한다. ○ 동작의 연결성을 확인한다.	▷ 교수자의 강의내용을 경청하고 숙지하도록 한다. ▷ 학습자는 의문사항에 대해 손을 들고 질문할 수 있도록 한다. ▷ 교수자의 평가를 기초로 자신의 동작을 교정한다. ▷ 자신의 수행이 끝난 후 교수자의 교수내용을 기초로 다음 줄의 수행을 평가하고 지적한다.		

단원명	학습내용 및 교수활동	학습활동	도구	소요시간 (min)

	5) 학습자들이 지도사항을 기초로 같은 동작을 재수행하도록 지시한다.
	6) 교수자는 이동하며, 학습자들의 수행을 평가하고 교정한다(학습자가 동작을 수행하고 있는 상황마다 피드백을 제공할 수 있다).
	7) 교수자는 학습자들이 각 줄별로 앞으로 나가며 '평원품새'의 주요 동작을 수행할 수 있도록 지시한다.
	8) 교수자는 이동하며, 학습자의 수행을 평가하고 교정한다.
	
	   1. 앞굽이 팔굽 올려치기 + 앞차고 뒤돌아 옆차기 + 뒷굽이 손날안막고 손날내려막기 X 4회
	   2. 주춤서 산틀막기 + 학다리서기 금강내려막고 작은돌쩌귀 + 옆차고(동시에 메주먹 바깥치기) 내디뎌 앞굽이 팔굽표적치기 X 4회
	
	9) 학습자들이 지도사항을 기초로 같은 동작을 재수행하도록 지시한다.
	
	   학습자 체크리스트
	   ○ 차기의 높이와 속도를 확인한다.
	   ○ 손기술과 서기동작을 정확하게 수행하고 있는지 확인한다.
	   ○ 동작의 연결성을 확인한다.
	
	10) 교수자는 이동하며, 학습자들의 수행을 평가하고 교정한다(학습자가 동작을 수행하고 있는 상황마다 피드백을 제공할 수 있다).
		▷ 교수자의 평가를 기초로 자신의 동작을 교정한다.
		▷ 자신의 수행이 끝난 후 교수자의 교수내용을 기초로 다음 줄의 수행을 평가하고 지적한다.		

단원명	학습내용 및 교수활동	학습활동	도구	소요시간 (min)
4. 태백품새의 수련	■ **동작별·방향별 훈련을 활용하여 태백품새를 학습한다.** 1) 교수자는 학습자들을 품새 수련(2칸의 한 명씩 지그재그) 대형으로 세운다. **품새 수련 대형** 2) 교수자의 구령에 맞춰 '태백품새'를 한 동작씩 수련한다. **동작별 훈련** 태권도 품새의 한 동작씩의 수련은 개별동작이 가진 정확한 움직임을 학습하는 데 도움이 된다. 3) 교수자는 이동하며, 학습자의 수행을 평가하고 교정한다. **학습자 체크리스트** ○ 정확한 손동작을 수행하고 있는가?　　　　○　× ○ 숙련성 있는 손동작을 수행하고 있는가?　　○　× ○ 정확한 서기자세를 수행하고 있는가?　　　○　× ○ 정확하고 강한 발차기를 수행하고 있는가?　○　×	▷ 교수자의 평가를 기초로 자신의 동작을 교정한다.		15

단원명	학습내용 및 교수활동	학습활동	도구	소요시간 (min)
	4) 교수자의 구령에 맞춰 '태백품새'를 방향별로 수련한다. **방향별 훈련** 태권도 품새의 방향별 수련은 동작별 훈련의 응용과정으로, 정확한 동작의 수행과 더불어 동작 간의 연결성을 학습하는 데 유용하다. **고려 방향 예시** 5) 교수자는 이동하며, 학습자의 수행을 평가하고 교정한다. **학습자 체크리스트** ○ 정확한 손동작을 수행하고 있는가?　　　　　　○　× ○ 숙련성 있는 손동작을 수행하고 있는가?　　　　○　× ○ 정확한 서기자세를 수행하고 있는가?　　　　　○　× ○ 정확하고 강한 발차기를 수행하고 있는가?　　　○　× ○ 동작을 자연스럽게 연결하고 있는가?　　　　　○　× 6) 교수자는 학습자들이 동작별 훈련과 방향별 훈련을 통해 학습한 정확성, 연결성, 숙련성의 내용을 토대로 '태백품새'를 수행할 수 있도록 지시한다.	▷ 교수자의 평가를 기초로 자신의 동작을 교정한다. ▷ 교수자의 평가를 기초로 자신의 동작을 교정한다.		

단원명	학습내용 및 교수활동	학습활동	도구	소요시간(min)
	7) 교수자는 이동하며, 학습자의 수행을 평가하고 교정한다. **학습자 체크리스트** ○ 정확한 손동작을 수행하고 있는가?　　　○　× ○ 숙련성 있는 손동작을 수행하고 있는가?　　○　× ○ 정확한 서기자세를 수행하고 있는가?　　　○　× ○ 정확하고 강한 발차기를 수행하고 있는가?　○　× ○ 동작을 자연스럽게 연결하고 있는가?　　　○　×			
5. 평원품새의 수련	■ **동작별·방향별 훈련을 활용하여 평원품새를 학습한다.** 1) 교수자는 학습자들을 품새 수련(2칸의 한 명씩 지그재그)대형으로 세운다. **품새 수련 대형** 2) 교수자의 구령에 맞춰 학습자들이 '평원품새'를 한 동작씩 수행할 수 있도록 지시한다.	▷ 교수자의 평가를 기초로 자신의 동작을 교정한다.		15

단원명	학습내용 및 교수활동	학습활동	도구	소요시간 (min)
	3) 교수자는 이동하며, 학습자의 수행을 평가하고 교정한다. **학습자 체크리스트** ○ 이동 시 중심의 이동은 올바른가? ○ ✕ ○ 정확한 서기자세를 수행하고 있는가? ○ ✕ ○ 정확하고 강한 발차기를 수행하고 있는가? ○ ✕ 4) 교수자의 구령에 맞춰 '평원품새'를 방향별로 수행할 수 있도록 지시한다. **평원 방향 예시** ← 1 ← 3 2 → 5) 교수자는 이동하며, 학습자의 수행을 평가하고 교정한다. **학습자 체크리스트** ○ 정확한 손동작을 수행하고 있는가? ○ ✕ ○ 숙련성 있는 손동작을 수행하고 있는가? ○ ✕ ○ 정확한 발자세를 수행하고 있는가? ○ ✕ ○ 정확하고 강한 발차기를 수행하고 있는가? ○ ✕ ○ 동작을 자연스럽게 연결하고 있는가? ○ ✕ 6) 교수자는 학습자들이 동작별 훈련과 방향별 훈련을 통해 학습한 정확성, 연결성, 숙련성의 내용을 토대로 '평원품새'를 수행할 수 있도록 지시한다.	▷ 교수자의 평가를 기초로 자신의 동작을 교정한다. ▷ 교수자의 평가를 기초로 자신의 동작을 교정한다.		

단원명	학습내용 및 교수활동	학습활동	도구	소요시간(min)
	7) 교수자는 이동하며, 학습자의 수행을 평가하고 교정한다. **학습자 체크리스트** ○ 정확한 손동작을 수행하고 있는가?　　○　× ○ 숙련성 있는 손동작을 수행하고 있는가?　○　× ○ 정확한 발자세를 수행하고 있는가?　　　○　× ○ 정확하고 강한 발차기를 수행하고 있는가?　○　× ○ 동작을 자연스럽게 연결하고 있는가?　　　○　×	▷ 교수자의 평가를 기초로 자신의 동작을 교정한다.		
6. 기본동작훈련을 활용한 태백품새, 평원품새의 학습	■ **태백품새, 평원품새 동작을 기본동작훈련을 활용하여 숙달한다.** 1) 교수자는 학습자들을 품새 수련(2칸의 한 명씩 지그재그) 대형으로 세운다. **품새 수련 대형** 2) 교수자는 기본동작훈련 중 '응용차기'를 바탕으로 '태백품새'와 '평원품새'를 한 동작씩 수행할 수 있도록 지도한다.	▷ 교수자의 강의내용을 경청하고 숙지하도록 한다.		15

단원명	학습내용 및 교수활동	학습활동	도구	소요시간 (min)
	수행방법 ○ 태백품새와 평원품새의 앞차기와 옆차기를 응용차기(하단–상단)의 형태로 수행한다. 3) 교수자는 '태백품새'를 '응용차기'를 활용하여 한 동작씩 수행할 수 있도록 지도한다. 4) 학습자들은 교수자의 구령에 맞춰 동작을 수행한다. 5) 교수자는 이동하며, '학습자 체크리스트'를 중심으로 학습자의 수행을 평가하고 교정한다. **학습자 체크리스트** ○ 발차기의 공격 부위가 정확한가?　　　　○　× ○ 하단–상단으로 이어지는 발차기가 자연스러운가?　○　× 6) 교수자는 '평원품새'를 '응용차기'를 활용하여 한 동작씩 수행할 수 있도록 지도한다. 7) 학습자들은 교수자의 구령에 맞춰 동작을 수행한다. 8) 교수자는 이동하며, '학습자 체크리스트'를 중심으로 학습자의 수행을 평가하고 교정한다. **학습자 체크리스트** ○ 발차기의 공격 부위가 정확한가?　　　　○　× ○ 하단–상단으로 이어지는 발차기가 자연스러운가?　○　×	▷ 학습자는 의문사항에 대해 손을 들고 질문할 수 있도록 한다. ▷ 교수자의 평가를 기초로 자신의 동작을 교정한다. ▷ 교수자의 평가를 기초로 자신의 동작을 교정한다.		

단원명	학습내용 및 교수활동	학습활동	도구	소요시간(min)
7. 태백품새, 평원품새를 응용한 호신술	■ **태백품새, 평원품새 동작을 응용한 호신술을 이해하고 학습한다.** 1) 교수자는 학습자들을 2인 1조로 구성한다. 2) 교수자는 학습자들에게 '태백품새'의 응용동작을 설명하고, 시범을 보일 수 있도록 한다. **태백품새의 응용** ○ 헤쳐막고 앞차고 두 번 지르기 　– 상대가 근접해 다리를 잡으려 할 때, 헤쳐막기로 막은 다음, 상대를 잡으며 무릎으로 낭심을 차고, 이어서 두 번 지른다. ○ 뒤돌아 등주먹옆치기 　– 상대가 손목을 잡았을 때, 뒤로 빼기로 뿌리친 다음, 뒤돌아 등주먹 옆치기로 공격한다. 3) 2인 1조로 구성된 학습자들을 수행방법에 따라 '헤쳐막고 앞차고 두 번 지르기'를 수행할 수 있도록 지도한다(각 10회, 5회 실시 등). **수행방법** 1. 학습자들은 자연스러운 겨룸새로 서로 마주 보게 선다. 2. 교수자의 구령에 따라 공격자는 두 팔로 상대의 다리를 잡으러 간다. 3. 방어자는 공격자가 근접해 다리를 잡으려 할 때, 헤쳐막기로 막은 다음, 상대를 잡으며 무릎으로 낭심을 차고, 이어서 두 번 지른다. 4. 수행 완료 후 공격자와 방어자의 역할을 교대하여 수행한다.	▷ 교수자의 강의내용을 경청하고 숙지하도록 한다. ▷ 학습자는 의문사항에 대해 손을 들고 질문할 수 있도록 한다. ▷ 안전사고에 대비하여 학습자들은 상대를 실제 타격하지 않지만, 최대한 가깝게 동작을 수행할 수 있도록 한다.		25

단원명	학습내용 및 교수활동	학습활동	도구	소요시간 (min)
	헤쳐막고 앞차고 두 번 지르기 4) 교수자는 이동하며 학습자들의 수행을 평가하고 교정한다(안전사고의 대비와 제대로 된 수행에 중점). 5) 제시된 수행방법을 토대로 학습자들이 교수자의 구령에 따라 '뒤돌아 등주먹옆치기'를 수행할 수 있도록 지도한다(각 10회, 5회 실시 등). **수행방법** 1. 학습자들은 자연스러운 겨룸새로 서로 마주 보게 선다. 2. 교수자의 구령에 따라 공격자는 방어자의 손목을 잡는다. 3. 방어자는 공격자가 손목을 잡았을 때, 뒤로 빼기로 뿌리친 다음, 뒤돌아 등주먹옆치기로 공격한다. 4. 수행 완료 후 공격자와 방어자의 역할을 교대하여 수행한다.	▷ 안전사고에 대비하여 학습자들은 상대를 실제 타격하지 않지만, 최대한 가깝게 동작을 수행할 수 있도록 한다.		

단원명	학습내용 및 교수활동	학습활동	도구	소요시간(min)
	뒤돌아 등주먹옆치기			
	6) 교수자는 이동하며 학습자들의 수행을 평가하고 교정한다(안전사고의 대비와 제대로 된 수행에 중점).			
	7) 교수자는 학습자들에게 '평원품새'의 응용동작을 설명하고, 시범을 보일 수 있도록 한다.	▷ 교수자의 강의내용을 경청하고 숙지하도록 한다.		
	평원품새의 응용 ○ 멍에치기 - 상대의 지르기를 바깥막기로 막은 다음, 막은 손을 잡아당기며 상대 옆구리를 팔굽으로 친다. ○ 앞차고 뒤돌아 옆차기 - 상대의 차기를 발로 걷어 막은 다음 이어서 뒤돌아 옆찬다.	▷ 학습자는 의문사항에 대해 손을 들고 질문할 수 있도록 한다.		
	8) 제시된 수행방법을 토대로 학습자들이 교수자의 구령에 따라 '멍에치기'를 수행할 수 있도록 지도한다(각 10회, 5회 실시 등).	▷ 안전사고에 대비하여 학습자들은 상대를 실제 타격하지 않지만, 최대한 가깝게 동작을 수행할 수 있도록 한다.		

단원명	학습내용 및 교수활동	학습활동	도구	소요시간 (min)
	수행방법 1. 학습자들은 자연스러운 겨룸새로 서로 마주 보게 선다. 2. 교수자의 구령에 따라 공격자는 얼굴을 지른다. 3. 방어자는 공격자의 지르기를 바깥막기로 막은 다음, 막은 손을 잡아당기며 상대 옆구리를 팔굽으로 친다. 4. 수행 완료 후 공격자와 방어자의 역할을 교대하여 수행한다. **멍에치기** 9) 교수자는 이동하며 학습자들의 수행을 평가하고 교정한다(안전사고의 대비와 제대로 된 수행에 중점). 10) 제시된 수행방법을 토대로 학습자들이 교수자의 구령에 따라 '앞차고 뒤돌아 옆차기'를 수행할 수 있도록 지도한다(각 10회, 5회 실시 등). **수행방법** 1. 학습자들은 자연스러운 겨룸새로 서로 마주 보게 선다. 2. 교수자의 구령에 따라 공격자는 앞차기를 한다. 3. 방어자는 공격자의 공격을 발로 걷어 막은 다음 이어서 뒤돌아 옆찬다. 4. 수행 완료 후 공격자와 방어자의 역할을 교대하여 수행한다.	▷ 안전사고에 대비하여 학습자들은 상대를 실제 타격하지 않지만, 최대한 가깝게 동작을 수행할 수 있도록 한다.		

단원명	학습내용 및 교수활동	학습활동	도구	소요시간 (min)
	앞차고 뒤돌아 옆차기 11) 교수자는 이동하며 학습자들의 수행을 평가하고 교정한다(안전사고의 대비와 제대로 된 수행에 중점).			
8. 정리운동	■ **정리운동을 통해 운동 후 회복의 중요성을 학습한다.** 1) 교수자는 학습자들을 정면을 보고 4열종대로 제자리에서 수행할 수 있도록 지도한다. 2) 교수자는 정리운동 시 학습자와 반대 방향으로 시범을 보이며 지도한다. 3) 정리운동 시 교수자 8초/학습자 8초의 구령에 맞춰 실시한다. **정리운동 순서** - 손목/발목 돌리기 - 무릎 돌리기 - 허리 돌리기 - 목 돌리기 - 어깨 돌려주기 - 좌우 다리 스트레칭 - 골반 눌러주기(좌/우/중앙) - 앉아서 두 다리 펴고 앞으로 숙여주기 - 두 발바닥 붙여 앞으로 숙여주기 - 다리 옆으로 벌려서 숙여주기(좌/우/중앙) - 다리 옆으로 벌린 상태에서 틀어주기(좌/우)	▷ 학습자는 4열종대로 정렬한 후 교수자의 지시에 따라 동작을 수행한다. ▷ 구령은 교수자의 선창 시 학습자는 후창 구령을 넣는다.		5

태권도 지도자를 위한 품새 이론 및 실제

유단자 품새

13 주차

강의 주제	십진품새, 지태품새	대상	태권도 전공생	차시 구성	13
				소요시간	120분
교육과정 개요(목적)	태권도 품새의 기본동작을 이해하고 수행하며, 학습된 내용을 바탕으로 정확한 동작과 높은 표현성의 품새를 수행할 수 있도록 한다. 또한 태권도 품새의 기본동작과 응용동작을 활용하여 태권도 품새의 실전적 움직임을 수련하고 창작품새 개발능력을 향상시키는 데 목적이 있다.				
13주차 교육목표	• 십진품새와 지태품새의 주요 동작의 이해를 기초로 해당 품새의 수행방법을 익힐 수 있다. • 십진품새와 지태품새의 응용동작을 이해하고 익힐 수 있다.				

단원명	시간(m)	주요 학습내용
준비운동	10	준비운동을 통해 체온상승과 관절의 가동범위를 넓히고 근육을 이완시키는 방법을 학습한다.
보강훈련(서기자세훈련)	15	태권도 서기자세를 복습한다.
십진품새, 지태품새의 주요 동작 학습	20	십진품새와 지태품새의 주요 동작을 학습한다.
십진품새의 수련	15	동작별·방향별 훈련을 활용하여 십진품새를 학습한다.
지태품새의 수련	15	동작별·방향별 훈련을 활용하여 지태품새를 학습한다.
기본동작훈련을 활용한 십진품새, 지태품새의 학습	15	십진품새, 지태품새를 동작기본동작훈련을 활용하여 숙달한다.
십진품새, 지태품새를 응용한 호신술	25	십진품새, 지태품새 동작을 응용한 호신술을 이해하고 학습한다.
정리운동	5	정리운동을 통해 운동 후 회복의 중요성을 학습한다.

단원명	학습내용 및 교수활동	학습활동	도구	소요시간(min)
1. 준비운동	■ **준비운동을 통해 체온상승과 관절의 가동범위를 넓히고 근육을 이완시키는 방법을 학습한다.** 1) 교수자는 학습자들을 정면을 보고 4열종대로 제자리에서 수행할 수 있도록 지도한다. 2) 교수자는 준비운동 시 학습자와 반대 방향으로 시범을 보이며 지도한다. 3) 준비운동은 기본적으로 교수자 8초/학습자 8초의 구령으로 실시하되, 눌러주기 및 숙여주기 동작에서는 25~30초로 3~5회 실시한다. **준비운동 순서** - 손목/발목 돌리기 - 무릎 돌리기 - 허리 돌리기 - 목 돌리기 - 어깨 돌려주기 - 좌우 다리 스트레칭 - 골반 눌러주기(좌/우/중앙) - 앉아서 두 다리 펴고 앞으로 숙여주기 - 두 발바닥 붙여 앞으로 숙여주기 - 다리 옆으로 벌려서 숙여주기(좌/우/중앙) - 다리 옆으로 벌린 상태에서 틀어주기(좌/우)	▷ 학습자는 4열종대로 정렬한 후 교수자의 지시에 따라 동작을 수행한다. ▷ 구령은 교수자의 선창 시 학습자는 후창 구령을 넣는다.		10

단원명	학습내용 및 교수활동	학습활동	도구	소요시간 (min)

2. 보강훈련	■ **태권도 서기자세를 복습한다.**
	
	1) 교수자는 학습자들을 품새 수련(2칸의 한 명씩 지그재그) 대형으로 세운다.
	
	품새 수련 대형
	
	2) 교수자는 '태권도 서기자세'의 숙달을 위한 보강훈련의 하나로서 8자로 이동하며 '서기자세 연습동작'을 수행하도록 지도한다.
	
	서기자세 연습동작
	앞굽이, 주춤서기, 뒷굽이, 범서기
	
	수행방법
	○ 이동대형과 같이 8자로 이동하며 동작을 수행한다.
	  예) 1~8까지의 방향으로 순차적으로 진행
	○ 각 서기자세를 방향별로 2회씩 수행한다.
	  예) 앞굽이를 1~8의 방향으로 2회씩 동작을 수행하고 이후 주춤서기를 수행한다.
		▷ 교수자의 강의내용을 경청하고 숙지하도록 한다.
		
		▷ 잘 이해되지 않는 부분은 질문을 하도록 한다.
				15

단원명	학습내용 및 교수활동	학습활동	도구	소요시간 (min)
	이동대형 [이동 경로 도식: 1→2→3→4 (왼쪽 사각형), 5→6→7→8 (오른쪽 사각형)] 3) 교수자의 구령에 맞춰 '서기자세 연습동작'을 한 동작씩 수행할 수 있도록 지도한다. 4) 교수자는 이동하며, 학습자의 수행을 평가하고 교정한다. **학습자 체크리스트** ○ 시작한 자리에서 동작이 끝나는지 확인한다. ○ 이중동작을 하였는지 확인한다. ○ 이동 시 정확한 중심이동을 하였는지 확인한다. ○ 정확한 동작을 수행하였는지 확인한다.	▷ 학습자는 교수자의 구령에 맞춰 각 동작을 정확히 수행하기 위해 노력한다. ▷ 교수자의 평가를 기초로 자신의 동작을 교정한다.		
3. 십진품새, 지태품새의 주요 동작 학습	■ **십진품새와 지태품새의 주요 동작을 학습한다.** 1) 교수자는 학습자들을 이동하면서 동작을 수행할 수 있도록 한쪽 벽면에 5열종대로 세운다.			20

단원명	학습내용 및 교수활동	학습활동	도구	소요시간 (min)

	학습대형
	
	2) 교수자는 '십진품새', '지태품새'에서 나오는 주요 동작을 설명하고, 시범을 보일 수 있도록 한다.
	
	주요 동작
	○ 십진품새
	  – 뒷굽이 거들어 바깥막기 + 내디디며 앞굽이 엎어찌르고 두 번 지르기 + 주춤서 산틀막기 + 나가면서 옆지르기
	  – 앞굽이 바위밀기 + 앞차고 쳇다리지르기 + 앞차고 쳇다리지르기 + 앞차고 꼬아서기 거들어 앞치기
	○ 지태품새
	  – 뒷굽이 바깥막기 + 내디며 앞굽이 올려막고 몸통지르기
	  – 뒷굽이 손날막기 + 나가면서 뒷굽이 손날내려막기
	  – 주춤서 메주먹 내려치기 + 왼학다리서기 내려막기 후 작은돌쩌귀 + 옆차고 발바꿔 오른학다리서기 내려막기 후 작은돌쩌귀 + 옆차고 앞굽이 몸통지르기
		▷ 교수자의 강의내용을 경청하고 숙지하도록 한다.
		
		▷ 학습자는 의문사항에 대해 손을 들고 질문할 수 있도록 한다.		

단원명	학습내용 및 교수활동	학습활동	도구	소요시간 (min)
	3) 교수자는 학습자들이 각 줄별로 앞으로 나가며 '십진품새'의 주요 동작을 순차적으로 수행할 수 있도록 지시한다. 　1. 뒷굽이 거들어 바깥막기 + 내디디며 앞굽이 엎어찌르고 두 번 지르기 + 주춤서 산틀막기 + 나가면서 옆지르기(좌우 교대로) X 2회 　2. 앞굽이 바위밀기 + 앞차고 쳇다리지르기 + 앞차고 쳇다리지르기 + 앞차고 꼬아서기 거들어 앞치기 X 3회 4) 교수자는 이동하며, 학습자의 수행을 평가하고 교정한다. 　**학습자 체크리스트** 　○ 차기의 높이와 속도를 확인한다. 　○ 손기술과 서기동작을 정확하게 수행하고 있는지 확인한다. 　○ 동작의 연결성을 확인한다. 5) 학습자들이 지도사항을 기초로 같은 동작을 재수행하도록 지시한다. 6) 교수자는 이동하며, 학습자들의 수행을 평가하고 교정한다(학습자가 동작을 수행하고 있는 상황마다 피드백을 제공할 수 있다). 7) 교수자는 학습자들이 각 줄별로 앞으로 나가며 '지태품새'의 주요 동작을 순차적으로 수행할 수 있도록 지시한다(왕복 2회). 　1. 뒷굽이 바깥막기 + 내디디며 앞굽이 올려막고 몸통지르기 X 6회 　2. 뒷굽이 손날막기 + 나가면서 뒷굽이 손날내려막기 X 6회 　3. 주춤서 메주먹 내려치기 + 왼학다리서기 내려막기 후 작은돌쩌귀 + 옆차고 발바꿔 오른학다리서기 내려막기 후 작은돌쩌귀 + 옆차고 앞굽이 몸통지르기 X 3회	▷ 교수자의 평가를 기초로 자신의 동작을 교정한다. ▷ 자신의 수행이 끝난 후 교수자의 교수내용을 기초로 다음 줄의 수행을 평가하고 지적한다. ▷ 교수자의 평가를 기초로 자신의 동작을 교정한다. ▷ 자신의 수행이 끝난 후 교수자의 교수내용을 기초로 다음 줄의 수행을 평가하고 지적한다.		

단원명	학습내용 및 교수활동	학습활동	도구	소요시간(min)
	8) 교수자는 이동하며, 학습자의 수행을 평가하고 교정한다. **학습자 체크리스트** ○ 차기의 높이와 속도를 확인한다. ○ 손기술과 서기동작을 정확하게 수행하고 있는지 확인한다. ○ 동작의 연결성을 확인한다. 9) 학습자들이 지도사항을 기초로 같은 동작을 재수행하도록 지시한다. 10) 교수자는 이동하며, 학습자들의 수행을 평가하고 교정한다(학습자가 동작을 수행하고 있는 상황마다 피드백을 제공할 수 있다).			
4. 십진품새의 수련	■ **동작별·방향별 훈련을 활용하여 십진품새를 학습한다.** 1) 교수자는 학습자들을 품새 수련(2칸의 한 명씩 지그재그) 대형으로 세운다. **품새 수련 대형** 교수자			15

단원명	학습내용 및 교수활동	학습활동	도구	소요시간 (min)
	2) 교수자의 구령에 맞춰 '십진품새'를 한 동작씩 수련한다. **동작별 훈련의 중요성** 태권도 품새의 한 동작씩의 수련은 개별동작이 가진 정확한 움직임을 학습하는 데 도움이 된다. 3) 교수자는 이동하며, 학습자의 수행을 평가하고 교정한다. **학습자 체크리스트** ○ 정확한 손동작을 수행하고 있는가?　　　　○　× ○ 숙련성 있는 손동작을 수행하고 있는가?　　○　× ○ 정확한 서기자세를 수행하고 있는가?　　　○　× ○ 정확하고 강한 발차기를 수행하고 있는가?　○　× 4) 교수자의 구령에 맞춰 '십진품새'를 방향별로 수련한다. **방향별 훈련의 중요성** 태권도 품새의 방향별 수련은 동작별 훈련의 응용과정으로 정확한 동작의 수행과 더불어 동작 간의 연결성을 학습하는 데 유용하다. **십진 방향 예시**	▷ 교수자의 평가를 기초로 자신의 동작을 교정한다. ▷ 교수자의 평가를 기초로 자신의 동작을 교정한다.		

단원명	학습내용 및 교수활동	학습활동	도구	소요시간 (min)
	5) 교수자는 이동하며, 학습자의 수행을 평가하고 교정한다. **학습자 체크리스트** ○ 정확한 손동작을 수행하고 있는가?　　○　× ○ 숙련성 있는 손동작을 수행하고 있는가?　○　× ○ 정확한 서기자세를 수행하고 있는가?　　○　× ○ 정확하고 강한 발차기를 수행하고 있는가?　○　× ○ 동작을 자연스럽게 연결하고 있는가?　　○　× 6) 교수자는 학습자들이 동작별 훈련과 방향별 훈련을 통해 학습한 정확성, 연결성, 숙련성의 내용을 토대로 '십진품새'를 수행할 수 있도록 지시한다. 7) 교수자는 이동하며, 학습자의 수행을 평가하고 교정한다. **학습자 체크리스트** ○ 정확한 손동작을 수행하고 있는가?　　○　× ○ 숙련성 있는 손동작을 수행하고 있는가?　○　× ○ 정확한 서기자세를 수행하고 있는가?　　○　× ○ 정확하고 강한 발차기를 수행하고 있는가?　○　× ○ 동작을 자연스럽게 연결하고 있는가?　　○　×	▷ 교수자의 평가를 기초로 자신의 동작을 교정한다.		

단원명	학습내용 및 교수활동	학습활동	도구	소요시간(min)
5. 지태품새의 수련	■ 동작별·방향별 훈련을 활용하여 지태품새를 학습한다. 1) 교수자는 학습자들을 품새 수련(2칸의 한 명씩 지그재그) 대형으로 세운다. **품새 수련 대형** 2) 교수자의 구령에 맞춰 학습자들이 '지태품새'를 한 동작씩 수행할 수 있도록 지시한다. 3) 교수자는 이동하며, 학습자의 수행을 평가하고 교정한다. **학습자 체크리스트** ○ 정확한 손동작을 수행하고 있는가?　　　　○　× ○ 숙련성 있는 손동작을 수행하고 있는가?　　○　× ○ 정확한 서기자세를 수행하고 있는가?　　　○　× ○ 정확하고 강한 발차기를 수행하고 있는가?　○　×	▷ 교수자의 평가를 기초로 자신의 동작을 교정한다.		15

단원명	학습내용 및 교수활동	학습활동	도구	소요시간 (min)
	4) 교수자의 구령에 맞춰 '지태품새'를 방향별로 수행할 수 있도록 지시한다. **지태 방향 예시** 5) 교수자는 이동하며, 학습자의 수행을 평가하고 교정한다. **학습자 체크리스트** ○ 정확한 손동작을 수행하고 있는가?　　　　○　× ○ 숙련성 있는 손동작을 수행하고 있는가?　　○　× ○ 정확한 발자세를 수행하고 있는가?　　　　○　× ○ 정확하고 강한 발차기를 수행하고 있는가?　○　× ○ 동작을 자연스럽게 연결하고 있는가?　　　○　× 6) 교수자는 학습자들이 동작별 훈련과 방향별 훈련을 통해 학습한 정확성, 연결성, 숙련성의 내용을 토대로 '지태품새'를 수행할 수 있도록 지시한다. 7) 교수자는 이동하며, 학습자의 수행을 평가하고 교정한다.	▷ 교수자의 평가를 기초로 자신의 동작을 교정한다. ▷ 교수자의 평가를 기초로 자신의 동작을 교정한다.		

단원명	학습내용 및 교수활동	학습활동	도구	소요시간 (min)
	학습자 체크리스트 ○ 정확한 손동작을 수행하고 있는가? ○ ✕ ○ 숙련성 있는 손동작을 수행하고 있는가? ○ ✕ ○ 정확한 발자세를 수행하고 있는가? ○ ✕ ○ 정확하고 강한 발차기를 수행하고 있는가? ○ ✕ ○ 동작을 자연스럽게 연결하고 있는가? ○ ✕			
6. 기본동작훈련을 활용한 십진품새, 지태품새의 학습	■ **십진품새, 지태품새를 기본동작훈련을 활용하여 숙달한다.** 1) 교수자는 학습자들을 품새 수련(2칸의 한 명씩 지그재그) 대형으로 세운다. **품새 수련 대형** 교수자 2) 교수자는 기본동작훈련 중 '힘의 원리'를 바탕으로 '십진품새'와 '지태품새'를 한 동작씩 수행할 수 있도록 지도한다.	▷ 교수자의 강의내용을 경청하고 숙지하도록 한다.		15

단원명	학습내용 및 교수활동	학습활동	도구	소요시간 (min)
	수행방법 ○ 십진품새를 '힘의 원리' 중 '강하게 지르기', '힘주어 지르기'를 섞어 수행한다. ○ 지태품새를 '편하게 지르기', '격파하듯 지르기'를 섞어 동작을 수행한다. ○ 발차기는 보통의 발차기로 수행한다. ○ 등장성 동작은 보통의 수행방법으로 한다. 3) 교수자는 '십진품새'를 '힘의 원리'를 활용하여 한 동작씩 수행할 수 있도록 지도한다. **주의사항** ○ '강하게 지르기', '힘주어 지르기'를 섞어 동작을 수행한다. 　예) 거들어옆막기(강하게) + 편손끝찌르고 두 번 지르기(힘주어) + 산틀막기(강하게) + 옆지르기(힘주어) 등 ○ 발차기는 보통의 발차기로 수행한다. 4) 학습자들은 교수자의 구령에 맞춰 동작을 수행한다. 5) 교수자는 이동하며, '학습자 체크리스트'를 중심으로 학습자의 수행을 평가하고 교정한다. **학습자 체크리스트** ○ 힘의 원리에 맞는 동작을 정확히 수행하고 있는가?　　○　× ○ 정확한 동작을 수행하고 있는가?　　　　　　　　　○　× 6) 교수자는 '지태품새'를 '힘의 원리'를 활용하여 한 동작씩 수행할 수 있도록 지도한다.	▷ 학습자는 의문사항에 대해 손을 들고 질문할 수 있도록 한다. ▷ 교수자의 평가를 기초로 자신의 동작을 교정한다. ▷ 안전사고에 대비하여 학습자들은 상대를 실제 타격하지 않지만, 최대한 가깝게 동작을 수행할 수 있도록 한다. ▷ 교수자의 평가를 기초로 자신의 동작을 교정한다.		

단원명	학습내용 및 교수활동	학습활동	도구	소요시간(min)
	주의사항 ○ '편하게 지르기', '격파하듯 지르기'를 섞어 동작을 수행한다. ○ 발차기는 보통의 발차기로 수행한다. 7) 학습자들은 교수자의 구령에 맞춰 동작을 수행한다. 8) 교수자는 이동하며, '학습자 체크리스트'를 중심으로 학습자의 수행을 평가하고 교정한다. **학습자 체크리스트** ○ 힘의 원리에 맞는 동작을 정확히 수행하고 있는가? ○ × ○ 정확한 동작을 수행하고 있는가? ○ ×			
7. 십진품새, 지태품새를 응용한 호신술	■ **십진품새, 지태품새 동작을 응용한 호신술을 이해하고 학습한다.** 1) 교수자는 학습자들을 2인 1조로 구성한다. 2) 교수자는 학습자들에게 '십진품새'의 응용동작을 설명하고, 시범을 보일 수 있도록 한다. **십진품새의 응용** ○ 황소막기 – 상대에게 양 어깨를 잡혔을 때, 황소막기로 막아 올린다. ○ 앞차고 쳇다리 지르기 – 상대에게 손목을 잡혔을 때, 작은돌쩌귀의 움직임을 이용해 상대를 당기며 손목을 잡아 앞찬다. 이후에 두 주먹으로 동시에 지른다.	▷ 교수자의 강의내용을 경청하고 숙지하도록 한다. ▷ 학습자는 의문사항에 대해 손을 들고 질문할 수 있도록 한다.		25

단원명	학습내용 및 교수활동	학습활동	도구	소요시간 (min)
	3) 2인 1조로 구성된 학습자들을 수행방법에 따라 '황소막기'를 수행할 수 있도록 지도한다(각 10회, 5회 실시 등). **수행방법** 1. 학습자들은 자연스러운 겨룸새로 서로 마주 보게 선다. 2. 교수자의 구령에 따라 공격자는 방어자의 어깨를 잡는다. 3. 방어자는 잡힌 손을 황소막기로 막아 올린다. 4. 수행 완료 후 공격자와 방어자의 역할을 교대하여 수행한다. **황소막기** 4) 교수자는 이동하며 학습자들의 수행을 평가하고 교정한다(안전사고의 대비와 제대로 된 수행에 중점). 5) 제시된 수행방법을 토대로 학습자들이 교수자의 구령에 따라 '앞차고 쳇다리 찌르기'를 수행할 수 있도록 지도한다(각 10회, 5회 실시 등).	▷ 안전사고에 대비하여 학습자들은 상대를 실제 타격하지 않지만, 최대한 가깝게 동작을 수행할 수 있도록 한다. ▷ 안전사고에 대비하여 학습자들은 상대를 실제 타격하지 않지만, 최대한 가깝게 동작을 수행할 수 있도록 한다.		

단원명	학습내용 및 교수활동	학습활동	도구	소요시간 (min)
	수행방법 1. 학습자들은 자연스러운 겨룸새로 서로 마주 보게 선다. 2. 교수자의 구령에 따라 공격자는 방어자의 손목을 잡는다. 3. 방어자는 공격자가 손목을 잡았을 때, 작은돌쩌귀의 움직임을 이용해 상대를 당기며 손목을 잡아 앞챈다. 이후에 두 주먹으로 동시에 지른다. 4. 수행 완료 후 공격자와 방어자의 역할을 교대하여 수행한다. **앞차고 쳇다리 지르기** 6) 교수자는 이동하며 학습자들의 수행을 평가하고 교정한다(안전사고의 대비와 제대로 된 수행에 중점). 7) 교수자는 학습자들에게 '지태품새'의 응용동작을 설명하고, 시범을 보일 수 있도록 한다. **지태품새의 응용** ○ 거들어 안막기 – 상대의 지르기를 거들어 안막기를 활용해 팔꿈치를 꺾는다. ○ 황소막기 – 상대가 양손으로 허리를 잡으면 황소막기로 상대의 팔꿈치를 올려 꺾는다.	▷ 교수자의 강의내용을 경청하고 숙지하도록 한다. ▷ 학습자는 의문사항에 대해 손을 들고 질문할 수 있도록 한다.		

단원명	학습내용 및 교수활동	학습활동	도구	소요시간(min)
	8) 제시된 수행방법을 토대로 학습자들이 교수자의 구령에 따라 '거들어 안막기'를 수행할 수 있도록 지도한다(각 10회, 5회 실시 등). **수행방법** 1. 학습자들은 자연스러운 겨룸새로 서로 마주 보게 선다. 2. 교수자의 구령에 따라 공격자는 얼굴을 지른다. 3. 방어자는 공격자의 지르기를 거들어 안막기의 움직임을 응용해 팔꿈치를 꺾는다. 4. 수행 완료 후 공격자와 방어자의 역할을 교대하여 수행한다. **거들어 안막기** 9) 교수자는 이동하며 학습자들의 수행을 평가하고 교정한다(안전사고의 대비와 제대로 된 수행에 중점). 10) 제시된 수행방법을 토대로 학습자들이 교수자의 구령에 따라 '황소막기'를 수행할 수 있도록 지도한다(각 10회, 5회 실시 등).	▷ 안전사고에 대비하여 학습자들은 상대를 실제 타격하지 않지만, 최대한 가깝게 동작을 수행할 수 있도록 한다.		

단원명	학습내용 및 교수활동	학습활동	도구	소요시간 (min)
	수행방법 1. 학습자들은 자연스러운 겨룸새로 서로 마주 보게 선다. 2. 교수자의 구령에 따라 공격자는 방어자의 허리를 양손으로 잡는다. 3. 방어자는 공격자가 양손으로 허리를 잡으면 황소막기로 상대의 팔꿈치를 올려 꺾는다. 4. 수행 완료 후 공격자와 방어자의 역할을 교대하여 수행한다. **황소막기** 11) 교수자는 이동하며 학습자들의 수행을 평가하고 교정한다(안전사고의 대비와 제대로 된 수행에 중점).	▷ 안전사고에 대비하여 학습자들은 상대를 실제 타격하지 않지만, 최대한 가깝게 동작을 수행할 수 있도록 한다.		

단원명	학습내용 및 교수활동	학습활동	도구	소요시간 (min)
8. 정리운동	■ **정리운동을 통해 운동 후 회복의 중요성을 학습한다.** 1) 교수자는 학습자들을 정면을 보고 4열종대로 제자리에서 수행할 수 있도록 지도한다. 2) 교수자는 정리운동 시 학습자와 반대 방향으로 시범을 보이며 지도한다. 3) 정리운동 시 교수자 8초/학습자 8초의 구령에 맞춰 실시한다. **정리운동 순서** – 손목/발목 돌리기 – 무릎 돌리기 – 허리 돌리기 – 목 돌리기 – 어깨 돌려주기 – 좌우 다리 스트레칭 – 골반 눌러주기(좌/우/중앙) – 앉아서 두 다리 펴고 앞으로 숙여주기 – 두 발바닥 붙여 앞으로 숙여주기 – 다리 옆으로 벌려서 숙여주기(좌/우/중앙) – 다리 옆으로 벌린 상태에서 틀어주기(좌/우)			5

태권도 지도자를 위한 품새 이론 및 실제

심화학습

14 주차

강의 주제	품새 차기의 심화학습	대상	태권도 전공생	차시 구성	14
				소요시간	120분
교육과정 개요(목적)	태권도 품새의 기본동작을 이해하고 수행하며, 학습된 내용을 바탕으로 정확한 동작과 높은 표현성의 품새를 수행할 수 있도록 한다. 또한 태권도 품새의 기본동작과 응용동작을 활용하여 태권도 품새의 실전적 움직임을 수련하고 창작품새 개발능력을 향상시키는 데 목적이 있다.				
14주차 교육목표	• 품새 앞차기, 품새 돌려차기, 품새 옆차기를 익히고 품새에서 그와 관련된 동작을 학습할 수 있다.				

단원명	시간(m)	주요 학습내용
준비운동	10	준비운동을 통해 체온상승과 관절의 가동범위를 넓히고 근육을 이완시키는 방법을 학습한다.
보강훈련 (품새의 유용한 스트레칭)	15	품새 차기에 유용한 스트레칭을 복습한다.
품새 앞차기	35	품새 앞차기 및 품새에서의 앞차기 관련동작을 학습한다.
품새 돌려차기	20	품새 돌려차기 및 품새에서의 돌려차기 관련동작을 학습한다.
품새 옆차기	35	품새 옆차기 및 품새에서의 옆차기 관련동작을 학습한다.
정리운동	5	정리운동을 통해 운동 후 회복의 중요성을 학습한다.

단원명	학습내용 및 교수활동	학습활동	도구	소요시간 (min)
1. 준비운동	■ **준비운동을 통해 체온상승과 관절의 가동범위를 넓히고 근육을 이완시키는 방법을 학습한다.** 1) 교수자는 학습자들을 정면을 보고 4열종대로 제자리에서 수행할 수 있도록 지도한다. 2) 교수자는 준비운동 시 학습자와 반대 방향으로 시범을 보이며 지도한다. 3) 준비운동은 기본적으로 교수자 8초/학습자 8초의 구령으로 실시하되, 눌러주기 및 숙여주기 동작에서는 25~30초로 3~5회 실시한다. **준비운동 순서** – 손목/발목 돌리기 – 무릎 돌리기 – 허리 돌리기 – 목 돌리기 – 어깨 돌려주기 – 좌우 다리 스트레칭 – 골반 눌러주기(좌/우/중앙) – 앉아서 두 다리 펴고 앞으로 숙여주기 – 두 발바닥 붙여 앞으로 숙여주기 – 다리 옆으로 벌려서 숙여주기(좌/우/중앙) – 다리 옆으로 벌린 상태에서 틀어주기(좌/우)	▷ 학습자는 4열종대로 정렬한 후 교수자의 지시에 따라 동작을 수행한다. ▷ 구령은 교수자의 선창 시 학습자는 후창 구령을 넣는다.		10

단원명	학습내용 및 교수활동	학습활동	도구	소요시간(min)
2. 보강훈련	■ **품새 차기에 유용한 스트레칭을 복습한다.** 1) 교수자는 학습자들을 정면을 보고 지그재그로 2인 1조로 구성하여 세우고, 제자리에서 동작을 수행할 수 있도록 지도한다. **품새 수련 대형** 2) 교수자는 학습자들의 유연성 향상을 위한 보강훈련의 하나로서 '품새 차기에 유용한 스트레칭'(1주차 학습내용)을 수행하도록 지시한다. 3) 교수자는 수행자들이 '앞으로 발올리기'를 구령에 맞추어 수행할 수 있도록 한다 (각 10회, 5회 실시 등). **앞으로 발올리기** ○ 스트레칭 시 두 다리의 무릎이 구부러지지 않도록 동작을 수행한다. ○ 스트레칭 시 발목을 곧게 편다. ○ 빠르게 발을 올린다(올리는 것보다 내리는 것이 빠른 것은 바람직하지 못한 동작이다). 4) 교수자는 이동하며, 수행자의 수행을 평가하고 교정한다. 5) 수행자의 수행 완료 후, 수행자와 보조자의 역할을 바꾸어 스트레칭을 실시할 수 있도록 지시한다.	▷ 보조자는 교수자의 교수내용을 기초로 수행자의 동작을 평가하고 지적한다. ▷ 학습자는 의문사항에 대해 손을 들고 질문할 수 있도록 한다.		15

단원명	학습내용 및 교수활동	학습활동	도구	소요시간 (min)
	6) 교수자는 수행자들이 '옆으로 발올리기'를 구령에 맞추어 수행할 수 있도록 한다 (각 10회, 5회 실시 등). **옆으로 발올리기** ○ 올리는 발은 발날을 만든 상태로 수행한다. ○ 스트레칭 시 엉덩이가 빠지지 않도록 시선–어깨–엉덩이–발날을 일자(—)로 만들어 올린다. ○ 축이 되는 발의 뒤꿈치는 올리는 쪽으로 향하도록 한다. ○ 스트레칭 순간 축이 되는 발을 올리는 쪽으로 밀어 몸의 중심이 뒤로 빠지지 않도록 만든다. 7) 교수자는 이동하며, 수행자의 수행을 평가하고 교정한다. 8) 수행자의 수행 완료 후, 수행자와 보조자의 역할을 바꾸어 스트레칭을 실시할 수 있도록 지시한다. 9) 교수자는 수행자들이 '뒤로 발올리기'를 구령에 맞추어 수행할 수 있도록 한다(각 10회, 5회 실시 등). **뒤로 발올리기** ○ 뒤로 발올리기는 옆으로 올리기와 수행과정이 유사하며, 몸의 후면을 중심으로 발바닥이 하늘을 향하도록 올린다. ○ 올리는 발이 몸의 바깥으로 빠지지 않도록 한다. ○ 스트레칭 순간 축이 되는 발을 올리는 쪽으로 밀어준다.	▷ 보조자는 교수자의 교수내용을 기초로 수행자의 동작을 평가하고 지적한다. ▷ 학습자는 의문사항에 대해 손을 들고 질문할 수 있도록 한다. ▷ 보조자는 교수자의 교수내용을 기초로 수행자의 동작을 평가하고 지적한다. ▷ 학습자는 의문사항에 대해 손을 들고 질문할 수 있도록 한다.		

단원명	학습내용 및 교수활동	학습활동	도구	소요시간(min)
3. 품새 앞차기	▣ **품새 앞차기 및 품새에서의 앞차기 관련동작을 학습한다.** 1) 교수자는 학습자들을 이동하면서 발차기를 수행할 수 있도록 한쪽 벽면에 5열종대로 세운다. **학습대형** 2) 학습자들에게 1~2주차에서 학습한 내용인 앞차기 수련단계에 대하여 간략하게 설명한다. **훈련내용** 무릎접어 올리기, 뻗어올리기, 부위별 차기, 품새 내 차기 3) 교수자는 기본발차기의 수련단계와 수련방법을 기초로 '앞차기'의 '무릎접어 올리기'를 수행하도록 지시한다. **무릎접어 올리기 수행방법** ○ 겨룸새에서 차는 발을 무릎을 접은 상태로 자신의 가슴에 닿는다는 느낌으로 빠르게 올린다. ○ 무릎을 올릴 때 상체를 고정하여 올려야 하며, 상체가 앞으로 움직이는 것에 주의한다.	▷ 학습자는 의문사항에 대해 손을 들고 질문할 수 있도록 한다. ▷ 학습자들은 자신의 수행이 끝난 후 교수자의 교수내용을 기초로 다음 줄의 수행을 평가하고 지적한다.		35

단원명	학습내용 및 교수활동	학습활동	도구	소요시간 (min)
	4) 교수자는 학습자들이 각 줄별로 앞으로 나가며 6회씩 '무릎접어 올리기'를 수행할 수 있도록 지시한다. 5) 교수자는 각 줄의 수행이 끝난 후 부족한 부분에 대해 설명한다. 6) 학습자들이 지도사항을 기초로 같은 동작을 6회씩 재수행하도록 지시한다. 7) 교수자는 각 줄의 수행이 끝난 후 부족한 부분에 대해 설명한다. 8) 교수자는 기본발차기의 수련단계와 수련방법을 기초로 '앞차기'의 '뻗어올리기'를 수행하도록 지시한다. **뻗어올리기 수행방법** ○ 스트레칭의 앞으로 발올리기와 유사한 형태다. ○ 뻗어올릴 때, 두 다리의 무릎이 구부러지지 않도록 동작을 수행한다. ○ 발목을 곧게 편다. ○ 뻗어 올릴 때 이중동작(차는 발보다 축이 되는 발이 먼저 움직이는 동작)을 하지 않도록 주의한다. 9) 교수자는 학습자들이 각 줄별로 앞으로 나가며 6회씩 '뻗어올리기'를 수행할 수 있도록 지시한다. 10) 교수자는 각 줄의 수행이 끝난 후 부족한 부분에 대해 설명한다. 11) 학습자들이 지도사항을 기초로 같은 동작을 6회씩 재수행하도록 지시한다. 12) 교수자는 각 줄의 수행이 끝난 후 부족한 부분에 대해 설명한다. 13) 교수자는 기본발차기의 수련단계와 수련방법을 기초로 '앞차기'의 '부위별 차기'를 수행하도록 지시한다.	▷ 교수자의 지도사항을 정확히 인지하고 2회차 때 교정하며 수행한다. ▷ 학습자는 의문사항에 대해 손을 들고 질문할 수 있도록 한다. ▷ 학습자들은 자신의 수행이 끝난 후 교수자의 교수내용을 기초로 다음 줄의 수행을 평가하고 지적한다. ▷ 교수자의 지도사항을 정확히 인지하고 2회차 때 교정하며 수행한다. ▷ 학습자는 의문사항에 대해 손을 들고 질문할 수 있도록 한다.		

단원명	학습내용 및 교수활동	학습활동	도구	소요시간 (min)
	부위별 차기 수행방법 ○ 얼굴 또는 얼굴 이상으로 구성되어 있으며, 앞축으로 앞차기를 한다. ○ 앞축을 만들 때 발가락을 당기는 것이 아닌 발목이 당겨지는 것에 주의한다. 14) 교수자는 학습자들이 각 줄별로 앞으로 나가며 6회씩 '부위별 차기'를 수행할 수 있도록 지시한다. 15) 교수자는 각 줄의 수행이 끝난 후 부족한 부분에 대해 설명한다. 16) 학습자들이 지도사항을 기초로 같은 동작을 6회씩 재수행하도록 지시한다. 17) 교수자는 각 줄의 수행이 끝난 후 부족한 부분에 대해 설명한다. 18) 교수자는 학습자들에게 태권도 품새에서의 앞차기 동작을 설명하고 시범을 보일 수 있도록 한다. **주요 동작** – 앞서기 올려막기 + 앞차고 앞서기 몸통반대지르기 – 앞서기 내려막기 + 앞차고 앞굽이 얼굴지르기 – 앞서기 내려막기 + 앞차고 앞굽이 두 번 지르기 – 앞차고 앞굽이 등주먹 앞치고 안막기 – 앞굽이 내려막기 + 앞차고 뒷굽이 몸통바깥막기 – 범서기 바탕손 안막기 + 앞차고 원위치로 돌아오며 안막기 – 앞차고 앞굽이 내려막고 아금손 치기 – 범서기 양손날 헤쳐내려막기 + 앞차고 앞굽이 두 번 지르기 – 앞굽이 가위막기 + 앞차고 앞굽이 두 번 지르기 – 앞굽이 바위밀기 + 앞차고 쳇다리지르기 + 앞차고 쳇다리지르기 + 앞차고 꼬아서기 거들어 앞치기	▷ 학습자들은 자신의 수행이 끝난 후 교수자의 교수내용을 기초로 다음 줄의 수행을 평가하고 지적한다. ▷ 교수자의 지도사항을 정확히 인지하고 2회차 때 교정하며 수행한다. ▷ 학습자는 의문사항에 대해 손을 들고 질문할 수 있도록 한다. ▷ 학습자들은 자신의 수행이 끝난 후 교수자의 교수내용을 기초로 다음 줄의 수행을 평가하고 지적한다. ▷ 교수자의 지도사항을 정확히 인지하고 2회차 때 교정하며 수행한다.		

단원명	학습내용 및 교수활동	학습활동	도구	소요시간 (min)
	19) 교수자는 학습자들이 각 줄별로 앞으로 나가며 앞차기 주요 동작을 순차적으로 수행할 수 있도록 지시한다. 1. 앞서기 올려막기 + 앞차고 앞서기 몸통반대지르기 X 4회 2. 앞서기 내려막기 + 앞차고 앞굽이 얼굴지르기 X 4회 3. 앞서기 내려막기 + 앞차고 앞굽이 두 번 지르기 X 4회 4. 앞차고 앞굽이 등주먹 앞치고 안막기 X 4회 5. 앞굽이 내려막기 + 앞차고 뒷굽이 몸통바깥막기 X 4회 6. 범서기 바탕손 안막기 + 앞차고 원위치로 돌아오며 안막기 X 4회 7. 앞차고 앞굽이 내려막고 아금손 치기 X 4회 8. 범서기 양손날 헤쳐내려막기 + 앞차고 앞굽이 두 번 지르기 X 4회 9. 앞굽이 가위막기 + 앞차고 앞굽이 두 번 지르기 X 4회 10. 앞굽이 바위밀기 + 앞차고 쳇다리지르기 + 앞차고 쳇다리지르기 + 앞차고 꼬아서기 거들어 앞치기 X 2회 20) 교수자는 이동하며, 학습자의 수행을 평가하고 교정한다. **학습자 체크리스트** ○ 차기의 높이와 속도를 확인한다. ○ 손기술과 서기동작을 정확하게 수행하고 있는지 확인한다. ○ 동작의 연결성을 확인한다. 21) 학습자들이 지도사항을 기초로 같은 동작을 재수행하도록 지시한다. 22) 교수자는 이동하며, 학습자들의 수행을 평가하고 교정한다(학습자가 동작을 수행하고 있는 상황마다 피드백을 제공할 수 있다).	▷ 교수자의 평가를 기초로 자신의 동작을 교정한다. ▷ 교수자의 평가를 기초로 자신의 동작을 교정한다.		

단원명	학습내용 및 교수활동	학습활동	도구	소요시간 (min)
4. 품새 돌려차기	■ **품새 돌려차기 및 품새에서의 돌려차기 관련동작을 학습한다.** 1) 교수자는 학습자들을 이동하면서 차기를 수행할 수 있도록 한쪽 벽면에 5열종대로 세운다. **학습대형** 2) 학습자들에게 1~2주차에서 학습한 내용인 돌려차기 수련단계에 대하여 간략하게 설명한다. **훈련내용** 무릎접어 올리기, 뻗어올리기, 부위별 차기, 품새 내 차기동작 3) 교수자는 기본차기의 수련단계와 수련방법을 기초로 '돌려차기'의 '무릎접어 올리기'를 수행하도록 지시한다. **무릎접어 올리기 수행방법** ○ 축이 되는 발을 180° 회전하여 뒤꿈치가 전방을 향할 수 있도록 한다. ○ 차는 발(무릎을 접은 상태)의 허벅지는 몸과 일직선이 되도록 한다. 4) 교수자는 학습자들이 각 줄별로 앞으로 나가며 6회씩 '무릎접어 올리기'를 수행할 수 있도록 지시한다. 5) 교수자는 각 줄의 수행이 끝난 후 부족한 부분에 대해 설명한다.	▷ 학습자는 의문사항에 대해 손을 들고 질문할 수 있도록 한다. ▷ 학습자들은 자신의 수행이 끝난 후 교수자의 교수내용을 기초로 다음 줄의 수행을 평가하고 지적한다. ▷ 교수자의 지도사항을 정확히 인지하고 2회차 때 교정하며 수행한다.		20

단원명	학습내용 및 교수활동	학습활동	도구	소요시간 (min)
	6) 학습자들이 지도사항을 기초로 같은 동작을 6회씩 재수행하도록 지시한다. 7) 교수자는 각 줄의 수행이 끝난 후 부족한 부분에 대해 설명한다. 8) 교수자는 기본발차기의 수련단계와 수련방법을 기초로 '돌려차기'의 '뻗어올리기'를 수행하도록 지시한다. **뻗어올리기 수행방법** ○ 앞축(뻗어올리는 발)을 만들어 수행한다. ○ 올리는 발은 발날을 만든 상태로 수행한다. ○ 엉덩이가 빠지지 않도록 시선–어깨–엉덩이–앞축을 일자(─)로 만들어 올린다. ○ 축이 되는 발의 뒤꿈치는 올리는 쪽으로 향하도록 한다. ○ 올리는 순간 축이 되는 발을 올리는 쪽으로 밀어 몸의 중심이 뒤로 빠지지 않도록 만든다. ○ 뻗어 올릴 때 이중동작(차는 발보다 축이 되는 발이 먼저 움직이는 동작)을 하지 않도록 주의한다. 9) 교수자는 학습자들이 각 줄별로 앞으로 나가며 6회씩 '뻗어올리기'를 수행할 수 있도록 지시한다. 10) 교수자는 각 줄의 수행이 끝난 후 부족한 부분에 대해 설명한다. 11) 학습자들이 지도사항을 기초로 같은 동작을 6회씩 재수행하도록 지시한다. 12) 교수자는 각 줄의 수행이 끝난 후 부족한 부분에 대해 설명한다. 13) 교수자는 기본발차기의 수련단계와 수련방법을 기초로 '돌려차기'의 '부위별 차기'를 수행하도록 지시한다.	▷ 학습자는 의문사항에 대해 손을 들고 질문할 수 있도록 한다. ▷ 학습자들은 자신의 수행이 끝난 후 교수자의 교수내용을 기초로 다음 줄의 수행을 평가하고 지적한다. ▷ 교수자의 지도사항을 정확히 인지하고 2회차 때 교정하며 수행한다. ▷ 학습자는 의문사항에 대해 손을 들고 질문할 수 있도록 한다.		

단원명	학습내용 및 교수활동	학습활동	도구	소요시간 (min)
	부위별 차기 수행방법 ○ 얼굴 또는 얼굴 이상으로 구성한다. ○ 앞축으로 돌려차기를 한다. ○ 돌려차기 시 시선-어깨-엉덩이-앞축을 일자로 만든다. ○ 돌려차는 과정에서 많은 회전력으로 인해 중심을 잃을 수 있으므로 중심을 잡는 것에 유의한다. 14) 교수자는 학습자들이 각 줄별로 앞으로 나가며 6회씩 '부위별 차기'를 수행할 수 있도록 지시한다. 15) 교수자는 각 줄의 수행이 끝난 후 부족한 부분에 대해 설명한다. 16) 학습자들이 지도사항을 기초로 같은 동작을 6회씩 재수행하도록 지시한다. 17) 교수자는 각 줄의 수행이 끝난 후 부족한 부분에 대해 설명한다. 18) 교수자는 학습자들에게 태권도 품새에서의 돌려차기 동작을 설명하고 시범을 보일 수 있도록 한다. **주요 동작** ○ 앞굽이 얼굴바깥막기 + 오른돌려차고 좌측으로 내디디며 앞굽이 올려막고 바깥지르기 ○ 나란히 서기 헤쳐내려막기 + 왼돌려차고 내디디고 오른쪽으로 반바퀴돌아 앞굽이 내려막기 19) 교수자는 학습자들이 각 줄별로 앞으로 나가며 돌려차기 주요 동작을 순차적으로 수행할 수 있도록 지시한다.	▷ 학습자들은 자신의 수행이 끝난 후 교수자의 교수내용을 기초로 다음 줄의 수행을 평가하고 지적한다. ▷ 교수자의 지도사항을 정확히 인지하고 2회차 때 교정하며 수행한다. ▷ 학습자는 의문사항에 대해 손을 들고 질문할 수 있도록 한다. ▷ 학습자들은 자신의 수행이 끝난 후 교수자의 교수내용을 기초로 다음 줄의 수행을 평가하고 지적한다. ▷ 교수자의 지도사항을 정확히 인지하고 2회차 때 교정하며 수행한다.		

단원명	학습내용 및 교수활동	학습활동	도구	소요시간(min)
	1. 앞굽이 얼굴바깥막기 + 오른돌려차고 좌측으로 내디디며 앞굽이 올려막고 바깥지르기 X 4회 2. 나란히 서기 헤쳐내려막기 + 왼돌려차고 내디디고 오른쪽으로 반바퀴돌아 앞굽이 내려막기 X 4회 20) 교수자는 이동하며, 학습자의 수행을 평가하고 교정한다. **학습자 체크리스트** ○ 차기의 높이와 속도를 확인한다. ○ 손기술과 서기동작을 정확하게 수행하고 있는지 확인한다. ○ 동작의 연결성을 확인한다. 21) 학습자들이 지도사항을 기초로 같은 동작을 재수행하도록 지시한다. 22) 교수자는 이동하며, 학습자들의 수행을 평가하고 교정한다(학습자가 동작을 수행하고 있는 상황마다 피드백을 제공할 수 있다).			
5. 품새 옆차기	■ **품새 옆차기 및 품새에서의 옆차기 관련동작을 학습한다.** 1) 교수자는 학습자들을 이동하면서 발차기를 수행할 수 있도록 한쪽 벽면에 5열종대로 세운다. **학습대형**	▷ 교수자의 강의내용을 경청하고 숙지하도록 한다.		35

단원명	학습내용 및 교수활동	학습활동	도구	소요시간 (min)
	2) 학습자들에게 1~2주차에서 학습한 내용인 옆차기 수련단계에 대하여 간략하게 설명한다. **훈련내용** 무릎접어 올리기, 뻗어올리기, 부위별 차기, 품새 내 발차기동작 3) 교수자는 기본발차기의 수련단계와 수련방법을 기초로 '옆차기'의 '무릎접어 올리기'를 수행하도록 지시한다. **무릎접어 올리기 수행방법** ○ 축이 되는 발을 180° 회전하여 뒤꿈치가 전방을 향할 수 있도록 한다. ○ 차는 발(무릎을 접은 상태)의 허벅지는 몸과 직각이 되도록 한다. 4) 교수자는 학습자들이 각 줄별로 앞으로 나가며 6회씩 '무릎접어 올리기'를 수행할 수 있도록 지시한다. 5) 교수자는 각 줄의 수행이 끝난 후 부족한 부분에 대해 설명한다. 6) 학습자들이 지도사항을 기초로 같은 동작을 6회씩 재수행하도록 지시한다. 7) 교수자는 각 줄의 수행이 끝난 후 부족한 부분에 대해 설명한다. 8) 교수자는 기본발차기의 수련단계와 수련방법을 기초로 '옆차기'의 '뻗어올리기'를 수행하도록 지시한다.	▷ 학습자는 의문사항에 대해 손을 들고 질문할 수 있도록 한다. ▷ 학습자들은 자신의 수행이 끝난 후 교수자의 교수내용을 기초로 다음 줄의 수행을 평가하고 지적한다. ▷ 교수자의 지도사항을 정확히 인지하고 2회차 때 교정하며 수행한다. ▷ 학습자는 의문사항에 대해 손을 들고 질문할 수 있도록 한다.		

단원명	학습내용 및 교수활동	학습활동	도구	소요시간 (min)
	주의사항 ○ 발날(뻗어올리는 발)을 만들어 수행한다. ○ 수행과정은 스트레칭의 옆으로 발 올리기와 유사한 형태다. ○ 올리는 발은 발날을 만든 상태로 수행한다. ○ 엉덩이가 빠지지 않도록 시선-어깨-엉덩이-발날을 일자로 만들어 올린다. ○ 축이 되는 발의 뒤꿈치는 올리는 쪽으로 향하도록 한다. ○ 올리는 순간 축이 되는 발을 올리는 쪽으로 밀어 몸의 중심이 뒤로 빠지지 않도록 만든다. ○ 뻗어올릴 때 이중동작(차는 발보다 축이 되는 발이 먼저 움직이는 동작)을 하지 않도록 주의한다. 9) 교수자는 학습자들이 각 줄별로 앞으로 나가며 6회씩 '뻗어올리기'를 수행할 수 있도록 지시한다. 10) 교수자는 각 줄의 수행이 끝난 후 부족한 부분에 대해 설명한다. 11) 학습자들이 지도사항을 기초로 같은 동작을 6회씩 재수행하도록 지시한다. 12) 교수자는 각 줄의 수행이 끝난 후 부족한 부분에 대해 설명한다. 13) 교수자는 기본발차기의 수련단계와 수련방법을 기초로 '옆차기'의 '부위별 차기'를 수행하도록 지시한다. **부위별 차기 수행방법** ○ 얼굴 또는 얼굴 이상으로 구성한다. ○ 발날을 만든 상태로 옆차기를 한다. ○ 옆차기 시 시선-어깨-엉덩이-발날을 일자(一)로 만든다. ○ 옆차기 시 돌려차기와 유사한 형태로 발차기가 나오는 것을 주의한다. ○ 옆차기 시 상체가 앞으로 빠지거나 엉덩이가 빠지는 것에 주의한다.	▷ 학습자들은 자신의 수행이 끝난 후 교수자의 교수내용을 기초로 다음 줄의 수행을 평가하고 지적한다. ▷ 교수자의 지도사항을 정확히 인지하고 2회차 때 교정하며 수행한다. ▷ 학습자는 의문사항에 대해 손을 들고 질문할 수 있도록 한다. ▷ 학습자들은 자신의 수행이 끝난 후 교수자의 교수내용을 기초로 다음 줄의 수행을 평가하고 지적한다.		

단원명	학습내용 및 교수활동	학습활동	도구	소요시간 (min)
	14) 교수자는 학습자들이 각 줄별로 앞으로 나가며 6회씩 '부위별 차기'를 수행할 수 있도록 지시한다. 15) 교수자는 각 줄의 수행이 끝난 후 부족한 부분에 대해 설명한다. 16) 학습자들이 지도사항을 기초로 같은 동작을 6회씩 재수행하도록 지시한다. 17) 교수자는 각 줄의 수행이 끝난 후 부족한 부분에 대해 설명한다. 18) 교수자는 학습자들에게 태권도 품새에서의 옆차기 동작을 설명하고 시범을 보일 수 있도록 한다. **주요 동작** - 올려막기 + 옆차고 팔굽치기 - 뒷굽이 양손날막기 + 거듭옆차고 앞굽이 목치고 지르기 + 당기면서 뒷굽이 안막기 - 주춤서기 표적지르기 + 꼬아서기 후 옆차고 앞굽이 제쳐찌르기 - 뒷굽이 금강안막기 + 당겨턱치고 옆지르기 + 옆차는 동시에 메주먹 바깥치기 + 앞굽이 팔굽표적치기 - 앞굽이 팔굽올려치기 + 앞차고 뒤돌아 옆차기 + 뒷굽이 손날안막고 손날내려막기 - 주춤서 산틀막기 + 학다리서기 금강내려막고 작은돌쩌귀 + 옆차는 동시에 메주먹 바깥치기 + 앞굽이 팔굽표적치기 - 주춤서 메주먹 내려치기 + 왼학다리서기 내려막고 작은돌쩌귀 + 옆차고 발바꿔 오른학다리서기 내려막고 작은돌쩌귀 + 옆차고 앞굽이 몸통지르기 19) 교수자는 학습자들이 각 줄별로 앞으로 나가며 옆차기 주요 동작을 순차적으로 수행할 수 있도록 지시한다.	▷ 교수자의 지도사항을 정확히 인지하고 2회차 때 교정하며 수행한다. ▷ 학습자는 의문사항에 대해 손을 들고 질문할 수 있도록 한다. ▷ 학습자들은 자신의 수행이 끝난 후 교수자의 교수내용을 기초로 다음 줄의 수행을 평가하고 지적한다. ▷ 교수자의 지도사항을 정확히 인지하고 2회차 때 교정하며 수행한다.		

단원명	학습내용 및 교수활동	학습활동	도구	소요시간 (min)
	– 올려막기 + 옆차고 팔굽치기 X 4회 – 뒷굽이 양손날막기 + 거듭옆차고 앞굽이 목치고 지르기 + 당기면서 뒷굽이 안막기 X 4회 – 주춤서기 표적지르기 + 꼬아서기 후 옆차고 앞굽이 제쳐찌르기 X 4회 – 뒷굽이 금강안막기 + 당겨턱치고 옆지르기 + 옆차는 동시에 메주먹 바깥치기 + 앞굽이 팔굽표적치기 X 4회 – 앞굽이 팔굽올려치기 + 앞차고 뒤돌아 옆차기 + 뒷굽이 손날안막고 손날내려막기 X 4회 – 주춤서 산틀막기 + 학다리서기 금강내려막고 작은돌쩌귀 + 옆차는 동시에 메주먹 바깥치기 + 앞굽이 팔굽표적치기 X 4회 – 주춤서 메주먹 내려치기 + 왼학다리서기 내려막고 작은돌쩌귀 + 옆차고 발바꿔 오른학다리서기 내려막고 작은돌쩌귀 + 옆차고 앞굽이 몸통지르기 X 2회 20) 교수자는 이동하며, 학습자의 수행을 평가하고 교정한다. **학습자 체크리스트** ○ 차기의 높이와 속도를 확인한다. ○ 손기술과 서기동작을 정확하게 수행하고 있는지 확인한다. ○ 동작의 연결성을 확인한다. 21) 학습자들이 지도사항을 기초로 같은 동작을 재수행하도록 지시한다. 22) 교수자는 이동하며, 학습자들의 수행을 평가하고 교정한다(학습자가 동작을 수행하고 있는 상황마다 피드백을 제공할 수 있다).			

단원명	학습내용 및 교수활동	학습활동	도구	소요시간(min)
6. 정리운동	■ **정리운동을 통해 운동 후 회복의 중요성을 학습한다.** 1) 교수자는 학습자들을 정면을 보고 4열종대로 제자리에서 수행할 수 있도록 지도한다. 2) 교수자는 정리운동 시 학습자와 반대 방향으로 시범을 보이며 지도한다. 3) 정리운동 시 교수자 8초/학습자 8초의 구령에 맞춰 실시한다. **정리운동 순서** - 손목/발목 돌리기 - 무릎 돌리기 - 허리 돌리기 - 목 돌리기 - 어깨 돌려주기 - 좌우 다리 스트레칭 - 골반 눌러주기(좌/우/중앙) - 앉아서 두 다리 펴고 앞으로 숙여주기 - 두 발바닥 붙여 앞으로 숙여주기 - 다리 옆으로 벌려서 숙여주기(좌/우/중앙) - 다리 옆으로 벌린 상태에서 틀어주기(좌/우)	▷ 학습자는 4열종대로 정렬한 후 교수자의 지시에 따라 동작을 수행한다. ▷ 구령은 교수자의 선창 시 학습자는 후창 구령을 넣는다.		5

태권도 지도자를 위한 품새 이론 및 실제

심화학습

15 주차

강의 주제	경기품새	대상	태권도 전공생	차시 구성	15
				소요시간	120분
교육과정 개요(목적)	태권도 품새의 기본동작을 이해하고 수행하며, 학습된 내용을 바탕으로 정확한 동작과 높은 표현성의 품새를 수행할 수 있도록 한다. 또한 태권도 품새의 기본동작과 응용동작을 활용하여 태권도 품새의 실전적 움직임을 수련하고 창작품새 개발능력을 향상시키는 데 목적이 있다.				
15주차 교육목표	• 태권도 품새 경기에 관한 전반적인 지식을 이해하고 경험할 수 있다.				

단원명	시간(m)	주요 학습내용
준비운동	10	준비운동을 통해 체온상승과 관절의 가동범위를 넓히고 근육을 이완시키는 방법을 학습한다.
보강운동 (경기규정 품새의 복습)	30	경기규정 품새인 태극 7장에서부터 지태품새를 복습한다.
품새 경기의 실제	75	실제와 같은 태권도 품새 경기를 경험한다.
정리운동	5	정리운동을 통해 운동 후 회복의 중요성을 학습한다.

단원명	학습내용 및 교수활동	학습활동	도구	소요시간 (min)
1. 준비운동	▣ **준비운동을 통해 체온상승과 관절의 가동범위를 넓히고 근육을 이완시키는 방법을 학습한다.** 1) 교수자는 학습자들을 정면을 보고 4열종대로 제자리에서 수행할 수 있도록 지도한다. 2) 교수자는 준비운동 시 학습자와 반대 방향으로 시범을 보이며 지도한다. 3) 준비운동은 기본적으로 교수자 8초/학습자 8초의 구령으로 실시하되, 눌러주기 및 숙여주기 동작에서는 25~30초로 3~5회 실시한다. **준비운동 순서** - 손목/발목 돌리기 - 무릎 돌리기 - 허리 돌리기 - 목 돌리기 - 어깨 돌려주기 - 좌우 다리 스트레칭 - 골반 눌러주기(좌/우/중앙) - 앉아서 두 다리 펴고 앞으로 숙여주기 - 두 발바닥 붙여 앞으로 숙여주기 - 다리 옆으로 벌려서 숙여주기(좌/우/중앙) - 다리 옆으로 벌린 상태에서 틀어주기(좌/우)	▷ 학습자는 4열종대로 정렬한 후 교수자의 지시에 따라 동작을 수행한다. ▷ 구령은 교수자의 선창 시 학습자는 후창 구령을 넣는다.		10

단원명	학습내용 및 교수활동	학습활동	도구	소요시간 (min)
2. 보강운동	■ **경기규정 품새인 태극 7장에서부터 지태품새를 복습한다.** 1) 교수자는 학습자들을 품새 수련(2칸의 한 명씩 지그재그) 대형으로 세운다. **품새 수련 대형** (교수자) 2) 교수자는 학습자들에게 현재 대한태권도협회(KTA)의 대학부 규정품새가 태극 7장에서부터 지태까지임을 설명하고, 수행방법을 기초로 이를 수행할 수 있도록 지도한다. **수행방법** ○ 품새 수행은 근육이완과 주요 포인트의 복습을 목적으로 수행한다. ○ 각 품새는 2회씩 수행하며, 각 차수별로 힘을 다르게 주어 수행한다. 　예) 1회 50%, 2회 100% 등 ○ 품새는 교수자의 시작 구령과 함께 처음부터 끝까지 한 번에 수행한다. ○ 학습자는 이전 강의를 통해 태극 7장~지태 수행 시 교수자로부터 지적 받은 사항을 기초로 동작을 수행한다. **특이점** 수행 시 자신의 힘을 다르게 주는 경우, 개별동작의 정확한 수행과 더불어 힘의 약강, 속도의 완급 등 기본동작의 요소에 대해 이해하고 동작에 집중할 수 있다.	▷ 교수자의 강의내용을 경청하고 숙지하도록 한다. ▷ 학습자는 의문사항에 대해 손을 들고 질문할 수 있도록 한다.		30

단원명	학습내용 및 교수활동	학습활동	도구	소요시간 (min)
	3) 학습자들은 교수자의 구령에 맞춰 50%의 힘으로 '태극 7장'을 수행한다. 4) 교수자는 이동하며, 학습자의 수행을 평가하고 교정한다. **학습자 체크리스트** ㅇ 정확한 동작을 수행하고 있는가? ○ × ㅇ 동작의 힘과 속도는 자연스러운가? ○ × 5) 학습자들은 교수자의 구령에 맞춰 100%의 힘으로 '태극 7장'을 수행한다. 6) 교수자는 이동하며, 학습자의 수행을 평가하고 교정한다. **학습자 체크리스트** ㅇ 정확한 손동작을 수행하고 있는가? ○ × ㅇ 숙련성 있는 손동작을 수행하고 있는가? ○ × ㅇ 정확한 서기자세를 수행하고 있는가? ○ × ㅇ 정확하고 강한 발차기를 수행하고 있는가? ○ × ㅇ 동작을 자연스럽게 연결하고 있는가? ○ × 7) 학습자들은 교수자의 구령에 맞춰 50%의 힘으로 '태극 8장'을 수행한다. 8) 교수자는 이동하며, 학습자의 수행을 평가하고 교정한다. **학습자 체크리스트** ㅇ 정확한 동작을 수행하고 있는가? ○ × ㅇ 동작의 힘과 속도는 자연스러운가? ○ ×	▷ 학습자는 수련목표에 맞게 정확한 동작을 수행하기 위해 노력한다. ▷ 학습자는 수련목표에 맞게 정확한 동작을 수행하기 위해 노력한다. ▷ 학습자는 수련목표에 맞게 정확한 동작을 수행하기 위해 노력한다.		

단원명	학습내용 및 교수활동	학습활동	도구	소요시간 (min)
	9) 학습자들은 교수자의 구령에 맞춰 100%의 힘으로 '태극 8장'을 수행한다. 10) 교수자는 이동하며, 학습자의 수행을 평가하고 교정한다. **학습자 체크리스트** ○ 정확한 손동작을 수행하고 있는가?　　○　× ○ 숙련성 있는 손동작을 수행하고 있는가?　○　× ○ 정확한 서기자세를 수행하고 있는가?　　○　× ○ 정확하고 강한 발차기를 수행하고 있는가?　○　× ○ 동작을 자연스럽게 연결하고 있는가?　　○　× 11) 학습자들은 교수자의 구령에 맞춰 50%의 힘으로 '고려품새'를 수행한다. 12) 교수자는 이동하며, 학습자의 수행을 평가하고 교정한다. **학습자 체크리스트** ○ 정확한 동작을 수행하고 있는가?　　　　○　× ○ 동작의 힘과 속도는 자연스러운가?　　　○　× 13) 학습자들은 교수자의 구령에 맞춰 100%의 힘으로 '고려품새'를 수행한다. 14) 교수자는 이동하며, 학습자의 수행을 평가하고 교정한다. **학습자 체크리스트** ○ 정확한 손동작을 수행하고 있는가?　　○　× ○ 숙련성 있는 손동작을 수행하고 있는가?　○　× ○ 정확한 서기자세를 수행하고 있는가?　　○　× ○ 정확하고 강한 발차기를 수행하고 있는가?　○　× ○ 동작을 자연스럽게 연결하고 있는가?　　○　×	▷ 학습자는 수련목표에 맞게 정확한 동작을 수행하기 위해 노력한다.		

단원명	학습내용 및 교수활동	학습활동	도구	소요시간 (min)
	15) 학습자들은 교수자의 구령에 맞춰 50%의 힘으로 '금강품새'를 수행한다. 16) 교수자는 이동하며, 학습자의 수행을 평가하고 교정한다. **학습자 체크리스트** ○ 정확한 동작을 수행하고 있는가? ○ × ○ 동작의 힘과 속도는 자연스러운가? ○ × 17) 학습자들은 교수자의 구령에 맞춰 100%의 힘으로 '금강품새'를 수행한다. 18) 교수자는 이동하며, 학습자의 수행을 평가하고 교정한다. **학습자 체크리스트** ○ 정확한 손동작을 수행하고 있는가? ○ × ○ 숙련성 있는 손동작을 수행하고 있는가? ○ × ○ 정확한 서기자세를 수행하고 있는가? ○ × ○ 정확하고 강한 발차기를 수행하고 있는가? ○ × ○ 동작을 자연스럽게 연결하고 있는가? ○ × 19) 학습자들은 교수자의 구령에 맞춰 50%의 힘으로 '태백품새'를 수행한다. 20) 교수자는 이동하며, 학습자의 수행을 평가하고 교정한다. **학습자 체크리스트** ○ 정확한 동작을 수행하고 있는가? ○ × ○ 동작의 힘과 속도는 자연스러운가? ○ × 21) 학습자들은 교수자의 구령에 맞춰 100%의 힘으로 '태백품새'를 수행한다. 22) 교수자는 이동하며, 학습자의 수행을 평가하고 교정한다.	▷ 학습자는 수련목표에 맞게 정확한 동작을 수행하기 위해 노력한다. ▷ 학습자는 수련목표에 맞게 정확한 동작을 수행하기 위해 노력한다. ▷ 학습자는 수련목표에 맞게 정확한 동작을 수행하기 위해 노력한다.		

단원명	학습내용 및 교수활동	학습활동	도구	소요시간 (min)
	학습자 체크리스트 ○ 정확한 손동작을 수행하고 있는가? ○ × ○ 숙련성 있는 손동작을 수행하고 있는가? ○ × ○ 정확한 서기자세를 수행하고 있는가? ○ × ○ 정확하고 강한 발차기를 수행하고 있는가? ○ × ○ 동작을 자연스럽게 연결하고 있는가? ○ × 23) 학습자들은 교수자의 구령에 맞춰 50%의 힘으로 '평원품새'를 수행한다. 24) 교수자는 이동하며, 학습자의 수행을 평가하고 교정한다. **학습자 체크리스트** ○ 정확한 동작을 수행하고 있는가? ○ × ○ 동작의 힘과 속도는 자연스러운가? ○ × 25) 학습자들은 교수자의 구령에 맞춰 100%의 힘으로 '평원품새'를 수행한다. 26) 교수자는 이동하며, 학습자의 수행을 평가하고 교정한다. **학습자 체크리스트** ○ 정확한 손동작을 수행하고 있는가? ○ × ○ 숙련성 있는 손동작을 수행하고 있는가? ○ × ○ 정확한 서기자세를 수행하고 있는가? ○ × ○ 정확하고 강한 발차기를 수행하고 있는가? ○ × ○ 동작을 자연스럽게 연결하고 있는가? ○ ×	▷ 학습자는 수련목표에 맞게 정확한 동작을 수행하기 위해 노력한다. ▷ 학습자는 수련목표에 맞게 정확한 동작을 수행하기 위해 노력한다.		

단원명	학습내용 및 교수활동	학습활동	도구	소요시간 (min)
	27) 학습자들은 교수자의 구령에 맞춰 50%의 힘으로 '십진품새'를 수행한다. 28) 교수자는 이동하며, 학습자의 수행을 평가하고 교정한다. **학습자 체크리스트** ○ 정확한 동작을 수행하고 있는가? ○ × ○ 동작의 힘과 속도는 자연스러운가? ○ × 29) 학습자들은 교수자의 구령에 맞춰 100%의 힘으로 '십진품새'를 수행한다. 30) 교수자는 이동하며, 학습자의 수행을 평가하고 교정한다. **학습자 체크리스트** ○ 정확한 손동작을 수행하고 있는가? ○ × ○ 숙련성 있는 손동작을 수행하고 있는가? ○ × ○ 정확한 서기자세를 수행하고 있는가? ○ × ○ 정확하고 강한 발차기를 수행하고 있는가? ○ × ○ 동작을 자연스럽게 연결하고 있는가? ○ × 31) 학습자들은 교수자의 구령에 맞춰 50%의 힘으로 '지태품새'를 수행한다. 32) 교수자는 이동하며, 학습자의 수행을 평가하고 교정한다. **학습자 체크리스트** ○ 정확한 동작을 수행하고 있는가? ○ × ○ 동작의 힘과 속도는 자연스러운가? ○ × 33) 학습자들은 교수자의 구령에 맞춰 100%의 힘으로 '지태품새'를 수행한다. 34) 교수자는 이동하며, 학습자의 수행을 평가하고 교정한다.	▷ 학습자는 수련목표에 맞게 정확한 동작을 수행하기 위해 노력한다. ▷ 학습자는 수련목표에 맞게 정확한 동작을 수행하기 위해 노력한다.		

단원명	학습내용 및 교수활동	학습활동	도구	소요시간(min)
	학습자 체크리스트 ○ 정확한 손동작을 수행하고 있는가?　　　○　× ○ 숙련성 있는 손동작을 수행하고 있는가?　○　× ○ 정확한 서기자세를 수행하고 있는가?　　○　× ○ 정확하고 강한 발차기를 수행하고 있는가?　○　× ○ 동작을 자연스럽게 연결하고 있는가?　　○　×			
3. 품새 경기의 실제	■ **실제와 같은 태권도 품새 경기를 경험한다.** 1) 교수자는 학습자들을 5열종대로 정면을 보고 앉힌다. 2) 학습자들에게 대한태권도협회에서 규정하고 있는 경기 품새의 특징을 설명하고 실제 경기와 같이 품새를 수행할 수 있도록 지도한다. **품새경기 운영방법** ○ 대한태권도협회(KTA)에서 규정한 태권도 품새 경기의 룰을 따른다. ○ 전체 학습자들을 대상으로 토너먼트 시합을 수행할 수 있도록 대진표를 구성한다. ○ 학습자 5명을 심판으로 구성하며, 심판들은 판미트(빨강, 파랑)로 경기결과를 표출한다. ○ 심판들은 수행자들의 실력을 학습한 내용을 토대로 평가한다. ○ 매 경기 전 심판이 2개를 추첨한다. 　예) 종이에 각 품새를 쓰고 심판이 임의로 2개를 추첨하여 경기를 진행한다.	▷ 교수자의 강의내용을 경청하고 숙지하도록 한다. ▷ 학습자는 의문사항에 대해 손을 들고 질문할 수 있도록 한다.	파란색 판미트 5개 빨간색 판키트 5개	75

단원명	학습내용 및 교수활동	학습활동	도구	소요시간 (min)
	스쿼트(squat) 발차기 | 고려	금강	태백	평원
십진	지태	7장	8장
1	2	3	4
5	6	7	8
9	10	11	12
13	14	15	16 | 대진번호 및 품새 추첨 / 추첨함 / 경기 표출 3) 교수자는 대진표를 구성한다. **대진표 구성** 4) 경기 진행에 앞서 교수자는 학습자들에게 경기 결과가 성적과 관계없음을 설명하고, 개인의 역량에 맞춰 수행할 수 있도록 지도한다. 5) 대진번호 1번부터 차례로 학습자들을 호명하여(청·홍 순으로 호명) 경기를 진행하도록 지도한다. 6) 교수자는 학습자들의 경기 후 심판들이 경기결과를 표출하도록 지시한다.	▷ 학습자는 의문사항에 대해 손을 들고 질문할 수 있도록 한다. ▷ 학습자들은 자신의 수행이 끝난 후 교수자의 교수내용을 기초로 다음 줄의 수행을 평가하고 지적한다. ▷ 교수자의 지도사항을 정확히 인지하고 2회차 때 교정하며 수행한다. ▷ 학습자는 경기결과보다 과정에 충실할 수 있도록 한다.		

단원명	학습내용 및 교수활동	학습활동	도구	소요시간(min)
	경기 표출 ○ 교수자는 파란색과 빨간색 판미트를 각각 1개씩 가지고 있으며, 승리했다고 생각되는 선수와 같은 색의 판미트를 든다. 이때 더 많은 색의 선수가 승리한다. ○ 현재 품새 경기를 기계로 점수를 표출하지만, 과거에는 본수업과 같은 형식임을 설명하고 학습여건상 판미트로 경기 결과를 표출한다. 7) 승패 결정 후 교수자는 경기 결과보다 과정에 대해 긍정적인 피드백을 제공해야 하며, 개선사항에 대해 설명한다. 8) 경기 종료 후 교수자는 진행된 경기의 총평 및 전반적인 개선사항을 설명한 후 학습자들에게 참여 소감에 대해 물어본다. **교수자 질문 예시** Q. 오늘 1등 한 OOO의 소감은? Q. 품새 경기를 통해 어떤 것을 느꼈는가?(품새 전공자 및 비전공자 대상)	▷ 경기관람 시 수행자를 모델링함으로써 개인의 지적사항에 대해 이해하고 교정한다. ▷ 교수자의 질문에 손을 들고 대답할 수 있도록 한다.		

단원명	학습내용 및 교수활동	학습활동	도구	소요시간(min)
4. 정리운동	▣ **정리운동을 통해 운동 후 회복의 중요성을 학습한다.** 1) 교수자는 학습자들을 정면을 보고 4열종대로 제자리에서 수행할 수 있도록 지도한다. 2) 교수자는 정리운동 시 학습자와 반대 방향으로 시범을 보이며 지도한다. 3) 정리운동 시 교수자 8초/학습자 8초의 구령에 맞춰 실시한다. **정리운동 순서** – 손목/발목 돌리기 – 무릎 돌리기 – 허리 돌리기 – 목 돌리기 – 어깨 돌려주기 – 좌우 다리 스트레칭 – 골반 눌러주기(좌/우/중앙) – 앉아서 두 다리 펴고 앞으로 숙여주기 – 두 발바닥 붙여 앞으로 숙여주기 – 다리 옆으로 벌려서 숙여주기(좌/우/중앙) – 다리 옆으로 벌린 상태에서 틀어주기(좌/우)	▷ 학습자는 4열종대로 정렬한 후 교수자의 지시에 따라 동작을 수행한다. ▷ 구령은 교수자의 선창 시 학습자는 후창 구령을 넣는다.		5

태권도 지도자를 위한 품새 이론 및 실제

평가

16 주차

강의 주제	평가	대상	태권도 전공생	차시 구성	16
				소요시간	120분
교육과정 개요(목적)	태권도 품새의 기본동작을 이해하고 수행하며, 학습된 내용을 바탕으로 정확한 동작과 높은 표현성의 품새를 수행할 수 있도록 한다. 또한 태권도 품새의 기본동작과 응용동작을 활용하여 태권도 품새의 실전적 움직임을 수련하고 창작품새 개발능력을 향상시키는 데 목적이 있다.				
16주차 교육목표	• 한 학기 동안 학습한 내용을 평가한다.				

단원명	시간(m)	주요 학습내용
준비운동		준비운동을 통해 체온상승과 관절의 가동범위를 넓히고 근육을 이완시키는 방법을 학습한다.
평가		한 학기 동한 학습한 내용을 토대로 평가를 실시한다.

태권도 품새 평가

1. 기본동작

1) 평가방법 1

○ 기본동작은 차기·손기술·서기동작의 수행평가로 학습자들의 성취수준을 평가한다.

차기
- 차기는 품새 차기의 형태로 앞차기·돌려차기·옆차기를 평가한다.
- 평가방법으로 교수자의 구령에 맞춰 학습자는 제자리에서 발을 바꿔가며 해당 발차기를 수행한다.

손기술 · 서기동작
- 손기술, 서기동작은 품새의 구성동작 중 사용빈도수가 높은 보편적인 기술동작으로 평가한다.
- 평가방법은 교수자의 구령에 맞춰 앞뒤로 움직이며 해당 동작을 수행한다.
- 손기술과 서기동작의 평가항목은 다음과 같고, '서기동작 + 손기술'
  (예: 앞굽이 내려막기/뒷굽이 안막기 등)의 형태로 동작을 수행한다.
  - 손기술: 내려막기, 안막기, 올려막기, 손날막기, 헤쳐막기, 바탕손막기, 가위막기, 엇걸어막기, 외산틀막기
  - 서기동작: 주춤서기, 앞서기, 앞굽이, 뒷굽이, 범서기, 꼬아서기

○ 평가내용은 성취수준을 확인하기 위해 수행평가 내용 하나당 '정확도', '표현력'의 항목으로 구분하여 평가하며, 항목당 5점씩 10점 만점으로 한다.

○ 수행평가 내용은 아래와 같으며 '측정 불가'하거나 '성취 못함'으로 판단되는 경우 0점, '매우 적게 성취'되었을 경우 1점, '적게 성취'되었을 경우 2점, '보통'일 경우 3점, '성취'일 경우 4점, '완벽하게 성취'일 경우 5점으로 한다.

No.	수행평가 내용	정확도	표현력	총점
1	앞차기, 돌려차기, 옆차기를 수행하시오.			
2	교수자의 지시에 맞는 손기술과 서기동작을 수행하시오.			
	두 과목의 평균			

2) 평가방법 2

○ 차기·손기술·서기동작이 포함된 품새동작의 수행을 통해 학습자들의 성취수준을 평가한다.

차기

• 유급자 품새, 유단자 품새 구성동작의 수행을 통해 기본동작의 성취수준을 평가한다.

※ 14주차 학습내용 참고

○ 평가내용은 성취수준을 확인하기 위해 수행평가 내용 하나당 '정확도', '표현력'의 항목으로 구분하여 평가하며, 평가 내용은 5점씩으로 각 수행평가내용은 10점 만점으로 한다.
○ 수행평가 내용은 아래와 같으며 '측정 불가'하거나 '성취 못함'으로 판단되는 경우 0점, '매우 적게 성취'되었을 경우 1점, '적게 성취'되었을 경우 2점, '보통'일 경우 3점, '성취'일 경우 4점, '완벽하게 성취'일 경우 5점으로 한다.

No.	수행평가 내용	정확도	표현력	총점
1	'앞서기 내려막기 + 앞차고 앞굽이 두 번 지르기'를 수행하시오.			
2	'앞굽이 내려막기 + 앞차고 뒷굽이 몸통바깥막기'를 수행하시오.			
3	'범서기 바탕손 안막기 + 앞차고 원위치로 돌아오며 안막기'를 수행하시오.			
4	'범서기 양손날 헤쳐내려막기 + 앞차고 앞굽이 두 번 지르기'를 수행하시오.			
5	'앞굽이 가위막기 + 앞차고 앞굽이 두 번 지르기'를 수행하시오.			
6	'올려막기 + 옆차고 팔굽치기'를 수행하시오.			
7	'뒷굽이 양손날막기 + 거듭옆차고 앞굽이 목치고 지르기 + 당기면서 뒷굽이 안막기'를 수행하시오.			
8	'주춤서기 표적지르기 + 꼬아서기 후 옆차고 앞굽이 제쳐찌르기'를 수행하시오.			
9	'뒷굽이 금강안막기 + 당겨턱치고 옆지르기 + 옆차는 동시에 메주먹 바깥치기 + 앞굽이 팔굽 표적치기'를 수행하시오.			
10	'앞굽이 팔굽올려치기 + 앞차고 뒤돌아 옆차기 + 뒷굽이 손날안막고 손날내려막기'를 수행하시오.			
	10항목의 평균			

2. 품새

1) 평가방법 1

○ 품새는 유급자 품새, 유단자 품새의 수행평가로 학습자들의 성취수준을 평가한다.
○ 평가내용은 성취수준을 확인하기 위해 수행평가 내용 하나당 '정확도', '표현력'의 항목으로 구분하여 평가하며, 평가 내용은 5점씩으로 각 수행평가내용은 10점 만점으로 한다.

> **발차기**
> • 품새는 경기 품새의 규정을 기준으로 평가한다.
> • 유급자 품새는 태극 1장~태극 8장으로 구성한다.
> • 유단자 품새는 고려품새~지태품새로 구성한다.

○ 수행평가 내용은 아래와 같으며 '측정 불가'하거나 '성취 못함'으로 판단되는 경우 0점, '매우 적게 성취'되었을 경우 1점, '적게 성취'되었을 경우 2점, '보통'일 경우 3점, '성취'일 경우 4점, '완벽하게 성취'일 경우 5점으로 한다.

No.	수행평가 내용	정확도	표현력	총점
1	유급자 품새를 수행하시오.			
2	유단자 품새를 수행하시오.			
	두 과목의 평균			

2) 평가방법 2

○ 경기 지정 품새인 태극 7장~지태품새의 수행평가로 학습자들의 성취수준을 평가한다.

지정 품새

- 품새는 경기 품새의 규정을 기준으로 평가한다.
- 학습자들이 대학생이라는 점을 기초로 평가 품새를 태극 7장~지태품새로 지정한다.
- 품새는 2개씩 수행한다.

○ 평가내용은 성취수준을 확인하기 위해 수행평가 내용 하나당 '정확도', '표현력'의 항목으로 구분하여 평가하며, 평가 내용은 5점씩으로 각 수행평가내용은 10점 만점으로 한다.

○ 수행평가 내용은 아래와 같으며 '측정 불가'하거나 '성취 못함'으로 판단되는 경우 0점, '매우 적게 성취'되었을 경우 1점, '적게 성취'되었을 경우 2점, '보통'일 경우 3점, '성취'일 경우 4점, '완벽하게 성취'일 경우 5점으로 한다.

No.	수행평가 내용	정확도	표현력	총점
1	지정 품새 1을 수행하시오.			
2	지정 품새 2를 수행하시오.			
	두 과목의 평균			

3) 평가방법 3

○ 경기 지정 품새인 태극 7장~지태품새 및 응용차기의 수행평가로 학습자들의 성취수준을 평가한다.

지정 품새

- 품새는 경기 품새의 규정을 기준으로 평가한다.
- 2개의 품새 수행으로 성취수준을 평가한다.
- 발차기는 응용차기의 형태로 수행한다.
  예) 하단-상단/하단-중단-상단

○ 평가내용은 성취수준을 확인하기 위해 수행평가 내용 하나당 '정확도', '표현력'의 항목으로 구분하여 평가하며, 평가 내용은 5점씩으로 각 수행평가내용은 10점 만점으로 한다.
○ 수행평가 내용은 아래와 같으며 '측정 불가'하거나 '성취 못함'으로 판단되는 경우 0점, '매우 적게 성취'되었을 경우 1점, '적게 성취'되었을 경우 2점, '보통'일 경우 3점, '성취'일 경우 4점, '완벽하게 성취'일 경우 5점으로 한다.

No.	수행평가 내용	정확도	표현력	총점
1	지정 품새 1을 수행하시오.			
	응용차기를 수행하시오.			
2	지정 품새 2를 수행하시오.			
	응용차기를 수행하시오.			
	두 과목의 평균			

저자소개

전정우
- 경희대학교 태권도학과 교수
- 국기원 연구소 편집위원
- 前 올림픽/세계선수권대회 태권도 국가대표 코치

유덕수
- 경희대학교 일반대학원 운동생리학 박사
- 경희대학교 태권도학과 겸임교수
- 상명대학교 평생교육원 주임교수

정명규
- 경희대학교 태권도학과 강사
- 제8회 동아대학교총장기 전국태권도품새대회 성인2부 개인1위
- 2016 전국종별태권도선수권대회 태백1부 개인1위

정태겸
- 국기원, 세계태권도연수원 강사 (1,2급 태권도 사범 연수과정)
- 경희대학교 일반대학원 체육학 박사

송선영
- 태권도움직임연구소장
- 경희대학교 태권도학과 강사
- 대한민국태권도협회 강사

강신녀
- 국기원, 세계태권도연수원 강사 (3급 태권도 사범 연수과정)
- 경희대학교 일반대학원 체육학 박사
- 고려대학교 교육대학원 교육학 석사

김경섭
- 경희대학교 겸임교수
- 상지대학교 겸임교수
- 세계대학선수권대회 품새 코치

전익기
- 경희대학교 태권도학과 교수
- 前 세계태권도연맹 기술위원회 교육분과 위원장
- 前 한국스포츠산업경영학회 회장

김영진
- 경희대학교 태권도학과 겸임교수
- 성신여자대학교 스포츠레저학과 겸임교수
- 국기원 기술심의위원회 심판분과 부위원장

임신자
- 경희대학교 태권도학과 교수
- 현) 한국여성스포츠회 회장
- 현) 대한태권도협회 부회장

태권도 지도자를 위한 품새 이론 및 실제

저자소개

주진만

- 상지대학교 예술체육대학 학장
- 현) 강원도태권도협회 이사
- 현) 세계태권도문화학회 편집위원장

윤정욱

- 우석대학교 교수
- 前 (사)한국태권도공연예술원장
- 前 한양대학교 사회교육원 주임교수

문광선

- 경희대학교 체육대학원 박사
- 前 경희대학교 태권도학과 겸임교수 & 태권도부 감독
- 현) 한양대학교 미래인재교육원 체육학(태권도) 주임교수

박선학

- 경희대학교 태권도학과 졸업
- 경희대학교 체육대학원 박사
- 경희대학교 태권도학과 겸임교수

김정택

- 경희대 후마니타스칼리지 강사
- 대한대학치어리딩협회 경기위원장
- 시흥시 대한민국줄넘기협회 회장

홍일화

- 경희대학교 체육대학원 박사
- 경희대학교 태권도학과 겸임교수
- 한양대학교 미래인재교육원 체육학(태권도) 지도교수